PRÓLOGO

SENTIDO DE LA POESÍA DE
VICENTE ALEIXANDRE

I

UNA ÉPOCA FAVORABLE A LA POESÍA

Vicente Aleixandre es un poeta que desde el punto de vista puramente histórico ha tenido suerte. El hecho fortuito de haber nacido en 1898 le colocó como escritor en un momento trascendental para la poesía española, de manera que no es posible entender del todo lo que le ocurre a la lírica contemporánea de nuestra lengua sin tener a la vista el conjunto de su obra. Ciertamente, sin un alto valor objetivamente existente ninguna operación humana se constituye en hito decisivo, pero no hay duda de que, dado ese valor, la inserción en un instante determinado y no en otro otorga plenitud o se la niega a ciertos hechos de los hombres. Vicente Aleixandre, repito, no careció en ese sentido de los regalos que los hados conceden con cierta parsimonia a los seres de nuestra especie. No sólo apareció en una época y en un país que favorecían el nacimiento de un gran poeta, sino que sus dotes naturales de tal y la fecha de su manifestación eran de la índole más a propósito para que su obra pudiera ser contemplada como muy significativa dentro de un momento literario de suma importancia. Me explicaré.

Hay épocas (mediados del siglo XVIII, por ejemplo) que no permiten todo el despliegue de que es potencialmente portadora una creación poética eminente; y otras hay que, por el contrario, son capaces, como la nuestra, de otorgar el máximo desarrollo a un poeta máximo. En las primeras vivirán felices los líricos escasamente dotados, porque los mediocres dones de éstos concuerdan a la perfección con las estrechas exigencias de aquéllas. En los períodos poéticamente plenarios, en cambio, los poetas deficientes ponen en evidencia su limitación. El mayor poeta del siglo XVIII, Meléndez, que disfrutó en su tiempo de amplio renombre, hubiese hecho un papel bien triste si hubiese nacido siglo y medio antes o siglo y medio después. Y viceversa, un talento como el de Quevedo o como los de Lorca o Aleixandre, se habrían medio axfisiado en el mundo dieciochesco. Probablemente hubiesen resultado en esa situación poetas, si no por completo insignificantes, sí bastante menos decisivos de lo que son hoy, gracias a haber vivido un instante extraordinariamente apto a la índole de su genio.

Cada tiempo histórico tiene, de modo aproximado, en consecuencia, los poetas que merece: su estructura permite o dificulta el acceso de la gran poesía. No creo aventurar un juicio excesivo al afirmar que el siglo XX es quizá el que más facilidades ha otorgado hasta hoy al desarrollo del genio poético: dos de sus características fundamentales, en efecto, el irracionalismo y el individualismo, concuerdan de manera idónea con la naturaleza misma del arte, que es, en su fundamento último, irracional y personal, bien que después pueda y deba el impulso estético encauzarse según moldes de razón y según referencias de índole social. Y si a esto añadimos que con esos rasgos (individualismo y no racionalismo) cabe también, de algún modo, definir un aspecto del alma española, estaremos prestos a entender por qué en nuestro suelo ha podido brotar, a lo largo de todo el siglo, un tan rico venero de poesía.

Vicente Aleixandre fué, según esto, repito, sumamente afortunado al nacer español en 1898, pues tuvo así, no sólo la oportunidad de llevar a plenitud todas sus facultades, sino la de ser, junto a otros dos poetas de su generación hispánica, un hito final en el que llegan a un climax dos procesos, vinculados entre sí, que venían hinchando su lomo, como una ola, desde el Romanticismo. Estos dos procesos son el irracionalismo y el individualismo. Y luego, en descenso notable ya esa oceánica doble propagación, este poeta tiene aún tiempo para vivir con idéntica intensidad el gran cambio que afectó a la lírica a partir, digamos, de 1947. Páginas adelante hemos de ocuparnos brevemente de este cambio en su relación con la poesía aleixandrina.

El irracionalismo

Aunque en abreviatura, necesitamos analizar por separado, en conexión con Aleixandre, cada uno de los ingredientes fundamentales que constituyen lo que llamamos poesía del siglo xx. Nuestro primer encuentro será con el irracionalismo. El irracionalismo poético es sólo un aspecto del irracionalismo general de que se tiñe la cultura a partir del Romanticismo. Si se me da licencia para simplificar la cuestión, yo diría que el irracionalismo del siglo xix lleva un signo inverso al irracionalismo del siglo xx. En el siglo xix se refería más a la actitud del poeta que a la materia verbal que éste manejaba; al contrario de lo que ocurre en el siglo xx. En una fórmula apretada, que como todas las fórmulas apretadas requeriría para ser del todo diáfana abundantes comentarios que acaso fuesen impertinentes en un prólogo de las dimensiones que aquí se me conceden, yo diría esto: en el Romanticismo el poeta se enfrentaba irracionalmente (espontaneidad, improvisación, digresiones—El Diablo Mundo—, etc.) con la materia verbal heredada de la tradición, que era, claro está, de índole racional. En tanto que en nuestro tiempo es, hablando en términos generales, racional la actitud del poeta e irracionales los materiales expresivos. De manera creciente desde 1900, aproximadamente, o un poco antes, hasta 1936, más o menos, y con posterioridad a esta última fecha de manera francamente decreciente, las palabras pueden usarse en sentido lógico, pero se usan, con frecuencia característica, ilógicamente, esto es, según sus asociaciones subconscientes.

De todo ello se desprende la paradoja en que han caído numerosos críticos de la poesía del novecientos: que a una lírica tan acentuadamente irracionalista como la propia de nuestro

13

siglo se la haya calificado de intelectual, sin tomar precaución alguna al utilizar ese vocablo. No se daban cuenta acaso tales críticos de que si era muchas veces intelectual la actitud del poeta frente al poema (organización de los materiales, sentido de la composición, eliminación de excrecencias, etc.), no lo era en modo alguno lo más profundo y sustancial, a saber: el tipo de significación asentado en las palabras mismas. En numerosos casos límite se utiliza el léxico únicamente en cuanto capaz de asociaciones irracionales, o en otros casos menos agudos se usa el vocabulario poético poniendo a la vista del lector los dos tipos de significación que las palabras pueden tener: la puramente conceptual, por un lado, y por otro, la extraconceptual en asociación irreflexiva. (Cierto que en ningún instante se deja de emplear también lo que llamaríamos "método tradicional".) En varios trabajos míos he intentado examinar este problema a través de la metáfora del presente siglo. Y allí remito la atención del lector a quien interese el problema.

Si deseamos ahora marcar los hitos del proceso irracionalizador, según sube éste en importancia a lo largo del primer tercio del siglo, dispondríamos un esquema de tres nombres, cada uno de los cuales representa un avance en el uso español de la significación irracional del léxico poético: Antonio Machado-Lorca-Aleixandre. Junto a cada uno de estos poetas podrían figurar otros con igual sentido, pero menos decisivamente jalonadores, creo yo, de un relativo punto extremo dentro de lo que llamaríamos "gráfico de la fiebre ilogicista": así, al lado de Machado podría estar Juan Ramón Jiménez; al lado de Lorca, Alberti, Altolaguirre, Guillén y Salinas; al lado de Aleixandre, Cernuda. Pero, en todo caso, resultaría que nuestro autor se halla en el ápice de la curva, en su punto más elevado, tras el que comienza el descenso, incluso en el interior de su propia obra.

El individualismo

Esta significación de "finisterre" que observamos en Aleixandre al considerarlo desde la perspectiva del irracionalismo, la advertiremos igualmente si lo miramos desde la otra perspectiva esencial: el individualismo. También el individualismo literario se nos aparece como una criatura que crece biológicamente a partir del Romanticismo (1), y también en este caso nos es dado fijar sus estaciones fundamentales dentro del siglo xx, aunque aquí no nos sea posible dar un nombre de poeta para cada estirón en el desarrollo, sino dos por lo menos: en un primer lugar, situaríamos juntos a Antonio Machado y a Juan Ramón Jiménez. En otro más avanzado, a Jorge Guillén y Vicente Aleixandre. Observamos entonces que también, en cuanto al individualismo, Aleixandre, ahora acompañado de Guillén, se viene a situar en el punto más empinado de la montaña, tras el que se impondrá el obligado descenso a la ladera. Y de nuevo vemos que esa trayectoria en declive la efectúa el propio Aleixandre (y también su compañero de letras) en la marcada evolución que su obra realiza durante la posguerra. Y si ahora tomamos en conjunto los dos aspectos considerados, irracionalismo e individualismo, que son, no lo olvidemos, los fundamentales de la poesía de nuestro siglo, se nos aparece acaso como justa la afirmación que realizábamos al comienzo de estas páginas: la poesía de Aleixandre actúa no sólo de clímax en un capital proceso, sino de gozne en el giro de la poesía cronológicamente más próxima a nosotros. Hacia 1947 (y aún antes) la poesía se abre como un abanico, y ese mismo cambio lo realiza en todos sus pormenores esenciales el autor que había representado el papel que hemos visto en el proceso anterior. Si salimos del ámbito español para incurrir en el general hispánico, asociaríamos al de Aleixandre el nombre de Neruda, que cumple un oficio parecido, no sólo en cuanto a significar un pleno irracionalista e individualista, sino también en cuanto a la variación en sentido contrario con que lo vemos actuar en los años últimos.

---

(1) Claro está que no intento proponer al Romanticismo como descubridor de la individualidad. El individualismo se inició bastante tiempo antes, ya en los siglos finales de la Edad Media, según el hombre iba abandonando su concepción teocéntrica para confiar más y más en sus propias capacidades. Nadie ignora que después el Renacimiento intensifica el proceso, que gana su primera cota importante con el barroco español del siglo xvii, donde el afán de sobresalir del vulgo se convierte en una moda, y hasta en una obsesión, que dura más de cien años. Las ideas dieciochescas sobre la unitiva razón establecen una silenciosa tregua que queda interrumpida ruidosamente al llegar el Romanticismo. El Romanticismo intensifica con violencia el viejo movimiento individualista, y a todo lo largo del siglo xix y, sobre todo, del xx la ola sigue en rápida creciente, como indico en el texto.

No sé si he adelantado excesivamente las cosas en esta sumaria exposición. Retornemos, en todo caso, al instante anterior, en que el individualismo se hallaba todavía en su plenitud: al período entre 1925 y 1940. En esa década y media podemos ver con ojos claros el resultado más evidente del fenómeno que ahora nos ocupa. Pues parece indubitable que la consecuencia de más bulto que puede tener en la literatura el individualismo será la diferenciación de unos artistas con respecto a los otros. Cada autor pondrá todo su empeño en no parecerse a los demás. Y como la discrepancia radical en este sentido es siempre la discrepancia en la visión del mundo, no nos choca que cada uno de los poetas que escriben entre las mencionadas fechas tenga su cosmovisión propia, mínimamente semejante a las de sus compañeros. Ahora bien: si todos tienden a esto, no todos lo hacen con la misma intensidad: Guillén y Aleixandre serán, sin duda, los más extremosos. Hay que decirlo con valentía, pues el hecho es palmario: en toda la historia de la literatura española no hay un solo escritor de verso que pueda ofrecer un mundo tan cerradamente personal como el que vemos en *Cántico,* de Guillén, o en el conjunto de los libros aleixandrinos. Y es que en ningún instante el individualismo había sido tan agudo como el que afecta a esos dos autores.

Pero ese individualismo de visión tiene dos consecuencias inmediatas: la personalidad estilística o formal y la extensión y variedad del mundo mismo cantado. Lo primero es fácil de comprender, en cuanto recordamos la inseparabilidad del fondo y la forma; lo segundo también se nos ofrece como claro, aunque sólo tras una breve consideración.

Yo creo que todas las visiones del mundo desplazan, en principio, un espacio equivalente: el constituído por el genérico universo humano. Ahora bien: cuando mi visión coincide con la del prójimo en casi todos sus pormenores, al expresarla sólo tengo que aludir a las indentaciones disidentes, puesto que lo consabido se calla; si, por el contrario, soy extremosamente original, debo exponer a la vista de mis lectores todo el entramado de mi sistema al objeto de hacer cabalmente inteligible cada una de sus articulaciones. Las visiones del mundo de carácter más tópico no precisan sino la mención de ciertas leves ondulaciones con las que sobresalen de la común llanura convencional. Mientras aquellas otras de superior originalidad requieren, para cobrar pleno sentido, la alusión a la totalidad del organismo, que, de ser implícito, como en las anteriores, pasa a ser explícito y, por consiguiente, de mayor extensión.

Recogiendo las ideas precedentes, diremos que el individualismo extremoso a que llegó la poesía entre 1925 y 1940, sobre todo en la obra de Aleixandre, Guillén y Neruda, tiene estas congruentes consecuencias:

1.ª un estilo muy personal, oriundo de
2.ª una visión del mundo de suma originalidad y coherencia, que
3.ª lleva el obligado atributo de su largo alcance. Esto quiere decir que el poeta mira un entero mundo desde diferentes perspectivas, interpretándolo en un gran número de objetos.

No hay duda, pues: en los poetas de 1925 el individualismo de la obra artística había llegado a una elevación acantilada, allende la cual no había posibilidad de avance. Y sin embargo...

Sin embargo, paradójicamente, por esas fechas el supuesto que yace bajo todo individualismo casi ha desaparecido. No sólo no es pensado (los supuestos no suelen ser pensados), sino que no es vivido ya por nadie, al menos con apreciable intensidad. ¿Y cuál es ese supuesto que ya nadie vive, ese supuesto que, en la forma de vago sentimiento, se esconde bajo la actitud mencionada? Este: que somos más cuanto más distintos y discordantes, cuanto menos sujetos a una amplia participación en principios y visiones con el común de las gentes. Juan Ramón Jiménez todavía vivía esa premisa ("a la minoría siempre"). Hacia 1930 nadie la vive ya. Jorge Guillén se nos mostrará como de acuerdo con el mundo y los hombres ("el mundo está bien hecho", "la sociedad *graciosa* en el otero", "dependo de ti, mundo"). Y Aleixandre, como veremos después, hace de la solidaridad amorosa con el cosmos y el hombre centro de su actividad literaria. Y no sólo eso: en un artículo ("Entregas de poesía", Barcelona, junio 1944), recogido como prólogo a la segunda edición de *La Destrucción o el Amor,* se proclama poeta no de lo que "refinadamente diferencia, sino de lo que esencialmente une"; no poeta de minorías, sino poeta de mayorías, al menos en la voluntad artística; en una entrevista del año 1933 ya había afirmado que su deseo mayor hu biese sido comunicarse a todos, ser entendido hasta del hombre menos pasado por la cultura.

Se es individualista en el formato de la obra, pero ya no se comulga con la premisa que el individualismo lleva consigo. Y como ya no se siente esa premisa, el aspecto más superficial del individualismo anterior, el gusto por la extravagancia personal, la extravagancia del dato biográfico mismo (paraguas rojo de *Azorín,* barbas de Valle-Inclán, energumenismo de Unamuno, etc.), ya no existe. Y es que aunque pueda sorprender y hasta escandalizar a alguien, el individualismo de la conducta requiere vivir del todo, sentir plenamente esa premisa que el individualismo supone, en tanto que el individualismo de la obra artística no requiere lo mismo en el mismo grado. Insisto una vez más: hagamos el esfuerzo de poner juntos estos dos hechos que se dan hacia 1930: 1.º, evaporación de la premisa del individualismo ("somos más cuanto más insolidarios seamos del común de los hombres"), y 2.º, intensificación del individualismo poemático en Guillén, Aleixandre y Neruda. ¿No es cierto que la contradicción es notable? ¿Cómo es posible que los supuestos tácitos de una obra discrepen tan diametralmente del contenido expreso de la misma sin herir su profunda unidad? Porque no hay vacilación posible: esa discrepancia es descaradamente patente en el caso de Vicente Aleixandre o de Jorge Guillén. Yo me lo explicaría así: cada época impone al escritor con rigor de ineludible vigencia un molde expresivo ampliamente genérico, en el que éste plasma su obra. Ese molde expresivo ha sido originado a lo largo del tiempo por unos supuestos que poco a poco han podido ir evaporándose hasta la total sequía. Al llegar ese instante, el molde sigue actuando, aunque lo haga mecánicamente, ya sin contenido apreciable (al parecer) en la época nueva, en forma de uso aproximadamente insensato que nadie intenta justificar, porque la costumbre misma de su utilización parece suficiente garantía de su existencia. O en otras palabras: porque la necesidad de su utilización misma se ha convertido en "creencia"—terminología de Ortega (1)—y por serlo no se plan-

---

(1) Advierto que uso de propósito aquí este término orteguiano con cierta libertad, pues Ortega en rigor no lo utilizaría en el presente caso, como de sobra comprenderá el lector.

tea el problema de su justificación, ya que de plantearse dejaría de ser creencia. Pero por pasar a ser creencia, que es un estrato de convicción más profundo que la mera idea, su eficacia en las vidas puede ser más intensa aún de lo que solía. Esto nos explica el acrecentamiento del individualismo en ciertos respectos de la poesía escrita entre 1925 y 1940, cuando justamente las premisas del individualismo estaban en trance de extinción y aún prácticamente extinguidas. (Prueba de esto último sería, por ejemplo, el nacimiento a la sazón del existencialismo heideggeriano y de ciertas ideas orteguianas que parten de postulados adversos a tales premisas.)

Ahora bien: en la literatura esas fórmulas expresivas que se han vaciado de significación notable son vividas por el "yo social" del poeta con perfecta sinceridad e incluso (caso de Aleixandre o Guillén) desde postulados contrarios a los que condicionan la existencia de aquéllas. Y es que la contradicción no puede existir cuando el elemento contradictorio (el supuesto de la fórmula) se ha esfumado. No pretendo dar a entender con esto que la fórmula entonces sea vivida como ingrediente sin significado alguno, porque ello sería tanto como afirmar que el don de la animación es cualidad propia de un cadáver. No; lo que ocurre es, a mi juicio, algo diferente: que la fórmula, perdido su espíritu anterior, ha adquirido un espíritu nuevo, desde el que se la vive. Este significado nuevo sería simplemente que sólo a través de la expresión individualista podía transparentarse el hombre de su tiempo; que tal expresión constituía un "debe ser" de todo poema verdadero, un elemento constitutivo ineludible, según más arriba he insinuado (y esto, sentido como creencia, o sea confundido con la realidad misma, que no necesita justificación). Y así era, en verdad, mientras no surgiese *en el seno de la sociedad* literaria una postura nueva, claramente establecida, que sustituyese a la anterior, y con fuerza bastante para romper los moldes expresivos individualistas. Y no debemos olvidar que esta nueva postura no empezó a definirse hasta, por lo menos, 1940, ni a hacerse "vigente" antes de 1947. Para ser un gran poeta dieciocho años antes de esta última fecha era necesario profesar en cuanto a la expresión en el individualismo, y sueña quien juzgue que puede saltarse su propia sombra.

19

II

ETAPA PRIMERA EN LA POESÍA DE ALEIXANDRE

*Carácter sistemático en la
visión del mundo: su núcleo*

Como la vida funciona siempre orgánicamente, la cualidad
más sobresaliente de toda vivida interpretación de la realidad
es su índole sistemática, esto es, la interdependencia de sus
partes, la congruencia de unas con respecto a las otras y con
el conjunto, o dicho de otro modo, el hecho de que cada ingrediente quede filiado mediata o inmediatamente en un núcleo
radical, que es el mismo para todos ellos.

Si esto es así, no hará falta gran penetración para comprender
la importancia capital que el crítico ha de conceder al hallazgo
de este núcleo organizador. No es exagerado decir que la
inteligencia verdadera de una obra de arte depende justamente
del tino en señalarlo con precisión. Ciertamente, no siempre
es tan fácil, entre otras cosas, porque cada grupo de poemas,
cada libro o cada serie de libros, puede hallarse en posesión,
a su vez, de su propio foco central, que permanece, sin embargo, en posición de subordinado con respecto al que gobierna
todo el sistema.

Así ocurre en la poesía de Aleixandre. Dos épocas de diferente extensión, hasta ahora, nos es dado percibir en ella. A
un lado hemos de colocar todos sus libros hasta *Historia del
Corazón,* que forman una masa compacta de gran homoge-
neidad y coherencia. Al otro, instalaríamos una única obra
(Historia del Corazón), iniciadora, al parecer, de un nuevo
rumbo lírico. Al establecer esta raya en el curso de la poesía
aleixandrina, no atiendo, claro es, a consideraciones externas,
sino que me fijo exclusivamente en la "estructura" distinta que
ambos conjuntos poseen. Llamo estructura a la ordenación de
una obra alrededor de cierta idea o sentimiento madre que
da origen, por dilatación o irradiación, a todo el ámbito lírico,
según hemos señalado ya. Pues bien, la estructura de la serie
de volúmenes que va desde *Ámbito* a *Nacimiento Último* es

claramente disímil de la estructura de *Historia del Corazón,* porque fluye desde un diferente manantial temático. En el vasto cuerpo primero, la idea rectora consiste en la concepción de lo elemental *como la única realidad afectiva del mundo.* En el cuerpo segundo *(Historia del Corazón),* la base de sustentación es otra: la consideración de la vida humana *como historia,* o más precisamente, como un difícil esfuerzo realizado en la dimensión temporal, tras una decisión de carácter ético.

Pero estos dos mandos a que obedece el par de sectores poéticos de Aleixandre se hallan, a su vez, radicados en una base común, que es el centro general de la poesía toda de nuestro autor. No se trata ya de una idea, sino de un sentimiento, una impresión metafísica, un impulso de carácter primario frente al cosmos: *la solidaridad amorosa del poeta, del hombre, con todo lo creado;* por lo pronto, con el mundo físico (época primera) y también (época segunda) con el mundo de la vida humana. *Solidaridad:* tal es, en efecto, la palabra que hemos de leer debajo de cualquier expresión aleixandrina; tal la fuerza primigenia que ha dado origen a toda la obra de nuestro autor. Contemplada desde un punto de vista tan genérico, asume ésta así en su totalidad un sorprendente carácter ético, no sólo en su última manifestación *(Historia del Corazón),* donde el ingrediente moral es evidente, sino en el largo tramo inicial, en que tal cualidad se hallaba como enmascarada.

Época primera: desde "Ámbito"
a "Nacimiento Último"

Y, sin embargo, moral es la raíz del panteísmo erótico que tantas veces ha sido señalado como característico del primer Aleixandre. Es el amor una fuerza que nos lleva a la generosa identificación con el objeto amado. Si ese objeto es el mundo, tenderemos a vernos reflejados en él, y viceversa, a verle a él reflejado en nosotros. Nos convertiremos así en mundo, nos tornaremos en naturaleza y, a su vez, la naturaleza se unificará en una pura llama de amor, que va de nosotros a la realidad circundante y vuelve a nuestro corazón, convirtiendo el entero universo en un único flúido erótico, en una única sustancia, de la que participamos.

Tal es lo que comprobamos en la primera época de nuestro

autor. La solidaridad amorosa con respecto al cosmos le conduce no sólo a un panteísmo en que el amor es la sustancia unificadora (volveré luego sobre ello), sino también a una correlativa elementalización del hombre, pues, en virtud del amor, éste se ha hecho uno con lo amado, la naturaleza. Se ha tornado en montaña, piedra, astro. Se invierte así la perspectiva tradicional, y ahora en la jerarquía de los valores aparece en la cima lo que antes se hallaba en el peldaño más bajo de la escala. Será mejor lo más elemental, de forma que la piedra superará al vegetal, éste al animal y el animal al hombre; me refiero, claro está, al hombre alejado de la naturaleza, no al que se deja guiar por sus supremas instancias. Porque, en efecto, el hombre elementalizado, trozo del cosmos, es uno de los héroes de esta lírica, y por eso suele ser visto por Aleixandre en su desnudez, hecho insólito (salvo excepciones raras) en la tradición artística española (lo mismo en la literaria que en la pictórica):

> Tu desnudo mojado no teme a la luz...
> ("El desnudo", de *Sombra del Paraíso*.)

> Por un torso desnudo tibios hilillos ruedan
> ("Plenitud del amor", del mismo libro.)

De entre estos seres permeables a la propagación cósmica, Aleixandre destaca, por vía específica, tres ejemplares en un primer plano, aunque no los tres con idéntica frecuencia: el campesino (léase "Hijos de los campos", en *Sombra del Paraíso*), el poeta (en cuanto intérprete de la lucidez cósmica), y, sobre todo, el amante. Merece la pena detenerse un momento a considerar este último y principal personaje. Como el mundo evocado por Aleixandre es un mundo sustantivamente amoroso, forzosamente habría de ser el amante humano uno de sus motivos centrales; y como, además, el poeta en esta etapa de su obra se interesa por las fuerzas primigenias de la naturaleza, ese amor será, principalmente, el amor-pasión, en su trascendencia metafísica, que consiste en relacionar la unión de la pareja con lo absoluto telúrico, en virtud de esa sustancial comunión erótica con que se vincula todo el universo, según dejé insinuado y según luego examinaremos con más pormenor. Tal es el origen de un tipo de imágenes que caracterizan con fuerte personalidad a Vicente Aleixandre. Me refiero a aquellas que llamaríamos cósmicas y telúricas, con las que el poeta suele designar a los seres elementales. Puesto que lo valioso en el hombre es su proximidad a la tierra, nuestro autor estará siempre dispuesto a evidenciar tal cercanía comparando a sus protagonistas humanos con términos del mundo natural: río, agua, roca, bosque, montaña, árbol. He aquí, entre centenares de ejemplos posibles, unos pocos:

> Un lecho de césped virgen recogido ha tu cuerpo,
> cuyos bordes descansan *como un río* aplacado.
>
> ("A una muchacha desnuda", en *Sombra del Paraíso*.)

> (dice a su padre) benévolo y potente tú *como un bosque* en la orilla
>
> ("Padre mío", del mismo libro.)

> Alto padre, *como una montaña* que pudiera inclinarse
>
> (Del mismo poema.)

> (los campesinos son) musculares, *vegetales*, pesados *como el roble*
>
> (Hijos de los campos", de *Sombra del Paraíso*.)

Otras veces lo que vemos no son ya imágenes telúricas, sino, como acabo de adelantar, verdaderas imágenes cósmicas. Y así constituyen muchedumbre los pasajes en que la amada o el amante sufren vicisitudes estelares o asoman bajo apariencia de astros, o ya de enteros firmamentos:

> Tan dorada te miré que los soles
> apenas se atrevían a insistir (...),
>
> (...) ronda tierna de soles que giraban en torno a ti, astro dulce
>
> ("Nacimiento del amor", de *Sombra del Paraíso*.)

> No te acerques porque tu beso se prolonga como el choque imposible de las estrellas
>
> ("Ven siempre, ven", de *La Destrucción o el Amor*.)

> (El cuerpo de la amada es) bóveda centelleante, nocturnamente hermosa.
>
> ("Plenitud del amor", de *Sombra del Paraíso*.)

Claro está que, dada su concepción de las cosas, Aleixandre se nos presentará no sólo como el cantor del hombre natural que acabamos de ver, sino también, y en alto grado, como un poderoso poeta de la naturaleza misma. Desde muy diferentes situaciones y tonos, esta poesía se ocupará de los más diversos paisajes y de las criaturas naturales más diversas, siempre que cumplan el requisito de espontaneidad que el sistema aleixandrino les fija. No será, pues, Aleixandre poeta de jardines o parques en que el artificio pueda triunfar, sino de una naturaleza libérrima y exaltadamente vitalizada. Los paisajes tropicales (selvas, etc.) resultarán por ello de gran predilección en esta lírica de fuerzas primarias. Sin mengua de que, en otras ocasiones, sepa Aleixandre trazar magistrales descripciones de paisajes menos exuberantes, pero que dan con idéntica fuerza una impresión de libertad generosa: grandes llanuras con fondos serranos, como los que pueden divisarse en las cercanías de Madrid, donde este poeta ha vivido; o la extensión ilimitada del mar en azulada serenidad, recuerdo de su infancia malagueña. Con pincelada más estricta, numerosas veces su poesía se ha sentido atraída, en consideración aislada, por seres de la naturaleza especialmente interesantes para ella. Entre sólo tres libros del poeta (*La Destrucción o el Amor, Mundo a Solas* y *Sombra del Paraíso*) hallo que a la luna se dedican nada menos que nueve poemas; ocho, al mar; tres, al sol. Y no faltan composiciones dedicadas en exclusividad a evocar el cielo, los campos, la luz (tan representada en *Sombra del Paraíso*), la hondura telúrica, la aurora, el aire, la tierra, la noche, el paisaje primaveral, la lluvia, el fuego, el árbol...

Idéntica explicación tiene la copiosa fauna aleixandrina. La frecuencia con que los versos de nuestro poeta hacen alusión a animales es extraordinaria. De los 54 poemas que integran *La Destrucción o el Amor,* 39 mencionan alguno de ellos, hasta formar una lista de 31 animales distintos nombrados por el poeta. Pero no sólo eso: a las águilas, a la cobra, al pez espada y al escarabajo les será dedicada una composición entera, de las más felices del libro.

Sí; los animales son casi tan puros como la piedra, como la luz. Los tigres llevan en sus pupilas "el fuego elástico de los bosques"; las indefensas gacelas son como las ramillas frescas de un arbusto joven; las águilas se asemejan al Océano por su majestad y señorío. Son seres de plenitud, verdaderos dechados de perfección.

Hemos hablado hasta aquí de los "héroes" aleixandrinos. No está de más que mencionemos ahora, en cuenta más breve, los "antihéroes" Es evidente que donde existe un héroe puede y suele darse su contrafigura execrada, pues que la sombra es necesaria para dar más claridad a lo luciente. Este carácter es el que tienen los hombres desposeídos de naturalidad, ajenos al "mensaje" de la luz, de las estrellas, del mar. Como sólo *existen,* según sabemos ya, los seres incorporados al cosmos, tales hombres desnaturalizados serán como "dormidos", como muertos; esto es, no tendrán realidad verdadera, sino sólo aparente. Y el poeta podrá en alguna ocasión generalizar y decir que "el hombre no existe", o que si existe es "algo estéril que contra un muro se seca". "Tirado en la playa, en el duro camino", ese hombre "ignora el verde piadoso de los mares", "el canon eterno de su espuma". Y por ello, en un poema de *Sombra del Paraíso,* embriagado el poeta al contemplar la pureza del fuego primigenio, hermoso don del mundo inicial, puede exclamar: "¡Humano: nunca nazcas!"

A este orden de criaturas negativas pertenecerán de manera superlativa los desamorados, puesto que ellos se excomulgan a sí propios de la sustancia del orbe, el amor. No nos parecerá raro, pues, que en esta poesía se dediquen cierto número de piezas a estos seres incapaces de la entrega amorosa, que, precisamente por desustanciados y ayunos de realidad auténtica, incurren en las iras del poeta. Ni tampoco encontramos sorprendente el ánimo semejantemente imprecatorio con que nuestro autor se dirige a toda suerte de artificiosidades humanas: la desnaturalizada ciudad, el falaz vestido o las joyas mendaces, reversos también de otros tantos positivos anversos, según hemos tenido ocasión de comprobar.

Debemos ahora empalmar con los conceptos que manejábamos más arriba. Decíamos allí que Aleixandre se siente, en la primera etapa de su poesía, solidario del cosmos según un impulso de amor que le lleva a identificarse con todo lo existente: en primer término, con la materia inorgánica, y, en segundo término, con la vida, vegetal y animal, organizada. Tiene este extremo tanta importancia en su obra que no podemos pasar a la ligera sobre él. Porque la idea de la unidad

25

sustancial del mundo quizá sea la que reviste más cuerpo en estos libros que comentamos. "Todo es uno y lo mismo", dice una vez y otra vez nuestro poeta. Todo es uno y lo mismo porque todo resulta ser diversificación diferenciada del único amor que centra y da sentido al cosmos. Ama el pequeño escarabajo, el terrible león, la cobra, las águilas, las mariposas; la piedra, el sol, el fuego; y, como ellos, no en un plano superior, sino en principio, sustantivamente idéntico, el hombre, que no se sentirá así distinto de la tierra que le sostiene:

> El mundo todo es uno...
>
> ("Quiero saber", en *La Destrucción o el Amor.*)
>
> Erguido en esta cima, montañas repetidas, yo os contemplo, sangre
>   de mi vivir que amasó vuestra piedra.
> (...)
>
> No soy distinto y os amo...
>
> ("Adiós a los campos", en *Sombra del Paraíso.*)
>
> He aquí la inmensa madre [la tierra] que de ti no es distinta.
>
> ("Al hombre", en *Sombra del Paraíso.*)

Hay que tener en cuenta, además, que este amor universal, que se particulariza en cada una de las criaturas existentes, es una potencia destructiva. Al ser única la sustancia de las cosas y diversas las apariencias, hay en el cosmos un desequilibrio que tiende al reposo a través del dinamismo erótico, aniquilador de esas discrepantes concreciones. El amor es entonces algo así como una explosiva fuerza moral que anula el desorden de la diferenciación. El enemigo del amor y de su potencial unidad cósmica serán los límites de cada ser, dolorosamente sentidos por el poeta ("estos límites que me oprimen"), que aspira a la libertad de lo ilimitado y unitario. Tal es el sentido de la libertad en toda esta primera época de nuestro autor. Libertad es allí rompimiento de fronteras y acceso a la confusión pánica. Y esa libertad adquiere su máximo símbolo en el amor, que es siempre un acto de deslimitación, que absorbe nuestro yo y parece que por un instante lo reincorpora a la naturaleza indivisible.

(Por eso cuando "acabó el amor"—véase el poema de ese título en el libro *Nacimiento Último*—, los cuerpos, la realidad entera "constan" aferrados a sus estrictos y entristecedores límites:

Acabó el amor.
(...)
Finó el beso. Finamos.
(...)
La vida quieta consta tranquilamente exacta.
(...)
Nada llena los aires; las nubes con sus límites
derivan. Con sus límites los pájaros se alejan.

Añadamos que en ese trance, consonantemente, la vida natural—nubes, pájaros—desasiste, alejándose, al desamorado.)

Pero si amor es destrucción, amor, cólera y odio pueden
confundirse en la mentalidad aleixandrina. Serán diversas ma-
nifestaciones del genérico acto amante, fuerza desintegradora
del principio de individuación. He aquí otra de las causas que
explican la presencia de una fauna tan profusa en los libros
de nuestro poeta. En el acto de matar que las fieras instinti-
vamente realizan, Aleixandre ve la forma más simple y enér-
gica de la acción amorosa. Por eso la sierpe enroscada en los
cuerpos en un acto de aniquilamiento "se parece al amor más
ardiente" ("La selva y el mar", de *La Destrucción o el Amor*).

De todo ello se desprende el segmento postrero de la concepción aleixandrina del mundo que antecede a *Historia del
Corazón*. Me refiero al sentido positivo con que está conside-
rada la muerte desde *Ámbito* o *Pasión de la Tierra* a *Nacimiento Último*. Puesto que en esos libros la muerte es la verdadera
deslimitación, de la que el amor era sólo una como representación simbólica; puesto que es la definitiva entrega a la naturaleza amante, realidad última del universo, la muerte será
vista como el supremo acto de libertad, de amor y de vida.
Ingresar en la materia unitaria a través de la muerte será penetrar en una plenitud de vida superior. Es el "nacimiento
último" a la verdadera existencia. Cuando leemos el poema
titulado "El enterrado", nos da la impresión de escuchar la
voz de un místico que nos habla de la unión con su Dios,
después de esta terrenal existencia. Misticismo, pues; pero misticismo panteísta. Espiritualización de la materia; materia como
perenne claridad, radioso numen, cántico alegre que recibe al
"elegido", al muerto, destrozadas ya las individualizadoras fronteras ("Destino trágico").

ÉPOCA DE INTEGRACIÓN EN LA COLECTIVIDAD:
"HISTORIA DEL CORAZÓN"

Con *Historia del Corazón* penetramos, al parecer, en un orbe distinto, que, no obstante, como haré notar, no representa un "arrepentimiento" o "conversión" del poeta a otra idea del mundo, sino que significa más bien el crecimiento por otro sitio de esa misma idea. Esta nueva ramificación ha sido posible merced al nuevo encuadre desde el que ahora Aleixandre se sitúa para mirar por última vez la realidad. Si todo el proceso de su interpretación de la realidad entre *Ámbito* y *Nacimiento Último* nacía de un impulso de solidaridad, no le oímos ahora desdecirse de ese sentimiento irradiador; sólo que en *Historia del Corazón* ha variado la dirección de tal impulso, que de ir hacia el cosmos camina ahora en dirección al hombre. Al hombre y, por tanto, al hombre histórico, pues no hay otro.

Para explicarnos suficientemente este amplio giro, estamos forzados a apuntar, aunque sea sucintamente, algunos de los ingredientes que cooperan a la nueva situación en que ha entrado el hombre de los últimos años. Porque me parece bastante exacto pensar que *Historia del Corazón* es, en parte, uno de los resultados de la atenuación (que parece afectar a todas las literaturas occidentales) del individualismo, descrito antes en este prólogo como culminante en la obra del primer Aleixandre, junto a algún otro compañero de su generación. Es Aleixandre un poeta entre cuyas virtudes figura la vitalidad para reaccionar vivamente frente a la evolución del espíritu de su época. De ahí que su obra se parezca mucho más a un único pero cambiante río que a un estático lago. Dejando aparte el primerizo *Ámbito,* entre el segundo libro y el último suyos la distancia semeja diametral, y, sin embargo, en ningún punto del discurso ha habido rompimiento, tal lo que ocurre en el crecimiento de un ser vivo. La capacidad de percepción que en alto grado posee Aleixandre para vigilar el compás de su tiempo, unida a la atención siempre alerta con que sabe escuchar la voz de su autenticidad humana, es lo que explica a la par lo ininterrumpido de la evolución aleixandrina y la amplia abertura de ella.

Y es el caso que ahora, en los años de la segunda posguerra, por todas partes veo señales, repito, de una crisis en la actitud individualista, tan acusada anteriormente. Se ensaya, en efecto, hacia esas fechas una nueva postura frente al mundo, que si en la filosofía se venía manifestando con anterioridad (precisamente en el período de entreguerras, en que la literatura ostentaba el signo contrario), es sólo con posterioridad a la contienda cuando comienza a dominar en la novela, la poesía y el teatro. Una vez más observamos el hecho, tantas veces comprobado, de ir el arte a la zaga del pensamiento, cosa muy explicable si recordamos que el artista actúa desde ideas ya impregnadas de sentimentalidad, y esto sólo puede ocurrir si, en alguna medida, se han popularizado y hecho carne y sangre de, por lo menos, una minoría de selectos.

Estas nuevas ideas, o dicho con bastante más precisión, estos nuevos supuestos, que otorgan suelo firme a la literatura más reciente, a mi entender no son otros sino ciertos postulados de las filosofías existencialistas y paraexistencialistas. La idea de que el hombre tiene un yo en que interviene ya la circunstancia, el concepto de que vivir es convivir, y varios más del mismo tenor y origen, tienden a imponer una fuerte sordina en el exaltado individualismo anterior, debajo del cual hemos leído el pensamiento o sentimiento contrario, esto es, que somos más cuanto más distintos y discordantes, cuanto menos sujetos a una amplia participación en principios y visiones con el común de los hombres. En los poetas del 25, dijimos, este principio no actuaba ya como tal, aunque sí en sus consecuencias. Ahora se escribe y se *vive* desde un supuesto contrario.

A la misma región literaria y humana conduce la sensación de desamparo y aterimiento cósmico a que está sometido el hombre de hoy. No exclusivamente, ni tampoco principalmente, por hallarse afincado en un suelo movedizo y fangoso de absoluta incertidumbre política, sino, sobre todo, porque la maduración del concepto historicista ("el ser humano no tiene una naturaleza fija, sino que su ser es fluyente y plástico") le sume en la angustia de la libertad y de la transitoriedad: la transitoriedad de su realidad misma y la transitoriedad del mundo moral que le circunda. Todo ello, en conjunto, aboca al mismo resultado: la toma de conciencia que el hombre de hoy realiza con respecto a su radical menesterosidad e insuficiencia, y la consiguiente búsqueda de un sustancial apoyo en los demás; la convicción profunda de su condición de parte de un todo social, y la necesidad de integración en ese orden superior que ha de prestarle el cabal sentido de que por sí mismo carece.

Es así como me explico que la nueva actitud adoptada en la posguerra, inversa, en cierto modo, a la individualista anterior, proclame la necesidad de la comunión y del servicio. Ahora el poeta quiere comprometerse y su poema se impondrá un norte principalmente instrumental. No nos engañe el hecho de que precisamente hoy abunden las posiciones críticas con respecto a la actual sociedad. Esa crítica se ejerce en nombre de principios morales, y se halla, por tanto, al servicio de la sociedad a quien censura.

Si el poeta antes aspiraba a parecer único y aparte, tenderá ahora a verse sumido en una colectividad como uno entre los iguales, y a escribir desde un supuesto idéntico de humana comunión. Esto tiene varias consecuencias importantes: consecuencias en el contenido, porque el poema se cargará de resonancias morales, se impregnará de ideas, se exaltará en ellas la solidaridad entre los hombres, etc., todo lo cual es bien visible en *Historia del Corazón*. Pero, además, los efectos son quizá más notables y sustantivos aun en otras direcciones: en primer lugar, en el grado de accesibilidad de la poesía con respecto a un público no formado exclusivamente por especialistas. *Historia del Corazón* puede ser gustado por cualquier persona medianamente cultivada. En segundo lugar, y en relación con lo anterior, la misma visión del mundo que el poeta exponga en su libro, no intentará forjarse con aquella suprema originalidad que le caracterizaba en el inmediato pasado, en que el tema central y luego toda su estela expresiva parecían de exclusivo usufructo suyo, sin apenas concomitancias con los otros autores del momento.

El mérito de un poeta no se cifrará ahora en su capacidad para inventar de raíz un magno tema desde el que extraer toda una red de implicaciones temáticas y estilísticas, plenas de brilladora novedad, sino en mirar desde una perspectiva *totalmente suya* un tema que es *común* a todos, o, por lo menos, a muchos de los escritores de su época. La diferencia no puede ser mayor, porque se ha pasado de considerar que la misión del arte es la manifestación de una personalidad insólita, a considerar que no consiste tanto en esto como en expresar la emoción personal que en mi vida intransferible y única tiene un sistema de sensaciones, afectos e ideas que yo comparto, en algún grado, con todo un amplio sector de la humanidad actual. Nótese que no se trata de repetir mecánicamente lo que otro ha hecho, sino de inscribir un complejo relativamente dado ya en una realidad humana nueva que lo modifica esencialmente. Muchas veces ha sido afirmado por tratadistas de la literatura que el poeta no necesita ser original en las ideas que expone, y que es suficiente con que lo sea en la emoción con que las expone. La finalidad del poema es expresar la vida, y el pensamiento, si lo hay, debe estar allí precisamente en función de la vida, esto es, en cuanto inserto en ella formando haz con otros ingredientes no racionales (sentimientos, sensaciones, deseos, etc.). No importará, pues, o importará muy poco, la originalidad de las ideas, e incluso su falsedad (siempre que esa falsedad no nos impida verlas como "posibles" en alguien, porque si esto sucediese fallaría una ley del poema que exige lo que en un libro mío he llamado "asentimiento del lector"). Lo esencial será la originalidad del complejo formado al entrar las ideas en una vida humana que *se dice* íntegramente. Pues bien, de manera tácita, como es de rigor, tales son los supuestos que yacen bajo la nueva poética que *Historia del Corazón* contribuyó a formar. La poesía tanto pierde como gana bajo la presión de la nueva actitud. Pierde, ciertamente, en cuanto al deslumbrador brillo y la gallardía que la originalidad extrema siempre llevan consigo. Y gana en fluidez y naturalidad, en poder de comunicación con grupos más vastos de hombres, según dejé dicho hace poco.

El vivir humano en "Historia del Corazón"

Dentro de esta nueva atmósfera se redacta *Historia del Corazón.* Indiqué páginas atrás que la solidaridad (foco radiante del organismo aleixandrino) se aplicará ahora no al universo material, sino al vivir del hombre. Claro está que, en la etapa anterior, el hombre no permanecía ajeno al cántico de nuestro poeta, sino que, por el contrario, se situaba muy centralmente en él. Pero hay que recordar que ese hombre de la primera fase era un hombre elementalizado, que se manifestaba, en cierto modo, como una parte más de la naturaleza, con la que sustancialmente se confundía. Podemos, pues, asentar, aunque dando un margen a la exageración, que Aleixandre en ese tiempo no cantaba directamente al hombre, sino al cosmos, pues al hombre sólo lo cantaba en cuanto era también cosmos.

Repito que en *Historia del Corazón,* opuestamente, los ojos del poeta se vuelven al vivir del hombre. Nótese: no digo "al hombre", sino "al vivir del hombre". Por lo pronto, el vivir del propio poeta (por eso el libro es una "historia del corazón"); pero también, y quizá sobre todo, el vivir de la indefensa criatura humana, el vivir de la inmensa criatura a la que llamamos Humanidad. He escrito "el vivir humano" y debiera haber escrito "el transitorio vivir humano", si ello no implicase una garrafal redundancia. El nuevo libro de nuestro autor está, en efecto, cargado de la sensación del tiempo. Canta el vivir del hombre a conciencia de su caducidad; o expresado con más justeza: precisamente desde esa conciencia es de donde el canto surge.

El subtema de las edades

Debemos esperar, pues, lo que inmediatamente se nos otorga en el libro: por todas partes pueden leerse composiciones que se refieren a las edades del hombre. Encontramos poemas que cantan al hombre y a la mujer otoñales; y poemas de su juventud y plenitud. Y acaso más característicamente aún, damos con un grupo, relativamente numeroso en piezas y muy compacto, que se refiere a la infancia, y con otro, no menos abundante, que alude a la senectud. Es natural que así sea, pues esas últimas son las edades-límite entre las que la vida del hombre se mueve y las que de manera más acusada pueden procurarnos la impresión del *fugit irreparabile tempus.* En ellas fija Aleixandre su atención con más intensidad, justamente por su calidad de fronteras "entre dos infinitas oscuridades", para decirlo con frase de nuestro autor.

Pero lo verdaderamente peculiar del volumen que consideramos no es exactamente el uso de esa temática, que, más o menos, aunque de distinto modo (sin ese carácter sistemáticamente cíclico), ha sido utilizado en todas las literaturas y en diversos tiempos; lo original es otra cosa, muy visible en los poemas infantiles. En ellos nuestro poeta se refiere a sí mismo en la niñez, y nos cuenta lo que él entonces veía con sus puros ojos sin malicia: nos habla del mundo, tal como fué contemplado desde la inocencia pueril. Pero de tal manera (y ello es lo más característico) que, al realizar esto, Aleixandre, probablemente sin pretenderlo, introduce de refilón en su lírica un ingrediente que ordinariamente, en la tradición poética española, permanecía fuera del alcance de la poesía: la matización psicológica del personaje imaginado. En efecto, en estos poemas de niñez hay rápidos esbozos del modo de ser del niño, estudios psicológicos en miniatura que, por supuesto, constituyen uno de sus encantos más fehacientes y representan algo así como la *novelistización* (pásese el monstruoso vocablo) de la técnica poética. Porque es evidente que el empleo de la capacidad psicológica es algo insólito en el poeta lírico, como he dicho (si prescindimos del poeta anglosajón contemporáneo), y, en cambio, absolutamente propio del novelista.

En un sector de *Historia del Corazón* hay, pues, una técnica en cierto modo novelística. Tal fenómeno tiene en el libro más importancia de la que en un primer pronto estaríamos dispuestos a concederle, pues se manifiesta en él de muy diversas maneras, y no sólo en la apuntada. Ante todo, hay que señalar a este respecto la fuerte tendencia que se dibuja en ciertas páginas del volumen al estilo narrativo. De otro modo, salta a la vista el empleo, ciertamente moderado y discreto, que nuestro poeta hace de expresiones familiares; y las referencias, espaciadas también, pero muy notables, a momentos de la vida diaria. Congruentemente, la música del versículo se muestra como mucho más cercana al ritmo coloquial, y en este aspecto resulta más flexible que en *Sombra del Paraíso*. Todo ello en globo, junto a otras particularidades, me mueve a decir que *Historia del Corazón* es una obra realista, en lo que coincide

33

ésta con el clima de la poesía española de posguerra. Una de las posibles direcciones de todo realismo consiste en la importancia que el poeta atribuye al pensamiento afectivo. *Historia del Corazón* es una de las creaciones actuales donde la poesía se determina a ser más decisivamente palabra conllevadora de ideas vividas, es decir, sentidas. Dos extensas partes del volumen (tituladas "La mirada extendida" y "Los términos") están precisamente constituídas por poemas de esa índole. Agreguemos algo esencial: ese par de zonas son las que proporcionan al libro su cabal significación y por las que éste adquiere una característica vastedad y grandeza.

Pupila totalizadora

Esas cualidades (grandeza, vastedad) son igualmente reconocibles en las anteriores obras de Aleixandre, sobre todo en *La Destrucción o el Amor* y en *Sombra del Paraíso*. La universalidad es la nota quizá más sobresaliente de la mirada aleixandrina. La pupila de nuestro autor, ávida de inmensidades, suele proyectar en un horizonte sin término el objeto particular que un momento ha detenido su atención, porque el poeta comprende en seguida el cariz de "parte" de un todo que ese objeto incluye, y cómo es a esa totalidad a la que su presencia se refiere. Aleixandre es así un poeta totalizador. Mas no lo es de la misma forma en todos sus libros. Si el modo de mirar es el mismo, lo distinto radicará en la índole del objeto mirado. En la primera época, el tema (ya lo sabemos) era la elementalidad de las cosas y los seres vistos como mera naturaleza. Ahora bien: la totalización correspondiente al cántico de un objeto elemental (la piedra, por ejemplo) será el cántico de los mundos todos, del cosmos en su conjunto. No es preciso repetir que ése es el asunto de múltiples poemas aleixandrinos (o fragmentos de poemas) anteriores a *Historia del Corazón*. Paralelamente, si el objeto de esta última obra es, dijimos, el vivir humano, ante todo el vivir actual del propio poeta, la universalización de tal temática se hallará en la contemplación del íntegro transcurrir de una vida, no vista en una sola edad, como es normal en poesía (el poeta suele hablar desde sus mismos años), sino mirada sucesivamente, de modo abarcador, en las diferentes etapas que la constituyen (infancia,

34

juventud, madurez y vejez). No es cuestionable el hecho de que *Historia del Corazón* contenga constantes visiones de esta clase y que esa amplitud le caracterice. Pero aún observaremos en tal obra otro modo de universalización, más propiamente tal, cuando en ciertos poemas lo que se canta no es el vivir de un hombre (el poeta, su amada), sino el vivir de todos los hombres, el vivir de la Humanidad entera. Sirvan de ejemplo las piezas tituladas "En la plaza", "El poeta canta por todos" o "Vagabundo continuo", como más representativas.

Pero el paralelismo que andamos buscando entre el período anterior y el actual no se detiene aquí. En la etapa previa a su último libro, Aleixandre nos hablaba de la unidad material del mundo. Un tigre, una rosa o un río son sólo—decía—apariencias disímiles de lo sustancialmente idéntico. Correspondientemente ahora, en su otra ladera humana, *Historia del Corazón* nos hablará de la fraterna unidad espiritual que forman todos los hombres. La Humanidad es una criatura única:

> Porque todos son uno, uno solo: él, como él es todos.
> Una sola criatura viviente, padecida, de la que cada uno, sin saberlo,
>   es totalmente solidario.

("La oscuridad".)

Más aún: del mismo modo que en *La Destrucción o el Amor* todas las cosas tienen un ansia de fundirse con la materia (de la que no son, en verdad, distintas), ahora cada hombre (y el poeta como uno más) experimentará un deseo de comunión espiritual con sus hermanos; un deseo de unirse, mezclarse, confundirse multitudinariamente con ellos:

> No es bueno
> quedarse en la orilla
> como el malecón o como el molusco que quiere calcáreamente imitar
>   a la roca,
> sino que es puro y sereno arrasarse en la dicha de fluir y perderse
> encontrándose en el movimiento con que el gran corazón de los
>   hombres palpita extendido.
> (...)
> Baja, baja despacio y búscate entre los otros.
> Oh, desnúdate y fúndete, y reconócete.

("En la plaza".)

Por último, en *Sombra del Paraíso* y *La Destrucción o el Amor*, sólo cuando los seres lograban la casi mística fusión con el cosmos advenían a plenitud y realidad, pues la única realidad auténtica era esa telúrica indiscriminación. No deja de ser sorprendente que hasta en punto tan sutil *Historia del Corazón* nos ofrezca una significativa réplica. En la pieza titulada "El poeta canta por todos" se nos cuenta cómo, al sumirse en la multitud, el poeta expresa los sentimientos generales, y cómo entonces el cielo, al devolver el humano coro, resulta "completamente existente":

> Y es tu voz la que los expresa. Tu voz colectiva y alzada.
> Y un cielo de poderío, completamente existente,
> hace ahora con majestad el eco entero del hombre.

(Séame concedido aludir en este paréntesis a otro significativo paralelismo que la última cita nos muestra. Se refiere a la misión del poeta. En los versos traídos a recuerdo vemos al poeta actuar como portavoz de la Humanidad. No es él en realidad quien habla, sino son los otros, a su través, quienes se expresan. De parecida forma veía antes Aleixandre al poeta, sólo que, congruente con su distinta perspectiva, era entonces la tierra, el entero cosmos, quien prestaba su soplo a la palabra que el poeta articulaba.)

El poeta se reconoce en los demás. Más aún: todo hombre adquiere su auténtica realidad, su "reconocible" realidad, al ingresar en el ámbito colectivo. Esa es, a mi entender, la explicación de un vocablo *(reconocimiento)* que salpica caracterizadamente muchas páginas de *Historia del Corazón*. Sólo se *es* en cuanto se es solidario de los otros, y, por tanto, sólo se *reconoce* uno cuando se siente unido a la gente, cuando se va, como uno más, entre la muchedumbre humana:

> allí cada uno puede mirarse, y puede alegrarse, y puede reconocerse.
>
> ("En la plaza".)

Esa colectividad puede estar otras veces representada, como resumida, en dos únicas personas: el amante y la amada. La amada será símbolo, pues, de la compañía, apoyo frente al desamparo, frente a la desazón y el dolor, frente al esfuerzo de vivir. Y así también en ese tú que es la amada nos reconocemos:

> (El amor es como una explosión), como una gran luz en que los dos nos reconociéramos.
>
> ("La explosión".)

Tal es la razón de que aparezcan tantos poemas de amor en *Historia del Corazón,* que no es un libro de amor, sino de solidaridad humana. De los 48 poemas del libro, 26 cantan el asunto erótico, ya con visión abarcadora e integradora de todo el vivir del hombre, ya con más limitación y acotada consideración. Quiero destacar el hecho de que también aquí hallamos proximidad y lejanía con respecto al ciclo *Pasión de la Tierra-Nacimiento Último.* Esa proximidad consiste en ser en ambas épocas el amoroso uno de los centros temáticos. Pero como la raíz de ese absorbente tema aparece en ambos como disímil, disímil se hará, en uno y otro caso, la contextura y el color de la planta que de esa raíz brota. En la primera época de Aleixandre se trataba de cantar lo elemental, y amor significaría, por consiguiente, según hemos ya indicado, apasionamiento, frenesí. En *Historia del Corazón,* en cambio, el poeta intenta expresar el vivir humano en cuanto temporal convivencia, y el amor se manifiesta entonces sobre todo como compañía, como existencia entrañadamente conjunta a lo largo de los años.

Pupila analítica

No hemos terminado aún el examen de estas semejanzas y correlativas desemejanzas entre las dos etapas poéticas que comparamos. Una pregunta nos resta hacer: ¿Es siempre, y sin excepción, sintética, abarcadora, la contemplación aleixandrina de las cosas o, al menos, tiende a serlo en todo instante? Parciales y en definitiva incomprensivos seríamos si lo pensásemos así. Porque en la obra del poeta, al lado de esa visión general de lo mayúsculo, se da, casi constantemente, en significativo contraste, la visión particular, pormenorizada de lo mínimo, y en esto Aleixandre se nos manifiesta como cumpliendo de un modo original una ley de nuestra literatura: la oscilación entre opuestos; y aun otra ley que se ha manifestado igualmente en nuestro arte: la honda creencia de que todo cuanto existe, por mínimo o desdeñable que parezca, es digno de entrar como tema en una representación estética. El español suele sentir en lo más profundo de su ser, en efecto, un ánimo igualatorio de esa jerarquización con que la realidad social y natural se ha escalonado a otros ojos menos niveladores que los nuestros. Al característico hombre de Iberia todas las cosas y los seres parecen presentársele como idénticamente valiosos. Y así, Velázquez, según observó Ortega, retratará lo mismo a un monstruo que a un rey; el Arcipreste de Hita (notó Pedro Salinas) elegirá como serio objeto de una elegía no a un personaje eminente por su alcurnia o su elevada virtud, según sería normal en este género de poesía, sino a una alcahueta; y el autor del *Lazarillo,* por vez primera en la literatura universal (véanse Vossler, Salinas y Dámaso Alonso), concebirá revolucionariamente la idea de héroe literario, haciendo que lo sea de su novelita, sin voluntad de caricatura, no un ser excepcional, un caballero de probado mérito, sino un pobre chico, un vulgar mendigo, un desheredado hijo del pueblo.

El hispánico temple se encarna una vez más, y ahí tenemos para probarlo la obra de Vicente Aleixandre. Porque en ella observamos esa misma intención allanadora que es perceptible, aquí y allá, a lo largo de nuestra cultura, y lo minúsculo será tratado en estos versos con igual valor e interés que lo ingente. Esto ocurre lo mismo en *Historia del Corazón* que en los libros anteriores, aunque la materia respectiva sea distinta, tal como hemos ido notando en las otras ocasiones.

En la etapa precedente podía Vicente Aleixandre cantar, junto al "imposible choque de las estrellas", la presencia del diminuto escarabajo, "que también brilla en el día", y no se le escapaba tampoco, por ejemplo, en medio del estruendo de la tempestad el leve transcurrir de una casi invisible mariposa:

> Oigo un rumor de foscas tempestades remotas.
> Y penetro y distingo el vuelo tenue, en truenos,
> de unas alas de polvo transparente que brillan.
> ("Adiós a los campos", de *Sombra del Paraíso.*)

En *Historia del Corazón* el fenómeno se reitera, pero ahora referido también al nuevo objeto: al vivir humano. Al lado de la visión de colectividades, pongo por caso, puede este libro situar la contemplación de la mano amada, y más aún, del poro de su piel, invisible al ojo normal. (Léanse los poemas titulados "Mano entregada" y "La frontera".) Parece como si el autor hubiese acercado una lupa al cuerpo de la persona querida y observase a su través con pausado deleite cada mínimo pormenor de su realidad física.

En otras ocasiones, son las propias reacciones psicológicas las sorprendidas en su minuciosidad. La imagen de la lupa no nos vendría bien aquí; en cambio, la técnica cinematográfica nos brinda otra inmejorable de entre su repertorio de procedimientos. Aludo a la "cámara lenta". Aleixandre capta, en ciertos instantes, a cámara lenta su movimiento psíquico, alargándolo en otro acusadamente más despacioso que el normal. Un poema puede servir de ilustración a lo dicho: "Nombre." Su asunto es éste: el poeta se dispone a pronunciar el nombre amado; decide callarse, sin embargo. He aquí un suceso bien simple y de duración casi instantánea que Aleixandre resuelve en 28 largos versículos, descomponiéndolo y recreándose casi encarnizadamente en su detenidísimo análisis.

Aceptación y piedad

Cierto: la dirección de la solidaridad, que antes iba, sobre todo, hacia el universo material o el ser humano en cuanto próximo a la Naturaleza, ha dado un giro importante, y se centra ahora en la consideración de la vida. Añadamos algo: la contemplación del vivir realizada por nuestro autor está hecha, por lo general, desde una cumbre de personal existencia (con excepciones significativas que antes señalé). Se nos habla casi siempre desde una edad más que madura. Pero además (y esto es imprescindible para comprender el libro) el poeta tiene plena conciencia de ello. Insiste éste una y otra vez en la idea de que la tarde de su vivir está próxima a caer en el horizonte (léase, por ejemplo, "La explosión"). Ahora bien: este conocimiento no envuelve desesperación, no envuelve rencor, sino, por el contrario, amorosa piedad hacia el prójimo y aceptación del propio destino. Creo que estas dos notas (aceptación enteriza y piedad) son esenciales en el volumen, y contribuyen decididamente a aportarle ese caliente vaho de humana, comprensiva benignidad que todo lector nota desde sus primeras páginas.

Tal aceptación constituye en el poeta una actitud nueva, pero una actitud tampoco incongruente con la mantenida, por ejemplo, en *La Destrucción o el Amor* o en *Nacimiento Último*. Estas dos obras, por su mayor atención hacia lo natural y cósmico que hacia el vivir mismo del hombre, sólo conside-

39

raban la muerte en su aspecto amoroso de fusión con la radiante unidad del mundo, y, en consecuencia, la cantaban con gozo, no con melancolía. En *Historia del Corazón,* Aleixandre, piadosamente atento ya a la persona misma del hombre, y, sobre todo, a esa persona en cuanto ella es historia, no exultará de dicha, ciertamente, al mentar el fúnebre suceso: mas hará algo equivalente dentro de su nueva órbita: aceptarlo con valiente y serena resignación, del mismo modo que acepta la dificultad y el esfuerzo que toda existencia (la suya también) implica.

La vida como esfuerzo: duración e instantaneidad

Porque es preciso mencionar que *Historia del Corazón* ve la vida como un esfuerzo, como un difícil laborar continuo, como un fatigarse sin tregua en la realización de sí mismo, idea en la que incide también una cierta zona del pensamiento filosófico actual y que asimismo ha tenido expresión fuera de la poesía, en la novela (por ejemplo, Hemingway: *The old man and the see)* o en el teatro (por ejemplo, Thorton Wilder: *The skin of our teeth).* Un poema como "Difícil" podría testimoniar cuanto digo.

De ahí el símbolo de la selva, que aparece en "Vagabundo continuo", y otros muchos parecidos que conducen a idéntico fin. Y así, el vivir está mirado como la ardua subida a una montaña ("Ascensión del vivir", "Ten esperanza"), o como la travesía de un desierto interminable ("Entre dos oscuridades, un relámpago"), o como un navegar, un remar, un esforzarse en un mar bravío ("Difícil"), o como un cansado pasaje a través de caminos, estepas, trochas, llanazos ("Vagabundo continuo"), o simplemente como una larguísima jornada, como un camino fatigoso ("El otro dolor"). Símbolos todos coincidentes en la representación de lo temporal por medio de ciertas imágenes espaciales que nos dan idea de cómo la existencia, al consistir en un "hacerse" contra resistencias constantes, resulta siempre problemática, trabajosa, y en este sentido larga, muy larga, inacabable. Ahora bien: en *Historia del Corazón* tal intuición de la realidad contiene dentro de su mismo seno otra como digerida, pese a que, a primera vista, parezcan ambas incompatibles: el hecho patético de la brevedad de la existencia humana. Brevedad y larga duración de la vida son cosas, en efecto, contradictorias. No obstante, esa contradicción se deshace en el momento que las pensamos (y tal ocurre en Aleixandre) desde dos diferentes perspectivas. Pues si la vida, divisada desde la fatiga del vivir trabajoso, es una larguísima duración, oteada desde la mortalidad humana se nos aparece como terriblemente fugaz, como casi instantánea: "el instante del darse cuenta entre dos infinitas oscuridades".

Pero como ese par de concepciones son únicamente dos vistas, tomadas desde dos distintos lugares, de un mismo territorio, la expresión poética que las apresara tenía también que ser única. El poeta dió intuitivo cauce a las dos opuestas ideas con la necesaria unicidad expresiva, al utilizar imágenes en muy variadas situaciones, que por su carácter complejo pudiesen expresar la complejidad de la visión. Unas veces el existir (en este caso, el existir amoroso) queda visto como "una explosión que dura toda la vida" ("La explosión"); otras (dentro de ese mismo poema) como una gran tarde que fuese "la existencia toda"; o, con mayor precisión aún quizá, como un solo día en que hubiera el hombre recorrido un larguísimo paisaje que es la carrera completa del vivir ("Ascensión del vivir"); o como una única noche ("Entre dos oscuridades, un relámpago") en que la pareja humana atravesase un interminable desierto (el vivir también) bajo una sola luna instantánea, "súbita", que dura lo que la vida.

Esperanza

Y ahora conviene recordar lo que decíamos hace poco. Frente a esa fugacidad humana y frente a esa accidentada, dura, interminable "ascensión del vivir", no se produce la desesperación, sino la grave aceptación dentro del complejo conocimiento. Esa resignación viril frente al esfuerzo vital, primero, frente a la muerte, después, se acusa como ejemplarmente ética. Y tal rezumamiento moral es en sí mismo esperanzador en cuanto obstáculo a la desesperación. Pero la esperanza flota de otro modo en el libro, el modo más claro, el más decisivamente expuesto: como resultado de la fraternidad humana. Apoyándose unos en otros, brota, como un cálido vaho de humanidad, la esperanza. Y aún cabe un tercer modo de esperanza, éste más vago, apenas entresoñado: el de una posible luz divina. La divinidad personal amparadora se había esbozado ya en algunos poemas de *Sombra del Paraíso,* sobre todo en los titulados "Al cielo", "Destino de la carne" y "No basta". Esos tres poemas (y por otras razones que no son del caso otros varios más) representan en *Sombra del Paraíso* el tránsito a *Historia del Corazón.* Todavía en ellos, ciertamente, el Dios que se dibuja es una emanación, una espiritualización del universo. Mas esa espiritualización estaba en tales poemas tan acentuada, la divinidad aparecía tan despojada, tan enajenada de la materia original, que sólo por ciertos pasajes muy explícitos podíamos seguir hablando sin exageración de "espíritu cósmico" y no de Dios a secas. En *Historia del Corazón* el proceso ha continuado, y ya el numen divino, aunque apetecido desde la oscuridad, adquiere bulto completamente personal. El poeta se manifiesta en *Historia del Corazón* como hombre que desde la tiniebla ansía la luz. Pero la fuerza divina "jamás se explica", no es "respondiente", y sus hambrientos, los hombres, "famélicamente de nuevo" echan a "andar". Por eso la vida queda contemplada como un relámpago "entre dos oscuridades", dos abismos de los que nada sabemos; y por eso, en otro poema se dice del humano:

> Nunca has sabido, ni has podido saber.

El libro acaba con una composición titulada "Mirada final (Muerte y reconocimiento)", quizá la más explícita de todas en el roce de la inmensa cuestión. El hombre ha muerto ya. Ha rodado toda la vida "como un instante", y, por último, derribado, definitivamente derribado (muerto), abre los ojos y ve

> en el fin el cielo piadosamente brillar.

Con estas entreoídas palabras termina *Historia del Corazón.*

La expresión aleixandrina

Gran parte de las páginas anteriores han tendido a ofrecer de modo sistemático lo que llamaríamos formalización o estructura de los asuntos aleixandrinos. Pues, como he indicado en otro trabajo, los asuntos de un poeta orgánico, como lo es en grado eminente Aleixandre, se constituyen en *forma,* ya que la diversificación temática encubre siempre un *fondo* que le da sentido: el centro radiante de toda obra, que en nuestro caso, hemos dicho, está representado por un impulso de solidaridad con respecto al universo cósmico y al vivir del hombre, a través de dos épocas bien diferenciadas: una primera época individualista y una segunda época de integración en la colectividad. No hemos hablado, en cambio, de la resultante expresiva de tal cosmovisión en su doble vertiente, con ser de suma importancia al objeto de individualizar a nuestro poeta. Ese corpus temático, de tan redonda coherencia, no puede reflejarse sino en un lenguaje propio e idóneo. Y aquí habríamos de distinguir entre los dos ciclos en que hemos separado su poesía. En el primero, ciclo individualista, la sintaxis, el léxico y también los materiales imaginísticos poseen un alto grado de originalidad, en respuesta a la originalidad del mundo evocado. Aleixandre se comunica entonces a través de toda una serie de fórmulas expresivas llenas de sorpresa y se manifiesta como un poderoso creador idiomático. En correspondencia con su idea de la unidad cósmica, por ejemplo, nace un tipo de conjunción "o" que tiene la particularidad de no ser disyuntiva, sino identificativa de los dos miembros por ella ligados. Cuando escribe, pongo por caso, "quiero amor o la muerte", no da a entender una posible vacilación entre dos posibilidades escindidas (muerte y amor), sino que plasma un deseo único: amar como equivalente a morir. (De ahí el título de uno de sus libros: *La Destrucción o el Amor.)* Este que he citado es sólo un caso entre muchos de la capacidad creadora de nuestro poeta con respecto al lenguaje. En mi libro sobre su poesía he analizado detenidamente numerosos módulos expresivos en que Aleixandre se ha mostrado como innovador. Todo ello se refiere principalmente a la época primera de su obra, porque en la segunda el cese o grave atenuación del individualismo trae como consecuencia la casi extinción de esa clase de sorpresas para concentrar su atención en novedades menos radicales, como lo es el propio tema cantado. También aquí sería lícito hablar de que la novedad se refiere únicamente a la perspectiva desde la que se contempla un lenguaje relativamente común a todos.

Si este prólogo sirviera de buena introducción a una mejor lectura de un poeta de tan amplia y compleja concepción como es Vicente Aleixandre, yo podría decir que había cumplido con el proyecto que me guió al trazar sus páginas. El lector ha de añadir ahora lo mucho que yo he tenido que silenciar. Y eso que agregue será, sin duda, lo mejor y, por supuesto, lo más importante: la intuición de cada uno de los poemas, en lectura única e insustituíble.

CARLOS BOUSOÑO.

ÁMBITO

1924-1927

A
MANUEL ALTOLAGUIRRE

NOCHE INICIAL

CERRADA

Campo desnudo. Sola
la noche inerme. El viento
insinúa latidos
sordos contra sus lienzos.

La sombra a plomo ciñe,
fría, sobre tu seno
su seda grave, negra,
cerrada. Queda opreso

el bulto así en materia
de noche, insigne, quieto
sobre el límpido plano
retrasado del cielo.

Hay estrellas fallidas.
Pulidos goznes. Hielos
flotan a la deriva
en lo alto. Fríos lentos.

Una sombra que pasa,
sobre el contorno serio

y mudo bate, adusta,
su látigo secreto.

Flagelación. Corales
de sangre o luz o fuego
bajo el cendal se auguran,
vetean, ceden luego.

O carne o luz de carne,
profunda. Vive el viento
porque anticipa ráfagas,
cruces, pausas, silencios.

1

IDEA

Hay un temblor de aguas en la frente.
Y va emergiendo, exacta,
la limpia imagen, pensamiento,
marino casco, barca.
Arriba ideas en bandada,
albeantes. Pero abajo la intacta
nave secreta surge,
de un fondo submarino
botado invento, gracia.

Un momento detiene
su firmeza balanceada
en la suave plenitud de la onda.
Polariza los hilos de los vientos
en su mástil agudo,
y los rasga
de un tirón violento, mar afuera,
inflamada de marcha,
de ciencia, de victoria.

Hasta el confín externo—lengua—,

cuchilla que la exime
de su marina entraña,
y del total paisaje, profundo y retrasado,
la desgarra.

EL VIENTO

Se ha de ver en tus manos el viento,
anclado en tus dedos,
alzarse y prenderte.
De llama en tu pelo
—crepúsculo—,
se enrosca a mi cuerpo
y se yergue
hecho cinta y reflejo,
de cobre en tus ojos,
de carne en mis dedos.
Si te das al viento,
date toda hecha
viento contra viento,
y tómame en él
y viérteme el cuerpo,

antes que mi frente,
tú y el viento lejos,
sea sólo roce,
memoria de viento.

LA FUENTE (INGRES)

Sobre la fuente había piedra limpia.
Limpia el agua pasaba.
Había sol y campo. Tu serena
carne se ofrecía
caliente al viento hecho gracia.
Pasé yo por tu lado. Enhiesta estabas,
cántaro a la cadera, a regresar.
Pasé yo por tu lado. Fresco niño,
a detenerme iba. Tú alargaste
tu gesto permanente y me dijiste:
Pero, pasa...

Y pasaba, pasaba largamente, prolongando
bajo tu sombra mi estancia.
Cuando ya mi cuerpo estaba lejos
y junto a tu sombra el agua.

NOCHE

CINEMÁTICA

Venías cerrada, hermética,
a ramalazos de viento
crudo, por calles tajadas
a golpe de rachas, seco.
Planos simultáneos—sombras:
abierta, cerrada—. Suelos.
De bocas de frío, el frío.
Se arremolinaba el viento
en torno tuyo, ya a pique
de cercenarte fiel. Cuerpo
diestro. De negro. Ceñida
de cuchillas. Solo, escueto,
el perfil se defendía
rasado por los aceros.

Tubo. Calle cuesta arriba.
Gris de plomo. La hora, el tiempo.
Ojos metidos, profundos,
bajo el arco firme, negro.
Veladores del camino
—ángulos, sombras—siniestros.

Te pasan ángulos—calle,
calle, calle, calle. Tiemblos.
Asechanzas rasan filos
por ti. Dibujan tu cuerpo
sobre el fondo azul profundo
de ti misma, ya postrero.

Meteoro de negrura.
Tu bulto. Cometa. Lienzos
de pared limitan cauces
hacia noche sólo abiertos.
Cortas luces, cortas agrios
paredones de misterio,
haces camino escapada
de la tarde, frío el gesto,
contra cruces, contra luces,
amenazada de aceros
de viento. Pasión de noche
enciende, farol del pecho,
el corazón, y derribas
sed de negror y silencios.

2

NIÑEZ

Giro redondo, gayo,
vertiginoso, suelto,
sobre la arena. Excusas
entre los tiernos fresnos.

Sombras. La piel, despierta.
Ojos—sin mar—risueños.
Verdes sobre la risa.
Frente a la noche, negros.

Iris de voluntades.
Palpitación. Bosquejo.
Por entre lomas falsas
una verdad y un sueño.

Fuga por galería,
sin esperar. Diverso
todo el paisaje. Sumo,
claro techando, el cielo.

RETRATO

A R. S.

Este muchacho ha visto
la esencia de las cosas,
una tarde, entre sus manos
concretarse.
Presión de aquellos dedos
enrojecidos, de diamante,
al apretar la blanda
ilusión de materia.
Hay en su yema sangre
y linfa de un camino
secreto que se abre
arriba, en la alta torre,
abierto a libre aire.

Sus ojos copian tierra
y viento y agua, que devuelven,
precisos, campo al reflejarse.

Su lengua—sal y carne—
dice y calla.
La frase se dilata,

en ámbito se expande
y cierra ya el sentido, allá en lo alto
—terraza de su frente—,
sobre el vivaz paisaje.

FORMA

MENUDO imprime el pie
la huella de los dedos
sobre la arena fina,
que besa largo el viento.

Levántala, la lleva
a dar contra mi pecho,
y, aún calientes, cinco
yemas de carne siento.

El gesto blando que
mi mano opone al viento
es molde que yo al breve,
huidizo pie le ofrezco.

Mas ya al pasaje, esquivo,
se alza y quiebra el céfiro,
y el pie con lluvia fina
de arena, cae disperso.

NOCHE

RIÑA

La luna. Cómo se yergue
la sombra. Cómo se baten.
Déjame que entre las ramas
presencie todo el combate.

Podrá la luz, vigorosa
de plata, herir triunfante
a la noche, cuyo escudo
salta, de acero inconstante,

mas no podrá rematarla
sino a traición, sin combate,
cuando en sigilo la luna
sobre su espalda se alce.

¡Cuchillos blancos! ¡Qué armas
de listo filo brillante
entierran sus lenguas vivas
en la torpe sombra mate!

La herida se ensancha. Abierta,
la noche pierde su sangre.

¡Qué borbotones de brillos
sobre la tierra se expanden!

Flagrante crimen. La luna
alza sus armas, las blande
cruel con lujo y azota
la sorda quietud del aire.

La noche es suya. ¡Qué cuerpo
tendrá ya la noche exangüe!
Ahí queda sin que el tenue
y fiel claror la delate.

Los cielos ruedan serenos.
Rueda la luna brillante.
¡Que el alba venga de prisa
y por sorpresa la mate!

3

ADOLESCENCIA

Vinieras y te fueras dulcemente,
de otro camino
a otro camino. Verte,
y ya otra vez no verte.
Pasar por un puente a otro puente.
—El pie breve,
la luz vencida alegre—.

Muchacho que sería yo mirando
aguas abajo la corriente,
y en el espejo tu pasaje
fluir, desvanecerse.

RETRATO

(José Luis, patina)

Sobre la pista
te deslizas
haciendo un 8 elegante,
con una sonrisa.

¡La muerte!: profunda
palabra, y, más elegante, giras
en una curva graciosa
y dulce, y platicas
desde la baranda, un momento,
con una amiga.

Y piensas: ¡la muerte!
y, a solas, ¡la vida!,
y te entristeces y tu 8
se amplía,
y en la curva dudas
para resolverte en una
pirueta nueva y atrevida.

Y los demás contemplan
con sus ojos atónitos
nuevas gracias
y nuevas pensadoras sonrisas
con que entreabres los labios
sobre todas las cosas de la
pista
y de la vida.

AMANTE

Lo que yo no quiero
es darte palabras de ensueño,
ni propagar imagen con mis labios
en tu frente, ni con mi beso.

La punta de tu dedo,
con tu uña rosa, para mi gesto
tomo, y, en el aire hecho,
te la devuelvo.

De tu almohada, la gracia y el hueco.
Y el calor de tus ojos, ajenos.
Y la luz de tus pechos
secretos.

Como la luna en primavera,
una ventana
nos da amarilla lumbre. Y un estrecho
latir
parece que refluye a ti de mí.

No es eso. No será. Tu sentido verdadero
me lo ha dado ya el resto,

el bonito secreto,
el graciosillo hoyuelo,
la linda comisura
y el mañanero
desperezo.

NOCHE

AGOSTO

Plantada, la noche existe.
Vientos de mar sin esfuerzo.
Cuajante, estrellas resulta
—signos de amor—y luceros.
Luceros, noche, centellas
se ven partirte del cuerpo.
La noche tiene sentidos.
¿Qué buscas? Se te ven bellos
desplantes a solas; alzas
tu forma, cristales negros,
que chocan de fe y de luces
contra las brisas, enteros.
Rotunda afirmas la vida
tuya, noche, aquí en secreto:
secreto que está callado
porque el mundo entero es ciego:
que tú lo gritas, la noche,
te vendes, ¡te das!, en sueltos
ademanes sin frontera
para los ojos abiertos.
Todo el espacio partido

está para mí. Te encuentro
feliz y cierta, carente
ya de flojos, torpes lienzos,
liberales los sentidos,
los pulsos altos, enteros,
cuajante la forma impura
sin compasión, bajo el cielo,
y en la abierta sombra mate
tu sangre, erguida, latiendo.

4

JUVENTUD

Estancia soleada.
¿Adónde vas, mirada?
A estas paredes blancas,
clausura de esperanza.

Paredes, techo, suelo:
gajo prieto de tiempo.
Cerrado en él, mi cuerpo.
Mi cuerpo, vida, esbelto.

Se le caerán un día
límites. ¡Qué divina
desnudez! Peregrina
luz. ¡Alegría, alegría!

Pero estarán cerrados
los ojos. Derribados
paredones. Al raso,
luceros clausurados.

VOCES

El valle su cuenca
abre entre las lomas
verdes con el alba.
Sin las frescas sombras
el livor del río
se rehace. Aurora.
Valle resonante
donde están aún todas
las voces del día,
graves y redondas.
Donde entre la linfa
fresca de las horas
las agudas voces
calan y se mojan.
Son las matinales
unas, claras, prontas,
que el alba despierta
y cuando el sol dora
mira que se marchan
sueltas por las blondas
espaldas del agua,
limpias, bullidoras.

Son las de la noche
pesada las otras,
las oscuras, frías
voces que la aurora
sorprende cansadas,
a partir morosas;
que del paño opaco
de la noche, sordas,
sobre el blando césped
caídas rebotan
y el caudal rehusan
fresco de las horas.

Valle resonante
centrado en las ondas
intactas del día.
Fontanar de la honda
vida, entre la oscura
noche a voces romas
y la insinuante
mañana sonora,
en sutiles lenguas
claras brotadora.
Tersa maravilla
de sus aguas. Sonda
del sol cristalina
que se abate y moja
en la pura fuente
huidiza de aljófar.

CABEZA, EN EL RECUERDO

En óvalo tu rostro, de asechanzas
de sombras huye, sabe, y se proyecta
—faz en la luz en curso—recordado
—ondas sutiles de memoria—, y ama
ser y no ser, en cauce subterráneo.
Surte y se esconde. Rosas. Guadiana.
Finas pestañas tallan, rayan a hilo
paños de luz tendidos casi azules.
Párpados lentos cruzan y permiten
blancas—contactos—sedas deslizadas.
Obra de amor tejida sin ensueño:
sombra fresca, no verde, que hace a gusto
siesta a los ojos, blancos más los dientes.
Paréntesis oprimen las palabras.
Rojos de vida en carne suavemente
meta, carmín, jugosos les oponen:
palabras que se tocan con los labios,
desfallecen y mueren, besos lisos
dando al pasar cayendo sin sonido.
Las mejillas arriba. Siempre ausentes
púrpuras las coronan. No: las aguas
de la tarde las mojan: flores húmedas,

casi de carne, son, y así, calientes,
pronto decaen y pasan. De memoria
doble montón de pétalos derramo.
Hondos, los dos, tus ojos nuevamente
a una futura sequedad previenen.
Toda la noche, ya jugosa y fresca,
pompa y fragancia a su velar les toma.
Tallos te crecen de tus ojos, yergue
alta la noche su ramaje, y savia
pura compartes, vegetal y humana.
Más alta, más, venciendo, la terraza
de tu frente paisajes mil—si turbio
tu rostro abajo—inventa transparentes.
Hiere a la luz el mármol: piel helada.
Piso, azotea. Abajo el río negro:
flojo el cabello pasa en ondas anchas.
Soberbio cauce lento que se lleva
ideas sumergidas, olvidadas.
Un acero de luz, plancha, las cubre.
El cabello hermosísimo navega.
Tu cuerpo al fondo tierra me parece:
un paisaje de sur abierto en aspa.
Riberas matinales. Quizás luces
en torso, mediodía, suben, queman.
Quizás, crepusculares, soles cumplen
—carne: horizonte—y tiñen las dos márgenes
—brazos de cobre, rojos, viajeros—.
Quizás el cielo sin azul vacila.
Vence tu rostro—el fondo sometido—,
duro compone su escultura y, plástico,
ámbito ensancha en mi memoria, y queda.

NOCHE

PÁJARO DE LA NOCHE

FRONDA. Noche cerrada. Ausente el cuerpo,
se captarían
imágenes borrosas, a su contacto nítidas.
Volúmenes de sombra desalojan
el aire claro de la luna.
Es inútil pensarlo. De luz y seda, nada.
Pero presencia de presencia
de frío y tacto, de planos repetidos.
Si surges tú, pájaro de la noche,
trasvaso a ti la comprobación de la noche.
Tu cola larga y plumada
resbala sobre el hielo del aire sólido.
La pesantez estática del viento
supone más tu densidad, oh pájaro,
que tu ligereza.
Y si quisieras lanzar de tu garganta luces,
las veríamos caer en arco grave,
gotas heladas para los suelos nocturnos,
inhallables sin onda y sin destello.

Te miro así, casi en vacío,
nudo de sombra, ruiseñor,

mudo bloque de ébano.
Preciso molde, la noche
se cerró sobre ti, te apretó en ella
y te retuvo inmóvil, hecho tú vena líquida,
cuajándote en silencio.
Y al apuntar el alba se quebrantó la cárcel
en dos, y tú emergiste,
estático y opaco, de entre las negras valvas,
con volumen y forma, helado y cierto.

EL MAR

MAR Y AURORA

Descubiertas las ondas velan
todavía sin sol, prematinales.
Afilados asoman por oriente
sonrosados atrevimientos del día.
Las largas lenguas palpan
las pesadas aguas, la tensa
lámina de metal,
aún fría y bronca al roce insinuante.
Todavía emergiendo de la noche
la lisa plancha asume
adusta las comprobaciones iluminadas.
Penetran, de carne, de día,
los lentos palpos, que adoptan
ondas tímidas, pasivas espumas
bajo sus cóncavos avances.

Todo el ámbito se recorre, se llena
de crecientes tentáculos,
alba clara, alba fina, que se adentra
a volúmenes largos, en estratos de luz,
desalojando la estéril sombra,
fácil presa a esta hora.

Comienzan a alzarse bultos
de espuma voluntaria,
inminentes.
No permitáis que emerja.
Hinche el agua la redonda
sospecha, y se adivine
el día abajo, pujante bajo el manto
líquido, poderoso a alzarse
con el mar, abismo cancelable.
La luz venga del hondo,
rota en cristales de agua,
destellos de clamores
disueltos—no: resueltos—
sin torpe algarabía.
Surta en abiertas miras
con orden y se adueñe
del esqueleto oscuro
del aire y lo desarme,
y limpio espacio brille
—sometido a su dueño—,
lento, diario, culto
bebedor de las ondas.

MAR Y NOCHE

Eʟ mar bituminoso aplasta sombras
contra sí mismo. Oquedades de azules
profundos quedan quietas al arco de las ondas.
Voluta ancha de acero quedaría
de súbito forjada si el instante
siguiente no derribase la alta fábrica.
Tumultos, cataclismos de volúmenes
irrumpen de lo alto a la ancha base,
que se deshace ronca,
tragadora de sí y del tiempo, contra el aire
mural, torpe al empuje.
Bajo cielos altísimos y negros
muje—clamor—la honda
boca, y pide noche.
Boca—mar—toda ella, pide noche;
noche extensa, bien prieta y grande,
para sus fauces hórridas, y enseña
todos sus blancos dientes de espuma.
Una pirámide linguada
de masa torva y fría
se alza, pide,
se hunde luego en la cóncava garganta

y tiembla abajo, presta otra
vez a levantarse, voraz de la alta noche,

que rueda por los cielos
—redonda, pura, oscura, ajena—
dulce en la serenidad del espacio.

Se debaten las fuerzas inútiles abajo.
Torso y miembros. Las duras
contracciones enseñan
músculos emergidos, redondos bultos,
álgidos despidos.
Parece atado al hondo
abismo el mar, en cruz, mirando
al cielo alto, por desasirse,
violento, rugiente, clavado al lecho negro.

Mientras la noche rueda
en paz, graciosa, bella,
en ligado desliz, sin rayar nada
el espacio, capaz de órbita y comba
firmes, hasta hundirse en la dulce
claridad ya lechosa,
mullida grama donde
cesar, reluciente de roces secretos,
pulida, brilladora,
maestra en superficie.

5

LAZO

Sobre parajes limpios
la luz se apoya apenas
—¡oh tarde!—y escurrida
resbala a las praderas,

si hay crepúsculo, en ondas
esquivas, firmes piezas
de vuelo, que en el aire
generosas penetran,

cristales delatando
vibrantes, plumas ciertas.
Redes de brisa oculta
que las salidas cierran

arman celadas listas
para la vista presa,
cazadora cautiva
un punto en la belleza

de la trampa, radiante
de brillos, y que entera

su angustia al evadirse
en la mirada lleva.

¡Oh malicias del campo!
¡Oh ardid burlón! ¡Oh sierra!
¡Oh cielos despedidos
al alto! ¡Oh luces tensas!

CAMPO

Mañana vieja. Filosofía. Nueva
mirada hacia el cielo
viejo.
Con mi mano los hilos recogidos
a un punto nuevo,
exacto, verdadero.

Campo, ¿qué espero?

Definición que aguardo
de todo lo disperso.
Suprema vibración de los hilos
finos, en el viento
atados a mi frente,
sonora en el silencio.

LUZ

Te vi una noche templada,
la madrugada vacía,
sin viento, de valles anchos
salir, viva de ti misma.
Paisaje, fondo. Naciendo,
uniendo, el aire. Hialina,
de la luz, risa creciente,
en abanico, sin prisas,
desde los montes tardíos
desparramada, blanquísima.
De ti misma. Sólo tú
pudieras ser ella misma.
Todos tus dedos alzados
tomaban luces de arriba
al paso, tu carne blanca
erguida, nueva, pristina.
Gentil, gentil, por los valles
la misma luz conducías
que de tus ojos silentes
delante blanca fluía.
Aprisco de luz. ¿Adónde?
A la madrugada tinta

en verdes—campo, miradas—
iniciales, sin malicia.
Tus brazos largos se alargan,
más lejos, más, se partían
sumos en el aire aviando
ondas recientes perdidas.
Se van todos los halagos,
todos, todos, mas no el día.
¡Halago justo que centra
una tu fisonomía!
Llegas con él, llegas siempre
de ti misma y en ti misma.
Llegas tú, y el marco acaba,
cierra, y queda firme el día.

NOCHE

ÍNTEGRA

¿Qué hora? La de sentirse
aislado, roto el recinto
—límites—, sobre la frente
suelta los celajes lívidos.

Se han desterrado ropajes
caducos. Queda el sucinto
poder del poniente, a fuerza
de pujanza, fiel, tranquilo.
Se arrasan todos los aires
sin disculpa. Se echa el frío
de espalda sobre los valles.
Pasean los ojos tímidos
sobre los verdes silencios.
Estoy solo. Ya el precinto
guarda esta hora. Centellas,
sin perturbar el sigilo
de la tarde. Amor del cielo.
Siento en mi cuerpo, ceñido,
un tacto duro: la noche.
Me envuelve justo en su tino.
¿Mi alma sola? Aquí estoy,

113

cuerpo, pasión. ¡Vivo, vivo!
¿Me sientes? La noche. Cuerpo
mío, basta; si yo mismo
ya no soy tú. Mas ¿qué pides,
si eres contorno? ¿Eres mío?
(Firmes siento los perfiles)
¿Tu amor? Es la noche. Mío
es ya. (Me pasa el silencio:
le soy presente) ¡En ti vivo!

(Y se derrumban cristales
mudos, verticales. Signo.
Y se levantan fulgentes
cielos, del hondo, firmísimos.)

6

FINAL

Eɴ el postrer paseo,
sentados,
a cielo abierto y solos,
con pensamiento y mano.

Luz difusa en la hora
última,
de cosas que, si han sido,
se tornan paso
a paso.

Aldea ya disuelta.

Ausencia de miradas
que vuelan de la torre
por el cielo,
en una ida sin fin.

Palabra sola que pende
del alambre,
en el camino, suelta.

Dulce fiesta de paz en el crepúsculo,
dulce fiesta que afuera
se mira entre la vida,
entre el céfiro blando,
cara a la primavera.

EN EL ALBA

Hallazgo en las sombras:
luz de la mañana
entre las riberas
de la noche. Baja
y la encontrarás
entre guijas francas,

dando luz al sesgo
sobre la montaña
de perfil. ¡Si vieras
qué nube mandaba
cernidos envíos
de locura clara

sobre mi cabeza!
Prolongada capa
de iris matinal
en arco colgaba
de una cima; lluvia
fina la calaba.

El día, esa concha
impura de nácar,
tras de ti se abría
y de ella saltabas.
¿Oriental, difusa?
Evidente, exacta.

Equilibrio firme
de presencia. Tácita
rueda de la aurora
que rinde y acaba
su giro. Previsto
término del alba.

VIAJE

¡Qué clara luz en la mañana dura!
Diligencias de tiempo impulsan lisas
mi cuerpo. El suelo plano
patina blanco despidiendo el bulto
mío, que sobrenada inmóvil hacia
nortes abiertos en redondo, azules.

El rodaje no impide ni ocurrentes
partidas brisas, enfoscada espuma
de aire. Esquirlas. Luz. ¡Oh mediodía
tirante! El bulto se alza a muelle comba
¿de agua?, de campo verde, alcores curvos,
—sumo un momento, coronante, alegre,
casi azules las manos altas—, para
pasar en pausa honda entre las lomas
opresas—cielo lento, contenido—,
lomas que se atirantan y de súbito
despiden tensas la secreta perla
—cuerpo mío—fugaz, inerte, a luces
navegantes. ¡Qué oriente! Sin espasmo,
maestra, asume brillos en certamen
y se domina a sí, segura siempre

en el friso que estila su pasaje
de belleza. ¡Belleza que es el día!

Impasible insinúa hacia su norte
inqueridas espiras. Elementos
de aire, de sol, de cielo, rompedores
del orden pretendido, vierten fuera
accidentes, miradas, torpes lazos
(pero no, no hay cuidado), que levantan
peligrosa su gracia crespa.
                                    Voy
en bulto cierto, a firme lejanía,
disparado de líneas, bajo palmas
de cielo abierto empujadoras, agrias.
Si te acogen, ¡oh bulto!, con destino
evidencia de luces últimas, estática
plenitud de ondas altas, abrigante
voluta de la noche, rinde viaje
—¡calma!—sobre ti mismo y da tu giro
perfecto, entero, de la estela dura
eximido, difícil, que has vencido
flotadora y que resta inerme, sólida.

NOCHE

CRUZADA

Haces camino. —¡Qué gusto
verme así en el entrecielo!—
(La mirada.) —¡Mira cómo
se adivinan los desvelos
de la noche! —*(Se ha cerrado
la comba fría.)* —¿Está lejos?—
(Y palpita...) —¡Qué tristeza
tan oscura! —*(...de silencio.)*
—¿Vendrá ya la luna? —*(Liso
ciñe y reverbera.)* —¿Es tiempo?
¡Oh si ya lo fuera! —*(Venas
de noche.)* —¡Qué frío! —*(Y siento
casi quieta la flúida
verdad.)* —Algo; lo primero
quisiera... —*(Avanza la noche
muda.)* —O si no, aquel lucero
tan puro; algo... —*(Menea
la brisa nocturna tiemblos
de luz.)* —¡Dámelo! ¿No oyes?—
(Se turba el aire.) —¡Lo quiero!—
(Apunta la verdad.) —¡Mío!—
(Temblorosos puntos negros...)

—¡Pero vamos, vamos siempre!—
(...*constatan blancos luceros.*)
—Ya hemos llegado: ¡oh qué campo
tan hermoso! —(*Avanza diestro
el filo del alba.*) —¡Y se
aprenden luces! —(*Someros
restos de noche.*) —¡Mañana
dulce, querida hora! —(*Enteros
los barre el viento.*) —¡Te adoro,
luz del día! —(*Rotos, negros.*)

RELOJ

LA UNA

La una. Se pretenden
presagios de campanas
libres. Pero ya están
—haz de filos, de lanzas—

apretadas de tarde
las flechas, solidarias.
Una venda de tiempo
transparente las ata.

No se siente ni ruido
ni pasaje. Luz cálida.
De la ceñida forma
y peso se desgaja

una espiga. La una
se escucha fresca, clara,
universal. Un ángulo
de sombra abre su pausa.

LAS SEIS

Sería como si hermanas
así, corriendo locas
—que llego yo, que tú—
se dieran sólo sombra

y se la hurtaran luego,
una delante, la otra
pisándole su huída,
para alcanzar la comba

altura de la tarde
y allí dejaran, todas,
caer sus cuerpos frescos
en la vibrante alfombra

crepuscular, gemelas
de tino, gracia y onda,
bajo los tiernos grises
finales y los rosas.

LAS OCHO

Las ocho. Se querrían
nuevos tañidos claros
a poniente. ¡Sonad,
campanas, sin desmayo!

Y la noche—poder,
virtud, tesón, estrago—
hace memoria el día
exangüe, sin trabajo

lo descuaja redondo
del aire y, cancelándolo,
en molde de pretérito
lo hace caer metálico.

¿Historia? ¿Vida? Lento
fluir—reloj—cerrado.
Continuo, frío, azul,
parado, crece el ámbito.

LAS TRES

Sólo te veo a ti,
campo claro, solemne,
desnudo, con un vuelo
de aves que se pierde

lejano en ese valle
cerrado que contiene
—fronterizo—la tarde
segunda, ya impaciente

de otras luces, otra hora
más otoñal, más muelle,
más dulce, mas que el tiempo
en tránsito retiene

hasta que fine el paso
de las aves, tres, fuertes,
finas, desbridadoras
de la hora y trasponientes.

7

ALBA

Los montes, limpios del azul dormido,
amanecen. El viento rayan, frescos,
con su cristal agudo y quedan altos,
su corte renovado, filo al cielo.

Livideces inquietas en el aire
se arredran de la luz. Pierden su cuerpo
en la huída. Jirones naturales
señas de fugas dan y desaliento.

Entra la luz a pausas. Se dilata
el cauce en ondas poderosas, tenso,
ancho, pleno, invasor. Derrota diáfana
de las sombras: tumulto equino ciego.

¡Qué llanuras! Galopes de lo oscuro,
desbridados. Seguro paso lento,
con mando, de la aurora, joven, terca,
pastora de la luz—pero sin cuerpo—.

¡Vellones primerizos! Blancos, rosas,
pastan las sombras frescas, y dan, bellos,

copia de bultos claros por las lomas.
Silencio es el cristal tranquilo, quieto.

Esquilas de la luz titilan límpidas,
iniciales, hiriendo el brillo terso.
Azules ecos dan las sumas breves,
instantáneas. Espejan los reflejos.

Los verdes de la tierra calma y planta
son a bullicios de los copos nuevos,
en tropel, baladores, por oriente,
lana de luz, vellón de sol y cielo.

Aurora vigilante entre matices
sucesivos, no pierdes el secreto
orden que rige tu virtud creciente,
implacable y sutil guardián de céfiros.

Normas despliegas en el fausto trance
—¡cuidado!—y lo apacientas con perfecto
amor, si bella, si armoniosa, firme,
plantada sobre el haz, luciente el gesto.

Crepúsculos acaban. Vive el día.
Los llanos cenizosos, dulces, tiernos
a blancos dientes luminosos tallos
ofrécenles, crujientes los destellos.

¡Consumidas las sombras! Ya las luces
reposan en lo sumo del otero.
El fresco corre contenidamente
y reflejos y azul buscan el sueño.

MATERIA

Cadencia y ritmo,
y augur
de cosas que tú aventas
con tus dedos abiertos,
hacia mis ojos, recargados
de tu sospecha.

Comezón dolorosa
de tu ausencia,
y lento repasar entre las cosas
nuevas
y entre las viejas.

Y cegadora nota última
—confirmación de la sospecha
que gravitaba en mis ojos—
cuando sucede la experiencia.
He buceado en la noche,
hundido mis brazos
—materia de la noche—,
y te he tropezado entre mis dedos,
concreta.

MEMORIA

Valle de ausencias claro,
frescor de nube presto
presencia dan a un vivo
paisaje descubierto.

La soledad en él
húmeda, me hace, quieto,
quedarme suspendido
sobre el caudal del tiempo.

La tarde ha ido sesgando
de luces el espejo,
en que verán mis ojos
jugarse en el silencio
la tenue y dulce farsa
de masas: tu reflejo.

Asir así el pasaje
precario de tu cuerpo
sobre la base grata,
flúida del espejo.

Y mirar en la margen
tus manos, con el gesto
brumoso de la huída,
hurtarse a mí, sediento.

NOCHE FINAL

CAPÍTULO VI

POSESIÓN

Negros de sombra. Caudales
de lentitud. Impaciente
se esfuerza en armar la luna
sobre la sombra sus puentes.

(¿De plata? Son levadizos
cuando, bizarro, de frente,
de sus puertos despegado
cruzar el día se siente.)

Ahora los rayos desgarran
la sombra espesa. Reciente,
todo el paisaje se muestra
abierto y mudo, evidente.

Húmedos pinceles tocan
las superficies, se mueven
ágiles, brillantes, tersos
brotan a flor los relieves.

Extendido ya el paisaje
está. Su mantel no breve

flores y frutos de noche,
en dulce peso, sostiene.

La noche madura toda
gravita sobre la nieve
hilada. ¿Qué zumos densos
dará en mi mano caliente?

Su pompa rompe la cárcel
precisa, y la pulpa ardiente,
constelada de pepitas
iluminadas, se vierte.

Mis rojos labios la sorben.
Hundo en su yema mis dientes.
Toda mi boca se llena
de amor, de fuegos presentes.

Ebrio de luces, de noche,
de brillos, mi cuerpo extiende
sus miembros, ¿pisando estrellas?
temblor pisando celeste.

La noche en mí. Yo la noche.
Mis ojos ardiendo. Tenue,
sobre mi lengua naciendo
un sabor a alba creciente.

FIN DE
"ÁMBITO"

PASIÓN DE LA TIERRA

1928-1929

1

VIDA

Esa sombra o tristeza masticada que pasa doliendo no oculta las palabras, por más que los ojos no miren lastimados.

Doledme.

No puedo perdonarte, no, por más que un lento vals levante esas olas de polvo fino, esos puntos dorados que son propiamente una invitación al sueño de la cabellera, a ese abandono largo que flamea luego débilmente ante el aliento de las lenguas cansadas.

Pero el mar está lejos.

Me acuerdo que un día una sirena verde del color de la Luna sacó su pecho herido, partido en dos como la boca, y me quiso besar sobre la sombra muerta, sobre las aguas quietas seguidoras. Le faltaba otro seno. No volaban abismos. No. Una rosa sentida, un pétalo de carne, colgaba de su cuello y se ahogaba en el agua morada, mientras la frente arriba, ensombrecida de alas palpitantes, se cargaba de sueño, de muerte joven, de esperanza sin hierba, bajo el aire sin aire. Los ojos no morían. Yo podría haberlos tenido en esta mano, acaso para besarlos, acaso para sorberlos, mientras reía precisamente por el hombro, contemplando una esquina de duelo, un pez brutal que derribaba el cantil contra su lomo.

Esos ojos de frío no me mojan la espera de tu llama, de las escamas pálidas de ansia. Aguárdame. Eres la virgen ola de ti misma, la materia sin tino que alienta entre lo negro, buscando el hormiguero que no grite cuando le hayan hurtado su secreto, sus sangrientas entrañas que salpiquen. (Ah, la voz: "Te quedarás ciego".) Esa carne en lingotes flagela la castidad valiente y secciona la frente despejando la idea, permitiendo a tres pájaros su aparición o su forma, su desencanto ante el cielo rendido.

¿Nada más?

Yo no soy ese tibio decapitado que pregunta la hora, en el segundo entre dos oleadas. No soy el desnivel suavísimo por el que rueda el aire encerrado, esperando su pozo, donde morir sobre una rosa sepultada. No soy el color rojo, ni el rosa, ni el amarillo que nace lentamente, hasta gritar de pronto notando la falta de destino, la meta de clamores confusos.

Más bien soy el columpio redivivo que matasteis anteayer.

Soy lo que soy. Mi nombre escondido.

EL AMOR NO ES RELIEVE

Hoy te quiero declarar mi amor.

Un río de sangre, un mar de sangre es este beso estrellado sobre tus labios. Tus dos pechos son muy pequeños para resumir una historia. Encántame. Cuéntame el relato de ese lunar sin paisaje. Talado bosque por el que yo me padecería, llanura clara.

Tu compañía es un abecedario. Me acabaré sin oírte. Las nubes no salen de tu cabeza, pero hay peces que no respiran. No lloran tus pelos caídos porque yo los recojo sobre tu nuca. Te estremeces de tristeza porque las alegrías van en volandas. Un niño sobre mi brazo cabalga secretamente. En tu cintura no hay nada más que mi tacto quieto. Se te saldrá el corazón por la boca mientras la tormenta se hace morada. Este paisaje está muerto. Una piedra caída indica que la desnudez se va haciendo. Reclínate clandestinamente. En tu frente hay dibujos ya muy gastados. Las pulseras de oro ciñen el agua y tus brazos son limpios, limpios de referencia. No me ciñas el cuello, que creeré que se va a hacer de noche. Los truenos están bajo tierra. El plomo no puede verse. Hay una asfixia que me sale a la boca. Tus dientes blancos están en el centro de la tierra. Pájaros amarillos bordean tus pestañas. No llores. Si yo te amo. Tu pecho no es de albahaca; pero esa flor, caliente. Me ahogo. El mundo se está derrumbando cuesta abajo. Cuando yo me muera.

Crecerán los magnolios. Mujer, tus axilas son frías. Las rosas serán tan grandes que ahogarán todos los ruidos. Bajo los brazos se puede escuchar el latido del corazón de gamuza. ¡Qué beso! Sobre la espalda una catarata de agua helada te recordará tu destino. Hijo mío.—La voz casi muda—. Pero tu voz muy suave, pero la tos muy ronca escupirá las flores oscuras. Las luces se hincarán en tierra, arraigándose a mediodía. Te amo, te amo, no te amo. Tierra y fuego en tus labios saben a muerte perdida. Una lluvia de pétalos me aplasta la columna vertebral. Me arrastraré como una serpiente. Un pozo de lengua seca cavado en el vacío alza su furia y golpea mi frente. Me descrismo y derribo, abro los ojos contra el cielo mojado. El mundo llueve sus cañas huecas. Yo te he amado, yo. ¿Dónde estás, que mi soledad no es morada? Seccióname con perfección y mis mitades vivíparas se arrastrarán por la tierra cárdena.

LA MUERTE
O ANTESALA DE CONSULTA

Iban entrando uno a uno y las paredes desangradas no eran de mármol frío. Entraban innumerables y se saludaban con os sombreros. Demonios de corta vista visitaban los corazones. Se miraban con desconfianza. Estropajos yacían sobre los suelos y las avispas los ignoraban. Un sabor a tierra reseca descargaba de pronto sobre las lenguas y se hablaba de todo con conocimiento. Aquella dama, aquella señora argumentaba con su sombrero y los pechos de todos se hundían muy lentamente. Aguas. Naufragio. Equilibrio de las miradas. El cielo permanecía a su nivel, y un humo de lejanía salvaba todas las cosas. Los dedos de la mano del más viejo tenían tanta tristeza que el pasillo se acercaba lentamente, a la deriva, recargado de historias. Todos pasaban íntegramente a sí mismos y un telón de humo se hacía sangre todo. Sin remediarlo, las camisas temblaban bajo las chaquetas y las marcas de ropa estaban bordadas sobre la carne. "¿Me amas, di?" La más joven sonreía llena de anuncios. Brisas, brisas de abajo resolvían toda la niebla, y ella quedaba desnuda, irisada de acentos, hecha pura prosodia. "Te amo, sí"—y las paredes delicuescentes casi se deshacían en vaho. "Te amo, sí, temblorosa, aunque te deshagas

153

como un helado." La abrazó como a música. Le silbaban lo oídos. Ecos, sueños de melodía se detenían, vacilaban en la gargantas como un agua muy triste. "Tienes los ojos tan claro que se te transparentan los sesos." Una lágrima. Moscas blan cas bordoneaban sin entusiasmo. La luz de percal barato se amontonaba por los rincones. Todos los señores sentados sobre sus inocencias bostezaban sin desconfianza. El amor es una razón de Estado. Nos hacemos cargo de que los besos no son de "biscuit glacé". Pero si ahora se abriese esa puerta todo nos besaríamos en la boca. ¡Qué asco que el mundo no gire sobre sus goznes! Voy a dar media vuelta a mis penas para que los canarios flautas puedan amarme. Ellos, los amantes faltaban a su deber y se fatigaban como los pájaros. Sobre la sillas las formas no son de metal. Te beso, pero tus pestañas.. Las agujas del aire estaban sobre las frentes: qué oscura misión la mía de amarte. Las paredes de níquel no consentían el cre púsculo, lo devolvían herido. Los amantes volaban masticando la luz. Permíteme que te diga. Las viejas contaban muertes muertes y respiraban por sus encajes. Las barbas de los demá crecían hacia el espanto: la hora final las segará sin dolor. Aba nicos de tela paraban, acariciaban escrúpulos. Ternura de pre sentirse horizontal. Fronteras.

La hora grande se acercaba en la bruma. La sala cabeceaba sobre el mar de cáscaras de naranja. Remaríamos sin entrañas si los pulsos no estuvieran en las muñecas. El mar es amargo Tu beso me ha sentado mal al estómago. Se acerca la hora.

La puerta, presta a abrirse, se teñía de amarillo lóbrego la mentándose de su torpeza. Dónde encontrarte, oh sentido de la vida, si ya no hay tiempo. Todos los seres esperaban la voz de Jehová refulgente de metal blanco. Los amantes se besaban sobre los nombres. Los pañuelos eran narcóticos y restañaban la carne exangüe. Las siete y diez. La puerta volaba sin plumas y el ángel del Señor anunció a María. Puede pasar el primero.

FULGURACIÓN DEL AS

Esta misma canción que vuela, esta que estás tú cantando, hermosísimo as de oros, es el romance antiguo de la legión de condenados que aspiraban el perfume de las espinas dolorosas entre los dedos. Cuando tú eras magnífico, cuando tú tenías los ojos brillantes, dando la luz sin cambio, del todo, albergando bajo los párpados el secreto de todos los triunfos más mezquinos, no era difícil encontrarte en la mano, saludando, besando los dedos con reverencia de paje del quinientos. Servicial como un espejo que conservase en el rostro que se mira las mejillas de nácar. Pero si embriagado alguien del intensísimo vino vibrátil, de la cargazón de braveza y de sueño que despedía el fulgor de la baraja de lunas, se atrevía a levantarse y, mirando a la noche, notaba cómo sus pupilas se iban poniendo moradas y cómo la flor redonda del pecho enseñaba unos dientes de lobo bajo un tímido bisbiseo doliente, entonces estaba perdido. Entonces había caído bajo tu magia cárdena de la segunda hora. Se encerraban las luces del cuarto en negativas furibundas, rojas de la tensión de sus ensueños de brasa, de su desesperado deseo. Uno sentía bullir en los hombros una anticipación de las alas, de la abanicada perseverancia que promete su premio para un mañana de cópula. Pero un pie muy ligero primero, una pluma suave empezaba a pesar precisa-

155

mente sobre el hombro derecho; una forma que insistía mostrando cuán grave es la realidad que se tiene, cuánto sobre la espalda se sienten los besos que no se han dado. Un pie de yeso o de cera, quizá de carne, rosa, blanco, insistiendo, sonriendo dichosamente sobre la feliz planta viva. Así el camino es breve, así pronto el Occidente será una riqueza de oros que podrá batirse con las manos, que podrá multiplicarse en mil espumas sin labios. Así la preciada amarillez no será la tragedia de perder toda la sangre, sino la riqueza brava, despertada, de sentir en la piel los mil besos de todas las campanas. Moriremos si es preciso. Pero moriremos sabiendo que el latido repercute en la inquietud de las venas como vaticinio indescifrable, como una promesa que no se nombra.

Pero el oro de la baraja, pero todo ese oro clásico que en la mano mira a los ojos sin duda y que se ríe de nuestras chaquetas, sabiendo cuán breve es la resistencia de la sangre, sigue empuñado como un vaso de condenación ciego que no se acaba nunca. Aquí erguido estoy amenazando con mi as, que brilla con un fulgor opalino, enturbiando mis más íntimas sensaciones. Aquí estoy intentando quedarme conmigo mismo, ganarme a la partida ruidosa que se disputan los bosques de fuera, esas largas avenidas de viento que enredan las almas desordenadas bajo la luna. No me entiendo. Juego a ciegas. Llamaría a la luz, aquella plateada y distinta apariencia que puso en mis manos la noche del sueño un agua transparente de sentires, de dulces promesas de niño, de ingenuos caracoles de tierra, de lágrimas de mañana que amanecían con todo silencio, con todo el respeto de las madres dormidas.

Pero no sé si podré. Tú, la que viene arrastrando una cola que da siete vueltas a la tierra; tú, la más clara y justa denominación del amor, que pasas y repasas ya como una cadena articulada de huesos sin límite, como una reanudada noria de mi desdicha, estás ahí, muy atareada. Cazas alondras con la misma frialdad con que se yergue el monte en el fondo del océano. Y yo te miro con la misma yerta esperanza.

Por eso escucho aquí el sombrío rumor de los naipes bara-
jándose, y comprendo que su cabalístico centelleo es el horós-
copo que me invento, ese dedo largo que se bifurca y, como
unas tenazas, oprime el nervio que da coletazos. Todas las
escamas se reparten en la luz, y mis ojos de capas y capas van
dejando caer sus hojas, para mostrar la impura desnudez de
su pozo, la aguerrida carcajada que ejercita su músculo embar-
cándose en las aguas del légamo, en el palpitante corazón que
no sabe que la pleamar es un sueño horizontal bajo una luna
de hierba.

SER DE ESPERANZA Y LLUVIA

La primavera insiste en despedidas, arrastrando sus cadenas de cuerdas, su lino sordo, su desnudez de ocaso, el lienzo flameado como una sábana de lluvia. Alentar sobre un seno, alargar la mano a tres mil kilómetros de distancia, hasta tocar la frente de cristal en que están impresos los azules marinos, los peces sorprendidos; sentir en el oído la mirada de las cimas de tierra que llegan en volandas, prescindiendo de sus gimientes roces aterciopelados, no basta para alcanzar el sueño mientras se aspira el aroma de pincho que el tallo de la flor está ocultando en embriaguez. Dejadme entonces soñar con el silencio estéril. Acaso todo un ejército de hormigas, camino de la lengua, no podrá impedir diez mil puntos dorados en las pupilas abiertas. Acaso la sequedad del corazón proviene de ese dulce pozo escondido donde mi mejilla de carne cayó con sus dos alas, en busca de los dos brazos entreabiertos. ¡Qué espejo cóncavo recogió el corazón como dos labios y dejó su sonrisa en la esquina difícil, allí donde la flor dejada anteanoche era del color de la espera, del morado que se oscurecía entre los dientes! Dos rizos de humo caían por la frente sin guirnalda, delicadamente indiferentes al lamentar del pecho descendido. Y una abeja de hielo, parada sobre el seno, no palidecía, por más que la flor pisada hubiese olvidado sus dos

ɔrmas, su número y su sino, y ese brutal vaivén del viento
ɪntre los dedos.

Horizontalmente metido estoy vestido de hojalata para im-
edir el arroyo clandestino que va a surtir de mi silencio. Para
ɪo ver las hojas verdes que flotarán bajo las nubes conden-
adas, arrastradas por los llamamientos sedientos. Soy un plano
ɔerfecto donde las pisadas no se notan, con tal que las pongáis
ɪn mis ojos. Con tal que, cuando señaléis al horizonte en re-
ɪondo, no sintáis el latido de la tierra que os va subiendo a
ʳuestra frente. Quiero dormir cansado. Quiero encontrar aquí,
ɪn el hueco apercibido, ese caparazón liso donde cantar apo-
ʳando mis dos labios.

Ser de esperanza y lluvia que desciende del fondo del relám-
ɔago como un pecho partido. Piedra de cal y sangre que rompe
ʳus vagidos contra la frente loca de luces aspeadas, de cruces
ʳulgurantes hasta el hueso. Muero porque no sé si la forma
ɔercibe la claridad del sol, o si el fondo del mar puede encon-
ʳarse en un anillo. Porque tengo en la mano un pulmón que
ʳespira y una cabeza rota ha dado a luz a dos serpientes vivas.

2

VÍSPERA DE MÍ

Una dulce pasión de agua de muerte no me engaña. No me jures que el mar está lejos, que todas las "cabrillas" de estaño y los boquetes de tierra que se abren entre los dedos servirán para ocultar tu sonrisa. No puedo admitir el engaño. Ocultándome de las formas y aves, de la blancura de un futuro premioso, puedo extender mi brazo hasta tocar la delicia. Pero si te ríes, si te incautas de la brevedad que no falla, no me sentiré bastante fuerte. Fracasaré como una cintura que se dobla. Mis ojos saben que la insistencia no da luz, pero que puede ser una solución indolora. Despojándome las sienes de unas paredes de nieve, de un reguero de sangre que me hiciera la tarde más caída, lograré explicarte mi inocencia. Si yo quiero la vida no es para repartirla. Ni para malgastarla. Es sólo para tener en orden los labios. Para no mirarme las manos de cera, aunque irrumpa su caudal descifrable. Para dormirme a mi hora sobre una conciencia sin funda. Sabré percibir los colores. Y los olores. Y la pura anatomía de los sonidos. Y si me llamas no buscaré un agua muy tibia para enjuagarme los dientes. No, no; afrontaré la limpieza del brillo, el tornasol y la estéril herida de los crepúsculos. No me ahorraré ni una sola palabra. Sabré vestirme rindiendo tributo a la materia fingida. A la

163

carnosa bóveda de la espera. A todo lo que amenace mi liber
tad sin historia. Desnudo irrumpiré en los azules caídos para
parecer de nieve, o de cobre, o de río enturbiado sin lágrimas
Todo menos no nacer. Menos tener que sonreír ocultándome
Menos saber que las cejas existen como ramas de sueño bien
alerta.

Por eso estoy aquí ya formándome. Cuento uno a uno lo
centímetros de mi lucha. Por eso me nace una risa del talón
que no es humo. Por ti, que no explicas la geografía más pro
funda.

Si me vuelvo loco, que no me encierren. Que me permitan
soñar con las nubes. Con la firmeza de mi voluntad yo levan
taré vagos techos y luego los alzaré como tapas. Mis ojos o
traerán los columpios. Os gobernaré con polvillo de santos. Sa
bréis adorar otros paños, y la elegancia de su caída hará que
acerquéis vuestras bocas.

Dejadme que nazca a la pura insumisa creación de m
nombre.

EL SILENCIO

Esa luz amarilla que la luna me envía es una historia larga que me acongoja más que un brazo desnudo. ¿Por qué me tocas, si sabes que no puedo responderte? ¿Por qué insistes nuevamente, si sabes que contra tu azul profundo, casi líquido, no puedo más que cerrar los ojos, ignorar las aguas muertas, no oír las músicas sordas de los peces de arriba, olvidar la forma de su cuadrado estanque? ¿Por qué abres tu boca reciente, para que yo sienta sobre mi cabeza que la noche no ama más que mi esperanza, porque espera verla convertida en deseo? ¿Por qué el negror de los brazos quiere tocarme el pecho y me pregunta por la nota de mi bella caja escondida, por esa cristalina palidez que se sucede siempre cuando un piano se ahoga, o cuando se escucha la extinguida nota del beso? Algo que es como un arpa que se hunde.

Pero tú, hermosísima, no quieres conocer este azul frío de que estoy revestido y besas la helada contracción de mi esfuerzo. Estoy quieto como el arco tirante, y todo para ignorarte, oh noche de los espacios cardinales, de los torrentes de silencio y de lava. ¡Si tú vieras qué esfuerzo me cuesta guardar el equilibrio contra la opresión de tu seno, contra ese martillo de

165

hierro que me está golpeando aquí, en el séptimo espacio inter-
costal, preguntándome por el contacto de dos epidermis! Lo
ignoro todo. No quiero saber si el color rojo es antes o es después, si Dios lo sacó de su frente o si nació del pecho del
primer hombre herido. No quiero saber si los labios son una
larga línea blanca.

De nada me servirá ignorar la hora que es, no tener noción
de la lucha cruel, de la aurora que me está naciendo entre mi
sangre. Acabaré pronunciando unas palabras relucientes. Acabaré destellando entre los dientes tu muerte prometida, tu
marmórea memoria, tu torso derribado, mientras me elevo con
mi sueño hasta el amanecer radiante, hasta la certidumbre germinante que me cosquillea en los ojos, entre los párpados, pro-
metiéndoos a todos un mundo iluminado en cuanto yo me des-
pierte.

Te beso, oh, pretérita, mientras miro el río en que te vas
copiando, por último, el color azul de mi frente.

ROPA Y SERPIENTE

...Ni a mí que me llamo Súbito, Repentino, o acaso Retrasado, o acaso Inexistente. Que me llamo con el más bello nombre que yo encuentro, para responderme: "¿Quéeeeeee?..." Un qué muy largo, que acaba en una punta tan fina que cuando a todos nos está atravesando estamos todos sonriendo. Preguntando si llueve. Preguntando si el rizo rubio es leve, si un tirabuzón basta para que una cabeza femenina se tuerza dulcemente, emergiendo de nieblas indecisas.

Pero no me preguntes más. Una pompa de jabón, dos, tres, diez, veinte, rompen azules, suben, vuelan, qué lentas, qué crecientes. Estallan las preguntas, y bengalas muy frías resbalan sin respuesta. Un caballo, una cebra, una hermosa inutilidad que yo me he sacado de la manga, corre, trota, quiere distraer vuestros ojos, mientras la lágrima más grande, la que no podemos entre todos sostener con nuestros brazos, nos pesa de tal modo que nuestros cuerpos vacilan bajo el mundo tristísimo. ¡Esfera, recientísima esfera que no podemos besar aunque queramos, perla de amor inmensa caída de nosotros, de un astro, del vacío, del diminuto espacio del corazón más niño y escondido; del infinito universal que está en una garganta palpitando! ¡Oh muerte! ¡Oh amor del mal, del bien, del lobo y del cordero; de ti, rojo callado que creces monstruoso hasta venir a un primer plano, darme en la frente, destruirme! Soy largo, largo. Yazgo en la tierra, y sobro. Podría rodearla, atarla, ceñirla, ocultarla. Podría ser yo su superficie. Cubriéndola, ¡qué infame ropa rueda en el espacio! ¡Qué chaqueta callada, qué arrugas entre risas de vacío va girando o mintiendo bajo el yeso polar de la Luna, bajo la máscara más pálida de un payaso agorero que no tiene su gorro de franela! Que está mintiendo todos sus largos muertos ya de tela. Oh amor, ¿por qué no existes más que en forma de trapecio? ¿Por qué toda la vacilación se convierte en dos rodillas columpiadas (de carne, voy a besarlas), mondas, desguarnecidas de calor, calvas para mis dientes que rechinan? ¿Por qué dos huesos largos hacen de cuerdas y sostienen a un ángel niño, redondo, mecido, que espera saltar luego a los brazos o deshacerse en siete mariposas que sean siete miradas en unos grandes ojos femeninos?

Pero no importa, ¡qué importa! Tengo aquí un pájaro en mis manos. Lo aprieto contra mi seno, y sus plumas rebullen, son, están, ¡las tengo! Una a una voy a quitarme todas mis espinas. Una a una, todas las fundas de mi vida caerán. ¡Serpiente larga! Sal. Rodea el mundo. ¡Surte! Pitón horrible, séme, que yo me sea en ti. Que pueda yo, envolviéndome, crujirme, ahogarme, deshacerme. Surtiré de mi cadáver alzando mis anillos, largo como todos los propósitos articulados, deslizándome sobre la historia mía abandonada, y todos los pájaros que salieron de mis deseos, todas las azules, rosas, blancas, tiernas palpitaciones que cantaban en los oídos, volverán a mis fauces y destellarán con líquido fulgor a través de mis miradas verdes. ¡Oh noche única! ¡Oh robusto cuerpo que te levantas como un látigo gigante y con tu agudo diente de perfidia hiendes la carne de la luna temprana!

168

LA FORMA Y NO EL INFINITO

Las rosas blancas, las de metal pasado, las que oscurecen los ojos azules sin las marismas, encantan tardíamente la llegada de la noche. Están entre los labios, pero no se notan. Oscurecen las yemas más remotas, sin que se sospeche. Tienen un perfume de frente, de grato escorzo de memoria, de aquello que pasó, que ya está ido, que era lo mismo exacto pero no se mide.

Cuando está cayendo la tarde no se nota en los ojos la misma rama curva que llega de tan lejos, que esgrime su insistencia como una dolorida sordera, como un gesto de ayer que no se ha retirado en la resaca. Se besarían pálidas fuentes, bordes de piedra sin el agua, para sentir nacer el cristalino fulgor, la paciencia premiada, los bellos ojos del fondo que oscurecen un cielo retrasado. Una juntura de noche resbalada frente a la caída locuacidad sellada, frente a todo lo que dice despedida sin brillo, encaja su serenidad fugitiva. Llego y me estoy marchando. Soy la noche, pero me esperan esos brazos largos, sueño de grama en que germina la aurora: un rumor en sí misma. Soy la quietud sin talón, ese tendón precioso; no me cortéis; soy la forma y no el infinito. Esta limitación de la noche cuando habla, cuando aduce esperanzas o sonrisas de dientes, es una

169

alegría. Acaso una pena. Una cabeza inclinada. Una sospecha de piel interina. Extendiendo nosotros nuestras manos, un dolor sin defensa, una aducida no resistencia a lo otro se encontraría con términos. De aquí a aquí. Más allá, nada. Más allá, sí, esto y aquello. Y, en medio, cerrando los ojos, aovillada, la verdad del instante, la preciosa certeza de la sombra que no tiene labios, de lo que va a decirse resbalando, expirando en espiras, deshaciéndose como un saludo incomprendido.

Besos, labios, cadencias, soledades que aguardan, sienten la última realidad transitoria. Un humo feliz serviría para dormir los recuerdos. No, no. Se sabe que el hielo no es piel, que la frontera de todo no cede ni hiere, que la seguridad es patente. Se sabe que el amor no es posible. Pulidamente se mira, se ve, se presencia. Adiós. La sombra resbala sobre su previa elegancia, sobre su helada cortesía sin pena. Adiós. Adiós. Si existieran corazones, llorarían. Si la sangre tuviera ojos, las pestañas más lentas abanicarían la ida. Adiós. No flojea el horizonte, porque puede quedarse. Alardea la húmeda transición de sus rectas, de su constancia aplomada, de su traslación íntegra. Se besarían imposibles. "¡Conmuévete! Vacila como una columna de tela. Tíñete con un rubor de equinoccio." Pero los brazos no llegan y el saludo es de uno, de mí, de mí. No de la materia sabida, ni siquiera de su insobornable belleza. Que dimite.

LA IRA CUANDO NO EXISTE

No busquéis esa historia que compendia la sinrazón de la Luna, el color de su brillo cuando ha ganado su descanso. La consistencia del espíritu consiste sólo en olvidarse de los límites y buscar a destiempo la forma de las núbiles, el nacimiento de la luz cuando anochece. Porque yo me soporto. Habéis oído el cerrar de una puerta, ese latido súbito que ha quedado sobrecogido en vuestros cabellos. No pretendáis verlo convertido en madera, no pretendáis siquiera verlo separado de vuestro cuerpo en forma de mariposa negra; ni aspiréis tan siquiera al relámpago cárdeno que como ensalmo venga a despejar la atmósfera, a poner claros vuestros ojos. Vuestra frente es de nieve. La he paseado muchas veces cuando murmurabais mi nombre, pero siempre a traición, porque nunca he conseguido ver la forma de vuestros labios. Pero en vano me han dicho que pájaros y peces se entrecruzaban en silencio, y que su comprobación era fácil. Una mano de goma, tan ligera que el viento no la sentía entre sus venas, he deslizado cautamente. Pero no lo he conseguido. En vano un poco de yesca hacía presumir, con su brillo de fósforo, un poco de sensibilidad en las uñas. Su redondez nativa, la ceguedad ronquísima, se arrastraba entre lana en busca del frío, o acaso de la pluma, o acaso de esa catarata de estertores que, envueltos en materia, me ha-

171

bían de anegar hasta el codo. No lo he sentido. Mil bocas de heno fresco, mil paladares de mañana he tropezado en mi camino. Mi brazo es una expedición en silencio. Mi brazo es un corazón estirado que arrastra su lamentación como un vicio. Porque no posee el cuchillo, el ala afiladísima que después de partirme la frente se hundió bajo la tierra. Por eso me arrastraré como nardo, como flor que crece en busca de las entrañas del suelo, porque ha olvidado que el día está en lo alto.

No me olvidéis cuando os llamo. Sois vosotros los silencios de humo que se anillan entre los dedos. La difícil quietud en cruz de vientos. Ese equilibrio misterioso que consiste en olvidarse del sueño, mientras los anhelos brillan como gargantas.

3

DEL COLOR DE LA NADA

Se han entrado ahora mismo una a una las luces del verano, sin que nadie sospeche el color de sus manos. Cuando las almas quietas olvidaban la música callada, cuando la severidad de las cosas consistía en un frío color de otro día. No se reconocían los ojos equidistantes, ni los pechos se henchían con ansia de saberlo. Todo estaba en el fondo del aire con la misma serenidad con que las muchachas vestidas andan tendidas por el suelo imitando graciosamente al arroyo. Pero nadie moja su piel, porque todos saben que el sol da notas altas, tan altas que los corazones se hacen cárdenos y los labios de oro, y los bordes de los vestidos florecen todos de florecillas moradas. En las coyunturas de los brazos duelen unos niños pequeños como yemas. Y hay quien llora lágrimas del color de la ira. Pero sólo por equivocación, porque lo que hay que llorar son todas esas soñolientas caricias que al borde de los lagrimales esperan sólo que la tarde caiga para rodar al estanque, al cielo de otro plomo que no nota las puntas de las manos por fina que la piel se haga al tacto, al amor que está invadiendo con la noche.

Pero todos callaban. Sentados como siempre en el límite de las sillas, húmedas las paredes y prontas a secarse tan pronto como sonase la voz del zapato más antiguo, las cabezas todas

175

vacilaban entre las ondas de azúcar, de viento, de pájaros invi
sibles que estaban saliendo de los oídos virginales. De todo
aquellos seres de palo. Quería existir un denso crecimiento de
nadas palpitantes, y el ritmo de la sangre golpeaba sobre la
ventana pidiendo al azul del cielo un rompimiento de esperan
za. Las mujeres de encaje yacían en sus asientos, despedida
de su forma primera. Y se ignoraba todo, hasta el número de
los senos ausentes. Pero los hombres no cantaban. Inútil que
cabezas de níquel brillasen a cuatro metros sobre el suelo, sin
alas, animando con sus miradas de ácidos el muerto calor de
las lenguas insensibles. Inútil que los maniquíes derramados
ofreciesen, ellos, su desnudez al aire circundante, ávido de sus
respuestas. Los hombres no sabían cuándo acabaría el mundo
Ni siquiera conocían el área de su cuarto, ni tan siquiera s
sus dedos servirían para hacer el signo de la cruz. Se iban aho
gando las paredes. Se veía venir el minuto en que los ojos
salidos de su esfera, acabarían brillando como puntos de dolor
con peligro de atravesarse en las gargantas. Se adivinaba la
certidumbre de que las montañas acabarían reuniéndose fatal-
mente, sin que pudieran impedirlo las manos de todos los niños
de la tierra. El día en que se aplastaría la existencia como un
huevo vacío que acabamos de sacarnos de la boca, ante el estu-
por de las aves pasajeras.

Ni un grito. Ni una lluvia de ceniza. Ni tan sólo un dedo
de Dios para saber que está frío. La nada es un cuento de
infancia que se pone blanco cuando le falta el respiro. Cuando
ha llegado el instante de comprender que la sangre no existe.
Que si me abro una vena puedo escribir con su tiza parada:
"En los bolsillos vacíos no pretendáis encontrar un silencio."

FUGA A CABALLO

Hemos mentido. Hemos una y otra vez mentido siempre. Cuando hemos caído de espalda sobre una extorsión de luz, sobre un fuego de lana burda mal parada de sueño. Cuando hemos abierto los ojos y preguntado qué tal mañana hacía. Cuando hemos estrechado la cintura, besado aquel pecho y, vuelta la cabeza, hemos adorado el plomo de una tarde muy triste. Cuando por primera vez hemos desconocido el rojo de los labios.

Todo es mentira. Soy mentira yo mismo, que me yergo a caballo en un naipe de broma y que juro que la pluma, esta gallardía que flota en mis vientos del Norte, es una sequedad que abrillanta los dientes, que pulimenta las encías. Es mentira que yo te ame. Es mentira que yo te odie. Es mentira que yo tenga la baraja entera y que el abanico de fuerza respete al abrirse el color de mis ojos.

¡Qué hambre de poder! ¡Qué hambre de locuacidad y de fuerza abofeteando duramente esta silenciosa caída de la tarde, que opone la mejilla más pálida, como disimulando la muerte que se anuncia, como evocando un cuento para dormir! ¡No quiero! ¡No tengo sueño! Tengo hartura de sorderas y de luces,

177

de tristes acordeones secundarios y de raptos de madera para acabar con las institutrices. Tengo miedo de quedarme con la cabeza colgando sobre el pecho como una gota y que la sequedad del cielo me decapite definitivamente. Tengo miedo de evaporarme como un colchón de nubes, como una risa lateral que desgarra el lóbulo de la oreja. Tengo pánico a no ser, a que tú me golpees: "¡Eh, tú, Fulano!", y yo te responda tosiendo, cantando, señalando con el índice, con el pulgar, con el meñique, los cuatro horizontes que no me tocan (que me dardean), que me repiten en redondo.

Tengo miedo, escucha, escucha, que una mujer, una sombra, una pala, me recoja muy negra, muy de terciopelo y de acero caído, y me diga: "Te nombro. Te nombro y te hago. Te venzo y te lanzo." Y alzando sus ojos con un viaje de brazos y un envío de tierra, me deje arriba, clavado en la punta del berbiquí más burlón, ese taladrante resquemor que me corroe los ojos, abatiéndome sobre los hombros todas las lástimas de mi garganta. Esa bisbiseante punta brillante que ha horadado el azul más ingenuo para que la carne inocente quede expuesta a la rechifla de los corazones de badana, a esos fumadores empedernidos que no saben que la sangrea gotea como el humo.

¡Ah, pero no será! ¡Caballo de copas! ¡Caballo de espadas! ¡Caballo de bastos! ¡Huyamos! Alcancemos el escalón de los trapos, ese castillo exterior que malvende las caricias más lentas, que besa los pies borrando las huellas del camino. ¡Tomadme en vuestros lomos, espadas del instante, burbuja de naipe, descarriada carta sobre la mesa! ¡Tomadme! Envolvedme en la capa más roja, en ese vuelo de vuestros tendones, y conducidme a otro reino, a la heroica capacidad de amar, a la bella guarda de todas las cajas, a los dados silvestres que se sienten en los dedos tristísimos cuando las rosas naufragan junto al puente tendido de la salvación. Cuando ya no hay remedio.

Si me muero, dejadme. No me cantéis. Enterradme envuelto en la baraja que dejo, en ese bello tesoro que sabrá pulsarme como una mano imponente. Sonaré como un perfume del fono, muy grave. Me levantaré hasta los oídos, y desde allí, hecho ura vegetación me desmentiré a mí mismo, deshaciendo mi istoria, mi trazado, hasta dar en la boca entreabierta, en el ueño que sorbe sin límites y que, como una careta de cartón, e tragará sin toserse.

EL CRIMEN O IMPOSIBLE

¡Qué hermoso este primer día del invierno, más negro que
el azul de mis ojos! Oscuro, presintiendo la madriguera in
mensa donde se agitan los cuerpos desceñidos, los que, si fue
ron agua o linfa o sueño corredizo, son hoy ya quieto espej
para sombra, para el aire parado que está húmedo.

Del cielo no desciende aquel inmenso brazo prometido, aqu
celeste resultado que al cabo consentiría a la tierra un equilibri
caliente sobre su coyuntura nueva. Calor de Dios. No correr
la sangre como está haciendo falta, no arrasará la realidad se
dienta, que se deja llevar sabiendo de qué labios ya exangüe
manó aquel aluvión sanguinolento, aquel color, no de ira, qu
puso espantos de oro en las mejillas blancas de los hombre
que al cabo permitió que las lenguas se desliasen de los tronco
de árboles, de aquella verde herrumbre que había alimentad
el musgo por los pechos. Aquellos ojos ciegos cubiertos po
una fina capa de tierra casi en polvo. Pero no se conseguir
nunca, por más que así cantemos, ese frescor sobre las lengu
vírgenes, ese saber que el día no desecará la forma de nuestr
cuerpos existentes.

Echado aquí por tierra, lo mismo que ese silencio que nad
está notando, yo espío la palabra que circula, la que yo sé qu

180

ın día tomará la forma de mi corazón. La que precisamente
odo ignora que florecerá en mi pecho. Si beso la corteza de
a tierra, si os miro, no derraméis más lágrimas fundidas por-
ıue no se me ve ese halo por los labios, ese resplandor que
odos esperabais que al cabo me consumiera, dejándome con-
ertido en un proyecto abandonado. Porque no tengo memoria.
'orque no me acuerdo si el día es antes que la noche, o si la
ız me sale humildemente de la axila, queriendo ser perdonada,
ıueriendo deslizarse en el plumón de los mil pájaros a que
ıe dado salida sin necesidad de llamarlos por su nombre, sin
ıás que comprender que el calor de las mejillas no puede
ıropagarse y que hay que dejar perderlo abiertamente por los
ıorizontes. Estrella de mi mando, de mi deseo, que me per-
lona que yo tenga los ojos cerrados, que renuncie a saber de
ıué color nacerá el día de mañana. Porque el misterio no puede
ncerrarse en una cáscara de huevo, no puede saberse por más
ıue lo besemos diciendo las palabras expresivas, aquellas que
ıe han nacido en la frente cuando el sueño.

¡Si vierais que este clamor confuso no es mío! Todo por
ulpa de un cabello rubio, de una piedra imantada que tengo
ncerrada en esta mano. Acariciar el níquel, acariciar la sombra,
l brillo o la ignominia, la preciosa ceguedad de no preguntar
ıor el camino; acariciar al cabo la respuesta, justamente cuando
caba de ser pronunciada, cuando aún lleva la forma de los
lientes... Por eso, no quiero vestirme. He comprendido que
ıo se desea mi muerte, que un proyectil disparado acaba siem-
ıre tomando la forma de un niño, de un infante que aterriza
ʼ que acaricia el verde soñoliento, con la misma inocencia con
ıue el puñal pregunta el nombre de las vísceras que besa.

EL MAR NO ES UNA HOJA
DE PAPEL

Déchirante infortune!
ARTHUR RIMBAUD.

Lo que yo siento no es el mar. Lo que yo siento no es est
lanza sin sangre que escribe sobre la arena. Humedeciend
los labios, en los ojos las letras azules duran más rato. La
mareas escuchan, saben que su reinado es un beso y espera
vencer tu castidad sin luna a fuerza de terciopelos. Una cara
cola, una luminaria marina, un alma oculta danzaría sin acom
pañamiento. No te duermas sobre el cristal, que las arpas t
bajarán al abismo. Los ojos de los peces son sordos y golpea
opacamente sobre tu corazón. Desde arriba me llaman arpegic
naranjas, que destiñen el verde de las canciones. Una afirma
ción azul, una afirmación encarnada, otra morada, y el casc
del mundo desiste de su conciencia. Si yo me acostara sobr
el mar, en mi frente responderían todos los corales. Para u
fondo insondable, una mano es un alivio blanquísimo. Esa
bocas redondas buscan anillos en que teñirse al instante. Pei
bajo las aguas el verde de los ojos es luto. El cabello de la
sirenas en mis tobillos me cosquillea como una fábula. Sí, e
perad que me quite estos grabados antiguos. Aguardad que m
nombre escurra las indiferencias. Estoy esperando un chasqu

do, un roce en el talón, un humo sobre la superficie. La señal de todos los tactos. Acaricio una melodía: qué hermosísimo muslo. Basta, señores: el baño no es una cosa pública. El cielo emite su protesta como un ectoplasma. Cierra los ojos, fealdad, y laméntate de tu desgracia. Yo soy aquel que inventa las afirmaciones de espaldas, el que acusa al subsuelo de sus culpas abiertas. El que sabe que el mar se levantaría como una lápida. La sequedad de mi latrocinio es este vil abismo en que se revuelven los gusanos. Los peces podridos no son una naturaleza muerta. El mar vertical deja ver el horizonte de piedra. Asómate y te convencerás de todo tu horror. Apoya en tus manos tus ojos y cuenta tus pensamientos con los dedos. Si quieres saber el destino del hombre, olvídate que el acero no es un elemento simple.

SOBRE TU PECHO UNAS LETRAS

Sobre tu pecho unas letras de sangre fresca dicen que el tiempo de los besos no ha llegado. Qué extendida estás esperando la caricia dudosa, la del mar que navega persiguiéndote, el que acabará rescatando tu largo cuerpo, dejando mis dos labios insensibles.

Una tarde de otoño, un núbil corazón que chorrea la luz cuando no hay ojos se va pidiendo oscuridad sin roces, almas que no conozcan los sentidos. Para aguardar la hora, la celestial renuncia que borra las miradas, esa seguridad patente que consiste en perder súbitamente todas las bocas que se asoman. La lisura, esta reserva del espíritu, ya no podrá convocar un damasco callado, esa sutil oreja blanda en pulpa sobre la que reposar para el sueño, sobre la que musitar la forma de los besos cuando no hablan.

Escúchame, corazón despertado. Aprende a recordar uno a uno el color del cabello, aquella sed de sequedades vivas, aquel sentir entre los dientes la forma del agua que no rompe. Escúchame. Yo soy la razón muerta que ha amanecido esta mañana por Oriente, despidiéndose de unos brazos de nieve que representaban la noche resplandeciente, la llamarada incauta que surge de la boca partida de una vena cuando me abro, cuando tapo mis ojos para no ver todas las suplicantes. Fuentes del día, acabad ya vuestra historia. Tendeos una a una si es que queréis que una voz repercuta en la entraña, en la oquedad donde dedos crispados van pronunciando el nombre de la vida, buscando el tierno caramelo perdido. Buscad dónde los ojos puedan estar. Dónde podré yo estrecharos sin que el mundo lo ignore.

Amadme. Este pedal oculto repite siempre la nota do, do mío. Hermoso cuerpo, látigo descansado, ceñido ciego que no buscas por qué el cielo es azul y por qué el color de tus ojos permanece entreabierto aun cuando llueva dulcemente sobre mis velos. Las formas permanecen a pesar de este sol que seca las gargantas y hace de plata los propósitos que esta mañana nacieron frescos, a la ternura de las opresiones. "¿Me amas?", preguntaban, estrechando, los cinco corazones no mudos. "¿Me amas?" Y se habían olvidado de sí mismos, hasta perder su forma, hasta quedar como una sábana la virgen duda de sí misma, la que amanece todas las mañanas con sus labios azules recién creados por la dicha.

4

EL SOLITARIO

Una cargazón de menta sobre la espalda, sobre la caída catarata del cielo, no me enseñará afanosamente a buscar ese río último en que refrescar mi garganta.

(Giboso estás, caminando camino de lo descaminado, esperando que los chopos esbeltos te acaricien la rencorosa memoria, mostrando la plata nueva sin la corteza de ellos, hechos los ojos azules suspiro sin humo que merodee. No, no crezcas doblándote como una ballesta que atirante la interjección de los dientes ocultos, paladeando la sombra de los pelos caídos sobre el rostro. No ocultes tus malas pasiones, mientras buscas la linfa clara, inocente, final, en que bañar tu feo cuerpo.)

Aquí hay una sombra verde, aquí yo descansaría si el peso de las reservas a mi espalda no impidiese a la luna salir con gentileza, con aérea esbeltez, para quedar sólo apoyada en una punta, con los brazos extendidos sobre la noche. Pero me siento, definitivamente me siento. Alardeo de barbas foscas y entremezclando mis dedos y mis rencores evoco el vino rojo que acabo de dejar sobre las pupilas dormidas de una muchacha. He aprovechado su sueño para escaparme de puntillas, presumiendo que la madrugada sería hermosa como un cuerpo

189

desollado con jaspe, veteado de ágatas transitorias. Sólo me ha faltado, para que la hora quedase aún más bella, hacerle unas estrías con mis uñas. Déjame que me ría sencillamente lo mismo que un cuentakilómetros de alquiler. No quiero especificar la distancia. Pero no puedo por menos de reconocer que mis manos son anchas, grandísimas, y que caben holgadamente cuatro filas de desfilantes. Cuatro (sin recosidos) cintas de carretera. Pero aquí no las hay. Sólo un prado verde recogido sobre sí mismo, que me contiene a mí como un lunar impresentable. Soy la mancha deshonesta que no puede enseñarse. Soy ese lunar en ese feo sitio que no se nota bajo las palabras.

(Por eso estás esperando tú que te llegue la hora de sacar la baraja. La hora de observar el brillo aceitado de la luna sobre la cara redonda, cacheteada, de un rey arropado. Sobre los terciopelos viejos una corona de lirismo haría el efecto de una melancolía retrasada, de un cuento a la oreja de un anciano sin memoria. Por eso se te ladean las intenciones. Por eso el rey también sabe sesgar su espada de latón y conoce muy bien que las cacerolas no humean bajo sus pies, pero hierven sobre las ascuas, aromando los forros de guardarropía. Nos cuesta mucho la seriedad de los bigotes y de las barbas trémulas bajo las lunas.)

En vista de todo (¡la hora es tan propicia!), haré un solitario, olvidándome de mi joroba. Por algo dicen que la noche, cuando está acabándose, besa la espalda apolínea. Por algo me he traído yo esta reserva de sonrisas para saludar los minutos. Haré mi solitario. La baraja está hoy como nunca. ¡Qué flúida y zigzagueante, qué murmuradora, casi musical! Si la beso, pareceré un disco de gramófono. Si la acaricio, no me podré perdonar una sonata ruidosa, con un surtidor en el centro que caracolee casi en la barbilla. Suspiraré como un fuelle dignísimo. Empezaré mi solitario.

Cuatro reyes, cuatro ases, cuatro sotas hacen la felicidad de una mano, arquean los lomos de las montañas, mientras el sol de papel de plata amenaza con rasgarse sin ruido. Los reyes son esta bondad nativa, conservada en alcohol, que hace que a corona recaiga sobre la oreja, mientras el hombro protesta del abrigo de todo, del falso armiño que hace cuadrada la figura. La mejilla vista al microscopio no invita más que a la meditación de los accidentes y al pensamiento de cómo lo esencial está cubierto de púas para los labios de los hijos; de cómo la aspereza de los párpados irrita la esclerótica hasta deformar el mundo, incendiado de rojo, quemándose sin que nadie lo perciba.

Si los reyes soltasen ahora mismo la carcajada, yo me sentiría ahora mismo aliviado de mi cargazón indeclinable. Y recogería las coronas caídas para echarlas en el hogar que no existe, dulce crepúsculo que dibujaría mi reino con sus lenguas que el cartón alimentaría, apareciendo las palabras que certificarían mi altura, los frutos que están al alcance de la mano.

Pero aduzco mi as—¡qué hacer!—que antes de caer a tierra, a su sitio, brilla de ópalo turbio, manejando su basto sin asustar a los árboles. Lo pongo sólo para que cumpla su destino. Su verde es antiguo. Se ve que no es que haya retoñado, sino que se quedó así recién nacido, con esa falsa apariencia de juventud, mostrando sus yemas hinchadas en una esterilidad enmascarada. Por más que las mujeres lo besen, esos botones no echarán afirmaciones que se agiten en abanico. De ninguna manera su copa acabará sosteniendo el cielo. Pero tampoco tema la luna que su roma punta pueda herir la susceptibilidad de su superficie. Sepultado bajo la grasa que borra las arrugas y abrillanta su escondida calidad de yesca inusada, el as de bastos rueda por los bolsillos sin poder silbar siquiera, ahogándose en la ronquera opaca que no se percibe, entre las uñas negras de los que murmuran.

Entre todos, finalmente, la señorita, la trémula, la misma, sí, la insostenible sota nueva, recién venida, que yo manejo y pongo en fila para completar. Finalmente, tengo ya mi solitario. He aquí la última figura, que sostiene su pecho con brocados para que las intenciones no rueden hasta el césped y alarguen su figura, que se pueda clavar en la tierra blanca como un rosal enfermo, donde los ojos no acabarían de abrirse nunca, siempre de una rosa inminente bajo su azul empalidecido. El cuello lento no podrá troncharse nunca por más que los besos le lleguen. ¿Sucumbiré yo mismo? Acaso yo pondré los labios sin miedo a la espina más honda, sin miedo al fracaso de papel, que es el más barato de todos, el que puede lograrse siempre, sin más que guardarse la carta para lo último. Acaso yo terminaré echándome sobre la tierra y cerrando los ojos, al lado de mi baraja extendida. ¡Oh viento, viento, perdóname estas barbas de hierba, esta húmeda pendiente que como un alud me sube hasta los ojos cerrados! ¡Oh viento, viento, oréame como al heno, písame sin que yo lo note! ¡Bárreme hasta ensalzarme de ventura! ¿Por qué me preguntas en el costado si la muerte es una contracción de la cintura? ¿Por qué tu brazo golpea el suelo como un látigo redondo de carne? Ya los naipes no están. ¡Oh soledad de los músculos! ¡Oh hueso carpetovetónico que se levanta como los anillos de una serpiente monstruosa!

HACIA EL AMOR SIN DESTINO

Siento el silencio como esa piedra blanca que resbala sobre el corazón de las madres, y no tengo fuerzas más que para perdonaros a todos el mal que me habéis hecho, sin ignorarlo, con la forma de vuestra sombra cuando pasabais.

Sois todos tan claros, transparentes como la yedra, y yo puedo uno a uno prescindir de mis sentimientos, que no me hacen ya cosquillas con ese cono doloroso que me he quitado de los ojos. La avispa dulce, la sin igual dulzura que apagaba la luz bajo la carne cuando daba la sensación del dolor dispensando la muerte, ese minuto tránsito que consiste en firmar con agua sobre una cuartilla blanca, aprovechando el instante en que el corazón retrocede.

Es tarde para pensarlo. Siempre esta sensación de tardanza ha dado lugar a que creciese una rosa sobre un hombro, a que un labio volase sin oírse, a que tu realidad viva se desvaneciese como un aire que se eleva.

La caduca forma del papel sobre el que se apoya tiernamente la mejilla no engaña, suspira y no responde, oculta la armazón de sus huesos, la instantánea mariposa de níquel que late bajo su superficie encerada. No me preguntes más. Descansa. Evoca la salvación de las manos, ese esmerado vuelo en que la arribada está prevista a unos montes de terciopelo, donde los ojos podrán al cabo presenciar un paisaje caliente, una suave transición que consiste en musitar un nombre en el oído mientras se olvida que el cielo es siempre el mismo.

Duerme, muchacha. Aguza la calidad de tus uñas, mientras se embota la sensibilidad de tu pecho distraído en convertirse en una bahía limitada, en una respiración con fronteras a la que no le ha de sorprender la luna nueva.

Tienes un rostro abandonado. Esa laxitud no es la de tus miembros. Esa quietud que proclama con su signo la vigencia del día, es una pura mentira que se evade, que no puede irse y que acaba convirtiéndose en vegetal. No permanezcas, crece pronto. No me mientas una lágrima de mercurio que horade la tierra y se estanque, que no acierte a buscar la raíz y se contente con los labios, con esa dolorosa saliva que resbala y que me está quemando mis manos con su historia, con su brillo de cara reinventada para morir en el arroyo que ignoro entre las ingles.

FÁBULA QUE NO DUELE

Al encontrarse el pájaro con la flor se saludaron con el antiguo perfume que no es pluma, pero que sonríe en redondo, con el alivio blanco para el cansancio del camino. Echaron de menos al pez, al entero pez de lata que tan graciosamente bordaba preguntas, enhebrándose en todos los cantos, dejándolos colgados de guirnaldas, mientras la rosa abierta crecía hasta hacerse más grande que su alma. Estaba tan alto el cielo que no hubieran llegado los suspiros, así es que optaron por amarse en silencio. Tienes una cadencia tan fina, que ensordecen los pétalos de doloroso esfuerzo para conservar sus colores. Tienes tú, en cambio, un color en los ojos, que la luz no me duele, a pesar del cariño tan tierno con que tus dedos vuelan por el perfume. Ámame. Ámame. El pájaro sonreía ocultando la gracia de su pico, con todas las palpitaciones temblando en las puntas de sus alas. Flor, flor, flor. Tu caramelo agreste es la reina de las hadas que olvida su túnica, para envolver con su desnudez la armoniosa música de los troncos pulsados. Flor, recórreme con tu escala de sonrisa, llegando al rojo, al amarillo, al decisivo "sí" que emerge su delgadez cimera, sintiendo en su cúspide la esbelta savia olvidadiza del barro que le sube por la garganta. Canta, pájaro sin fuego que tienes de nieve las puntas de tus dedos para marcar la piel con tu ardiente guitarra breve, que hormiguea en los ojos para las primeras lágrimas de la niñez. Si cantas te prometo que la noche se hará de repente pecho, suspiro, cadencia de los dientes que recuerden en la sonrisa la luz que no dañaba, pero que iluminaba la frente, sospechando el desvestido ardiente. Si cantas te prometo la castidad final, una imagen del monte último donde se quema la cruz de la memoria contra el cielo, que aprieta en sus convulsiones el perdón de las culpas que no se pronunciaron, que latían bajo la tierra. ¡Flor, flor, flor, aparenta una sequedad que no posees! Cúbrete de hojas duras, que se vuelven mintiendo un desdén por la forma, mientras el aire cae comprendiendo la inutilidad de su insistencia, abandonando sus alturas. El ruiseñor en lo alto no parlamenta ya con la luna, sino que busca aguas, no espejos, recogidas sombras donde ocultar el temblor de su ala, que no resiste, no, el agudo resplandor que la ha traspasado. La verdad es una sola. La verdad no es perdón, es evidencia, es destino que ilumina las letras sin descarga, de las que no se pueden apartar los ojos. Al fin comprendes, cuando ya es tarde para salvar la vida a ese ruiseñor que agoniza. Cuando la flor te ha dicho adiós, ultimando la postura de su corola ante la indiferencia de tu frente encerrada. Cuando el perfume te ha rondado sin que las yemas de los dedos acariciasen su altura, que no ascendía más que a las rodillas. Cuando tú sólo eres un tronco mutilado donde tu pensamiento falta, decapitado por el hacha de aquel suspiro tenue que te rozó sin que tú lo supieras.

DEL ENGAÑO Y RENUNCIA

No eres tú la misma que siempre me ha rodeado ocultándome el camino más claro para llegar al fondo. No eres tampoco la emancipación a que asirse, cuando pasan las brumas en viaje lento de superficie, rozando las mejillas como una confesión de pereza, entre falsos terciopelos y sonrisas ocultas de desfallecimiento. No pretendas envolverme en tus sutiles perfidias mostrándome la mano ensortijada en vedijas de viento, mientras tus ojos fulguran sin sueño, descubriendo el esqueleto frío y seco de su cielo profundo ennegrecido. En el fondo de ti misma los pensamientos yacen bajo las piedras, ocultos como vidrios de color ignorados, y yo siento sobre mi piel sus destellos como aparentes confesiones de un mañana vecino, del hallazgo precioso que me hará romper en sollozos muy fuertes, sobre la tierra abierta a mis culpas más claras. A tu hermosa agonía sin latido. Tú eres, bellísima, como el hermoso monte que se levanta de hierba superflua, escondiendo su rudimentario soporte. Como esas claras lagunas que mienten a los picos de los pájaros un licor para su bello plumón, y que luego no son más que pechos desgarrados, pobre sangre cuajada que se resquebraja en grietas al encuentro de las sedientes suplicaciones. ¡Oh bello encantamiento! Magnífica soledad de mi cuerpo aterido sobre la base recia de la pulimentada realidad, de la impenetrable tirantez de la luna pasajera, que permanece y no rifa su hostilidad para nadie, sino que se me entra por el bolsillo más fácil, sajándome con su disco ligero una exacta cantidad de mí mismo, la justa para perder la preocupación de la aurora y pensar que la estrella es un mar ya sin pájaros que radica en el fondo, como un árbol que floreciese en silencio. ¡Oh hermosura de este destino de sombra y luz!

Yo comprendo que el destino pasajero es echar pronto las yemas al aire, impacientar el titilar de las luces ante la esperanza del fruto redondo que ha de albergarse en el aire, para que éste le acaricie sus fronteras, solamente sus límites, sin que su hueso dulce entreabra su propia capacidad de amor, blanco, lechoso, ignorante, y nos muestre sus suspicacias como una interrogación que creciese de alambre hasta rematar su elástica curva. ¿Dónde mi nitidez, mi fondo de verdad, mi bruñido surgir que gime casi en arpa al eólico sollozo de la carne; sin brazos, pero con su lata viva rematada en su signo, enroscada a sí misma como la pensativa quietud de la cobra que ha olvidado la fuerza de sus músculos? Yo tengo un brazo muy largo, precisamente redondo, que me llega hasta el cuello, me da siete vueltas y surte luego ignorando de dónde viene, recién nacido, presto a cazar pájaros incogibles. Yo tengo una pierna muy larga, que arranca del tronco llena de viveza, y que después de darle, como una cinta, siete vueltas a la tierra, se me entra por los ojos, destruyéndome todas las memorias, construyéndome una noche quieta en la que las sendas todas han convergido hasta el centro de mi ombligo. Yo soy un aspa de caminos que me lleva a mí mismo, hincándose en tierra como una flor que creciese hacia abajo, dejando el cielo venturoso en la nuca. Soy, sí, soy la esperanza de luz en mi ser, como el caballo que levanta con sus cascos el camino roto en fragmentos que ya no podrán volver a encontrarse. Si termino ocultando este beso último a la sombra plana que está aquí tendida, no me vais a creer. Dejadme entonces que a la luz de la roja candela crepitante yo recorra los límites con mis labios, repasando las solas fronteras a que puedo alargarme, los filos que no me hieren de este hermoso cuerpo acostado de dos dimensiones.

Acabaré besando las rodillas como un papel para cartas con luto en que escribir mi renuncia, mi despedida última, que no flamee como bandera, sino que permanezca acostada hasta que se seque bajo la brisa templada que estoy sintiendo crecer en las raíces de mis miradas sin punta.

ANSIEDAD PARA EL DÍA

Esta conciencia del aire extenso ocupa su sitio justo, su centímetro sobre mi pecho alerta. El campo está vencido y si canto no podré rematar mi canción que se mueve bajo el agua. Un pez dormido en el regazo no puede sonreír, por más que se deslía sobre su lengua fría la imagen ya perdida. Quién pudiera encontrar aquella dulce arena, aquella sola pepita de oro que me cayó de mi silencio una tarde de roca, cuando apoyaba mis codos sobre dos lienzos vacilantes que me ocultaban mi destino. Una bota perdida en el camino no reza en desvarío, no teme a la lluvia que anegue sus pesares. Y un hombre que persigue perderá siempre sus bastones, su lento apoyo, enhebrado en la hermosura de su ceguera. Nada como acariciar una cuesta, una cuneta, una dificultad que no sea de carne, que no presienta la nube de metal, la que concentra la electricidad que nos falta. Por eso es bueno encontrar un navío. Para bogar, para perder la lista de las cosas, para que de pronto nos falte el dedo de una mano y no lo reconozcamos en el pico de una gaviota. Poderse repasar sin saludo. Poder decir no soy aunque me empeñe. Poder decir al timonel no hay prisa, ¿sabe usted?, porque la luz no desciende en forma de naipes, y no tengo miedo de marrar mi triunfo. Puedo tener un lujo, el de la superficie, el de esta burbuja, el de aquella espina, parece mentira, que viene bogando, que no encuentra la carne que le está destinada. Estoy perdido en el océano.

Porque no me contemplo. Podéis enseñarme esa ola gigantesca hecha sólo de puños de paraguas, esa ruidosa protesta sin resaca. No me asombro, conservo mi nivel sobre el agua, puedo todavía mojar mi lengua en el subcielo, en el azul extático. Pero si llegas tú, el monstruo sin oído que lleva en lugar de su palabra una tijera breve, la justa para cortar la explicación abierta, no me defiendo, me entrego a sus aletas poderosas. ¿Qué falsa alarma ha rizado las gargantas de las sirenas húmedas que yo solo presiento en forma de lijas traspasadas, dormidas sobre su silencio? Una orilla es mi mano. Otra mi pierna. Otra es esta canción silvestre que llevo en anillo dentro de mí, porque no quiero jaulas para los canarios, porque detesto el oro entre los dientes y las lágrimas que no sirven para abrir otras puertas. Porque voy a romper este cristal de mundo que nos crea; porque me lo está pidiendo ese bichito negro que os sale por la comisura de la boca. Porque estáis muertos e insepultos.

En lugar de lágrima lloro la cabeza entera. Me rueda por el pecho y río con las uñas, con los dos pies que me abanican, mientras una muchacha, una seca badana estremecida quiere saber si aún queda la piel por los dos brazos.

5

EL MUNDO ESTÁ BIEN HECHO

Perdidamente enamorada la mujer del sombrero enorme, caía torrencialmente en forma de pirata que viene a sacudir todos los árboles, a elevar hacia el cielo las raíces desengañadas que no sonríen ya con sus dientes de esmeralda. ¿Qué esperaba? Tras la lluvia el corazón se apacigua, empieza a cantar y sabe reír para que los pájaros se detengan a decir su recado misterioso. Pero la prisa por florecer, este afán por mostrar los oídos de nácar como un mimo infantil, como una caricia sin las gasas, suele malograr el color de los ojos cuando sueñan. ¿Por qué aspiras tú, tú, y tú también, tú, la que ríes con tu turbante en el tobillo, levantando la fábula de metal sonorísimo; tú, que muestras tu espalda sin temor a las risas de las paredes? Si saliéramos, si nos perdiéramos en el bosque, encontraríamos la luna cambiando, ajustando a la noche su corona abolida, prometiéndole una quietud como un gran beso. Pero los árboles se curvan, pesan, vacilan y no me dejan fingir que mi cabeza es más liviana que nunca, que mi frente es un arco por el que puede pasar nuestro destino. ¡Vamos pronto! ¡Avivemos el paso! ¿No ves que, si te retrasas, las conchas de la orilla, los caracoles y los cuentos cansados abrirán su vacilación nacarina para entonar su vaticinio subyugante? Corramos, antes que los telones se desplieguen. Antes que los pelos del lobo, que el hocico de la madriguera, que los arbustos de la catarata se ericen y se detengan en su caída. Antes que los ojos de este subsuelo se abran de repente y te pregunten. Corramos hacia el espanto.

Pero no puedes. Te sientas. Vacilas pensando que los pinchos no existen más que para bisbisear su ensueño, para acariciarte tus extremos. Tus uñas no son hierro, ni cemento, ni cera, ni catedrales de pórfido para niños maravillados. No las besarán las auroras para mirarse las mejillas, ni los ríos cantarán la canción de las guzlas, mientras tú extiendes tu brazo hasta el ocaso, hasta tocar, tamborilear la mañana reflejada. Entonces, vámonos. Me urge. Me ansía. Me llama la realidad de tu panoplia, de las cuatro armas de fuego y de luna que me aguardan tras de los valles romancescos, tras de ti, sombrío desenvolvimiento en espiral. Por eso tú llevas una cruz violeta en el pecho, una cruz que dice: "Este camino es verde como el astro más reciente, ese que está naciendo en el ojo que lo mira." La cruz toca tu seno, pero no se hiere; llega a las palmas de tus manos, pero no desfallece; sube hasta la sinrazón de las luces, hasta la gratuidad de su nimbo donde las flechas se deshacen.

Si hemos llegado ya, estarás contemplando cómo la pared de cal se ha convertido en lava, en sirena instantánea de "Dime, dime para que te responda"; de "Ámame para que te enseñe"; de "Súmete y aprenderás a dar luz en forma de luna", en forma de silencio que bese la estepa del gran sueño. "Ámame", chillan los grillos. "Ámame", claman los cactos sin sus vainas. "Muere, muere", musita la fría, la gran serpiente larga que se asoma por el ojo divino y encuentra que el mundo está bien hecho.

EL ALMA BAJO EL AGUA

Qué gusto estar aquí, en este suelo donde la materia no es el mármol ni el acero, donde se acaba olvidándose si las plantas existen, como una leyenda que no hay que creer. Donde la más bella hada no puede romperse, aunque la fustiguen las barras doradas que se desclavan de los cielos con la noche. No importa que los ojos no duelan. ¡Mejor! Que el sueño no exista. ¡Mejor, mejor! Un poco de música subiendo como el nivel respirado me enfría con su agua sedeña la piel quietísima. Si ascienden las ondas, si te empapas de todas las tristes melancolías que volaban evitando rozarte con sus maderas huecas, finas, se detendrán justas en la garganta, decapitándote con la luz, dejando tu cabeza como la flor, el alga, el verde amaranto más concreto que busca el accidente para sumirse. ¡Qué hermosa, ¿no es cierto?, una verdad entre las manos! ¡Qué hermoso poder sonreír al eco largo, en cinta que pasa cerca, cerca, sin tocarnos, mientras el calor, el latir, se ha hecho justo en el hueco, en este aire que yo acabo de respirar, y en él mueve sus alas como espejos, excitando la sonrisa templada en que amanezco! Por la mañana, cuatro carros de grandes planos amontonados y metálicos armarán su agrio estrépito, que siembra de vidrios de botellas todos los desnudos inermes. Si Dios no me acusa, ¿por qué el alma me punza como una espina cuyo

207

cabo está al aire, flameando como un gallardete insatisfecho? ¿Por qué me saco del pecho este redondo pájaro de ocasión, que abre sus luces en abanico duende y espía los rincones, para desde allí encantarme con su pausado jeroglífico? ¿Por qué esta habitación, como una caja de música, se mueve, ondula sobre las aguas temerosas e insiste plenamente en su bella desorientación frente al crepúsculo?

¡Oh hermosura del cielo! Mástiles duros, altos, me sonríen. Velas del cierzo quieren, no pueden arribarme. ¿Entonces? Una cabeza fina, entera, dueña, vuela de gris a gris, bajo la nube nueva y cae en forma de silencio, mojándome los ojos con su roce, callándose su forma decisiva. ¿Espero? Sí. En mi oído cuatro rubios delfines, fantasmas, peces acaso, con gorras de azul hondo, redondas, cantan, dudan, mecen horizontes redondos, altos, hondos también, que abren los caminos. Una estrella es un mar. Un mar enorme, extenso, me sostiene en la palma de su mano y me pide respeto. Su secreto no es suyo, y si buceo en el alma que se abre, un doloroso rictus en la cara dirá que he dado con corales en el fondo, que el corazón apenas puede con mi peso en su profundo oscuro. ¡Oh alma, qué me quieres! ¿Por qué tu luz se olvida y a tientas yo te habito, callando las corrientes que golpean, los peces más viscosos y las estrellas vivas que pueden estamparse sobre el pecho para hacer más sencilla la ascensión sobre el cristal final donde me pierda?

Pero el amor me salva. ¿La palabra no existe? Apoyado en un codo grande, grande, me extiendo y quedo. Pensamientos, barcos, pesares pasan, entran por los ojos. Me soy, os soy. Os soy yo sin querer, porque en mi ceguera veo hacia afuera esa dulce melancolía en forma de cabeza que, ladeada, se hunde y me llega a las manos, queda, no pesa, torpemente se balancea con el cabello plomo derretido, de repente hecho masa por el frío.

HACIA EL AZUL

Sombras del sur, sombras aquí. Venid todas las ruedas velocísimas y salvadme del mar que va a caerme de las alas. Si anteayer lloraba yo, hoy río, lo mismo que la trompeta cuando cesa. Cuando tú, tú, tú, tú, tú callas diciendo: "No te quiero." Pero el oro en la palma de la mano fulgura una seguridad tan grata, que yo comprendo que el sueño lo han inventado los cansados, los escépticos de su corazón mercenario, que golpeaba como una moneda en una jaula, en un—delirante ayer—agrisado hoy volumen de gorjeo. Canta, esperanza de agua. Dadme un vaso de nata o una afiladísima espada con que yo parta en dos la ceguera de bruma, esta niebla que estoy acariciando como frente. Hermosísima, tú eres, tú, no la superficie de metal, no la garantía de soñar, no la garganta partida por un cuchillo de esmeralda, no; sino sólo un parpadeo de dos visos sin tacto, de dos bellas cortinas de ignorancia. ¡Olvidar! Olvidar es una palabra fácil, fíjate bien: olvidar. Como quien dice: "Qué día hermoso", o "Qué hora será cuando la lluvia", o "Dime el peso exacto de tu pena y te diré cómo querrías llamarte: Alegre."

Sí, más alegre es la paloma que el cántaro. Cuando conteniendo la risa se desborda la gracia gemebunda que antes se

209

balanceó en el columpio de la palmera, el azul más extraño se desmorona y llora, llora en orden, sin querer saber las noticias que dicen: buen tiempo. Azul es el caramelo y azul el llanto sobre la mano empequeñecida. Azul la teoría de los vuelos, esa fácil demostración de cómo las faldas al girar se abren en redondo y brillan sin renuncia. Ese rumor no es el de tu cuerpo. Son tantos los resplandores interiores, que quiero ignorar el número de estrellas. Si me cayera en el hombro esa pena goteada, al darme en el hombro, mi cabeza quemada saldría en cohete en busca de su destino. Ascendiendo, una gran risa celeste ha abierto sus alas. El sol está próximo. En el seno de las aguas no hay fuego, pero esa faz resplandeciente me atrae, porque quiero abrasarme mis pupilas, quiero conocer su esqueleto, esa portátil mariposa de los finos estambres, las más delicadas papilas vibratorias. Acaso el amor no puede quemarse. Como un acero carnal se salvará su conciencia. Labios de Dios, besadme, salvadme de mi insistencia infatigada, de mi ceniza desmoronándose. ¡Qué caña hueca de pensar quedará única, oh dulce viento de la estrella, oh azul envío retrasado, oh dulce corazón que he perdido y que, como un gran hueco de latido, no atiendes ya en la rama!

EL AMOR PADECIDO

PERDÓNAME que cuando se detiene la tristeza a la entrada de la esperanza adolescente, no asomen todas las palomas, las más blancas, con sus voces humanas, preguntando sobre la ruta apasionada. He esperado mucho. Tanto, que mis barbas de tiempo han tejido dos rostros, un aspa de tijeras con que yo podría interrumpir mi vida silenciosa. Pero no quiero. Prefiero ese ala muscular hecha de firmeza, que no teme herir con su extremo la cárcel de cielo, la cerrazón de la altura emblanquecida. No son dientes esos límites de horizonte, ese cenit instantáneo que en lo más alto hace coincidir el péndulo con la sangre, la conjunción que no desmaya con su tacto. Esperar en los límites de la vida, adormecer la criatura débil que nace con una risa crepitante en el extremo de la ropa (allí donde no llega el latido cierto), es una postura sí esperada, no cansada, no fatigosa, que no impide toser para conocer la existencia, para amar la forma perpendicular de uno mismo.

La esperanza es lo cierto. Hay quien pretende haber tocado un día los límites de la tierra, esa terrible herida que lleva uno ignorada en el costado. Pero no lo creáis. A veces se ha visto salir una forma, un pájaro de ignorancia vestido de corazón reciente, hecho una pupila que no ha temido la mirada en

211

redondo. Pero el paisaje sin nubes, la heridora verdad de no-cortezas se abandonaba engañosa, ocultando su simetría simulada. Una bella palabra, un árbol, un monte de denuestos olvidados, todas las incidencias de los besos, se repartían mintiendo. No los creáis si hay vida. No los creáis, porque no podríais respirar. No entréis en su atmósfera de alfa. En el umbral de un pecho me llamaron. No era la buena voz, mentira idiota, sino la cerrazón de los fríos, las dos violetas pálidas de ansia, ese instante de los labios en que se adivina que la sangre no existe.

Pero me he reído mucho. No es burla, no. He llorado sobre un resplandor último. Llegó tan nuevo, tan claro y tan despacio; se puso como un hombro, como un calor caliente. Se estiraba y quedaba. Allí me dormí sin saberlo. Me fuí quedando helado, hecho calor de entonces, hecho aspiración sin descanso.

No grité aunque me herían. Aunque tú me ocultabas la forma de tu pecho. Sentí salir el sol dentro del alma. Interiormente las puntas del erizo, si aciertan, pueden salir de dentro de uno mismo y atraer la venganza, atraer los relámpagos más niños, que penetran y buscan el misterio, la cámara vacía donde la madre no vivió aunque gime, aunque el mar con mandíbulas la nombra.

FIN DE
"PASIÓN DE LA TIERRA"

ESPADAS COMO LABIOS

1930-1931

El texto de *Espadas como labios*, en la presente edición de *Poesías completas*, está aumentado con un poema, *Cada cosa, cada cosa*, incluído en la edición primera de *La Destrucción o el Amor* y reintegrado ahora al libro a que pertenece.

What is a poet? What is he worth? What does he do? He is a babbler.

LORD BYRON.

1

A Dámaso Alonso.

MI VOZ

He nacido una noche de verano
entre dos pausas. Háblame: te escucho.
He nacido. Si vieras qué agonía
representa la luna sin esfuerzo.
He nacido. Tu nombre era la dicha;
bajo un fulgor una esperanza, un ave.
Llegar, llegar. El mar era un latido,
el hueco de una mano, una medalla tibia.
Entonces son posibles ya las luces, las caricias, la piel, el ho-
         rizonte,
ese decir palabras sin sentido
que ruedan como oídos, caracoles,
como un lóbulo abierto que amanece
(escucha, escucha) entre la luz pisada.

LA PALABRA

Esas risas, esos otros cuchillos, esa delicadísima penumbra..
Abre las puertas todas.
Aquí al oído voy a decir.
(Mi boca suelta humo.)
Voy a decir.
(Metales sin saliva.)
Voy a hablarte muy bajo.
Pero estas dulces bolas de cristal,
estas cabecitas de niño que trituro,
pero esta pena chica que me impregna
hasta hacerme tan negro como un ala.
Me arrastro sin sonido.
Escúchame muy pronto.
En este dulce hoyo no me duermo.
Mi brazo, qué espesura.
Este monte que aduzco en esta mano,
este diente olvidado que tiene su último brillo
bajo la piedra caliente,
bajo el pecho que duerme.
Este calor que aún queda, mira ¿lo ves?, allá más lejos,
en el primer pulgar de un pie perdido,

donde no llegarán nunca tus besos.
Escúchame. Más, más.
Aquí en el fondo hecho un caracol pequeñísimo,
convertido en una sonrisa arrollada,
todavía soy capaz de pronunciar el nombre,
de dar sangre.
Y...
Silencio.
Esta música nace de tus senos.
No me engañas,
aunque tomes la forma de un delantal ondulado,
aunque tu cabellera grite el nombre de todos los horizontes.
Pese a este sol que pesa sobre mis coyunturas más graves.

Pero tápame pronto;
echa tierra en el hoyo;
que no te olvides de mi número,
que sepas que mi madera es carne,
que mi voz no es la tuya
y que cuando solloces tu garganta
sepa distinguir todavía
mi beso de tu esfuerzo
por pronunciar los nombres con mi lengua.

Porque yo voy a decirte todavía,
porque tú pisas caracoles
que aguardaban oyendo mis dos labios.

PARTIDA

Aquí los cantos, los grupos, las figuras;
oh cabezas, yo os amo bajo el sueño.
Aquí los horizontes por cinturas;
oh caricias, qué llano el mundo ha sido.
Entre helechos, gargantas o espesura,
entre zumo de sueño o entre estrellas,
pisar es zozobrar los corazones
(borda de miel), es tacto derramado.

Esa ladera oculta,
esa montaña inmensa;
acaso el corazón está creciendo,
acaso se ha escapado como un ave
dejando lejanía como un beso.

MUERTE

He acudido. Dos clavos están solos
punta a punta. Caricia, yo te amo.
Bajo tierra los besos no esperados,
ese silencio que es carbón, no llama.
 Arder como una gruta entre las manos,
morir sin horizonte por palabras,
oyendo que nos llaman con los pelos.

CIRCUITO

Nostalgia de la mar.
Sirenas de la mar que por las playas
quedan de noche cuando el mar se marcha.
Llanto, llanto, dureza de la luna,
insensible a las flechas desnudadas.
Quiero tu amor, amor, sirenas vírgenes
que ensartan en sus dedos las gargantas,
que bordean el mundo con sus besos,
secos al sol que borra labios húmedos.
Yo no quiero la sangre ni su espejo,
ignoro si la tierra es verde o roja,
si la roca ha flotado sobre el agua.
Por mis venas no nombres, no agonía,
sino cabellos núbiles circulan.

YA ES TARDE

Viniera yo como el silencio cauto.
(No sé quién era aquel que lo decía.)
Bajo luna de nácares o fuego,
bajo la inmensa llama o en el fondo del frío,
en ese ojo profundo que vigila
para evitar los labios cuando queman.
Quiero acertar, quiero decir que siempre,
que sobre el monte en cruz vendo la vida,
vendo ese azar que suple las miradas
ignorando que el rosa ha muerto siempre.

MEMORIA

Un bosque de veleros.
Te he preguntado si vivías.
El viaje, si vieras qué lisura
sobre el brazo lejísimos al frente...
Horizonte, horizonte.
                              Te he mentido,
porque hay curvas. Muchas.
Escúchame. Mi nombre es azucena.
No humedezco los dientes que pronuncian
aunque un viento de luz cierre los ojos,
roce la delgadez que los defiende.
Escucha, escucha. Soy la luz perdida
que lapidan las aguas en el fondo.
Soy tu memoria muerta por los trópicos,
donde peces de acero sólido te imitan.

SILENCIO

Bajo el sollozo un jardín no mojado.
Oh pájaros, los cantos, los plumajes.
Esta lírica mano azul sin sueño.
Del tamaño de un ave, unos labios. No escucho.
El paisaje es la risa. Dos cinturas amándose.
Los árboles en sombra segregan voz. Silencio.
Así repaso niebla o plata dura,
beso en la frente lírica agua sola,
agua de nieve, corazón o urna,
vaticinio de besos, ¡oh cabida!,
donde ya mis oídos no escucharon
los pasos en la arena, o luz o sombra.

SÚPLICA

Delgadas lenguas, cabelleras rubias,
ninfas o peces, ríos y la aurora.
Sobre el nivel del aire bandas lucen
pájaros, plumas, nácares o sueño.
¡Risa!
Cien fuerzas, cien estelas, cien latidos,
un mundo entre las manos o la frente,
una senda o jirafas de blancura,
un oriente de perlas sobre el labio,
todo un sentir a ritmo azul el cielo.

Dicha, dicha, navío por el brazo,
por la más difícil coyuntura,
por donde si aplicamos el oído
se oye el rumor de la caricia extrema.

Un dolor muy pequeño, si es que existe,
es una niña o papel casi traslúcido;
pueden verse las venas y el dibujo,
pueden verse los besos no emergidos.

Ríos, peces, estrellas, puntas, ansia,
todo transcurre—mármol y sonidos—;
sordas esteras pasan clausurando
esa delgada voz de corazones.

NACIMIENTO ÚLTIMO

Para final esta actitud alerta.
Alerta, alerta, alerta.
Estoy despierto o hermoso. Soy el sol o la respuesta.
Soy esa tierra alegre que no regatea su reflejo.
Cuando nace el día se oyen pregones o júbilos.
Insensato el abismo ha insistido toda la noche.
Pero esta alegre compañía del aire,
esta iluminación de recuerdos que se ha iluminado como una
    atmósfera,
ha permitido respirar a los bichitos más miserables,
a las mismas moléculas convertidas en luz o en huellas de las
    pisadas.
A mi paso he cantado porque he dominado el horizonte;
porque por encima de él—más lejos, más, porque yo soy altí-
    simo—
he visto el mar, la mar, los mares, los no-límites.
Soy alto como una juventud que no cesa.
¿Adónde va a llegar esa cabeza que ha roto ya tres mil vidrios,
esos techos innúmeros que olvidan que fueron carne para con-
    vertirse en sordera?
¿Hacia qué cielos o qué suelos van esos ojos no pisados
que tienen como yemas una fecundidad invisible?

¿Hacia qué lutos o desórdenes se hunden ciegas abajo esas
   manos abandonadas?
¿Qué nubes o qué palmas, qué besos o siemprevivas
buscan esa frente, esos ojos, ese sueño,
ese crecimiento que acabará como una muerte reciennacida?

2

A Federico García Lorca.

EL VALS

Eres hermosa como la piedra,
oh difunta;
oh viva, oh viva, eres dichosa como la nave.
Esta orquesta que agita
mis cuidados como una negligencia,
como un elegante biendecir de buen tono,
ignora el vello de los pubis,
ignora la risa que sale del esternón como una gran batuta.

Unas olas de afrecho,
un poco de serrín en los ojos,
o si acaso en las sienes,
o acaso adornando las cabelleras;
unas faldas largas hechas de colas de cocodrilos;
unas lenguas o unas sonrisas hechas con caparazones de can-
        grejos.
Todo lo que está suficientemente visto
no puede sorprender a nadie.

Las damas aguardan su momento sentadas sobre una lágrima.
disimulando la humedad a fuerza de abanico insistente.

Y los caballeros abandonados de sus traseros
quieren atraer todas las miradas a la fuerza hacia sus bigotes.

Pero el vals ha llegado.
Es una playa sin ondas,
es un entrechocar de conchas, de tacones, de espumas o de
      dentaduras postizas.
Es todo lo revuelto que arriba.

Pechos exuberantes en bandeja en los brazos,
dulces tartas caídas sobre los hombros llorosos,
una languidez que revierte,
un beso sorprendido en el instante que se hacía "cabello de
      ángel",
un dulce "sí" de cristal pintado de verde.

Un polvillo de azúcar sobre las frentes
da una blancura cándida a las palabras limadas,
y las manos se acortan más redondeadas que nunca,
mientras fruncen los vestidos hechos de esparto querido.

Las cabezas son nubes, la música es una larga goma,
las colas de plomo casi vuelan, y el estrépito
se ha convertido en los corazones en oleadas de sangre,
en un licor, si blanco, que sabe a memoria o a cita.

Adiós, adiós, esmeralda, amatista o misterio;
adiós, como una bola enorme ha llegado el instante,
el preciso momento de la desnudez cabeza abajo,
cuando los vellos van a pinchar los labios obscenos que saben.
Es el instante, el momento de decir la palabra que estalla,
el momento en que los vestidos se convertirán en aves,
las ventanas en gritos,
las luces en ¡socorro!
y ese beso que estaba (en el rincón) entre dos bocas
se convertirá en una espina
que dispensará la muerte diciendo:
Yo os amo.

236

EN EL FONDO DEL POZO

(EL ENTERRADO)

Allá en el fondo del pozo donde las florecillas,
donde las lindas margaritas no vacilan,
donde no hay viento o perfume de hombre,
donde jamás el mar impone su amenaza,
allí, allí está quedo ese silencio
hecho como un rumor ahogado con un puño.

Si una abeja, si un ave voladora,
si ese error que no se espera nunca
se produce,
el frío permanece;
el sueño en vertical hundió la tierra
y ya el aire está libre.

Acaso una voz, una mano ya suelta,
un impulso hacia arriba aspira a luna,
a calma, a tibieza, a ese veneno
de una almohada en la boca que se ahoga.

237

¡Pero dormir es tan sereno siempre!
Sobre el frío, sobre el hielo, sobre una sombra de mejilla,
sobre una palabra yerta y, más, ya ida,
sobre la misma tierra siempre virgen.

Una tabla en el fondo, oh pozo innúmero,
esa lisura ilustre que comprueba
que una espalda es contacto, es frío seco,
es sueño siempre aunque la frente esté cerrada.

Pueden pasar ya nubes. Nadie sabe.
Ese clamor... ¿Existen las campanas?
Recuerdo que el color blanco o las formas,
recuerdo que los labios, sí, hasta hablaban.

Era el tiempo caliente. —Luz, inmólame—.
Era entonces cuando el relámpago de pronto
quedaba suspendido hecho de hierro.
Tiempo de los suspiros o de adórame,
cuando nunca las aves perdían plumas.

Tiempo de suavidad y permanencia;
los galopes no daban en el pecho,
no quedaban los cascos, no eran cera.
Las lágrimas rodaban como besos.
Y en el oído el eco era ya sólido.

Así la eternidad era el minuto.
El tiempo sólo una tremenda mano
sobre el cabello largo detenida.

Oh sí, en este hondo silencio o humedades,
bajo las siete capas de cielo azul yo ignoro
la música cuajada en hielo súbito,
la garganta que se derrumba sobre los ojos,
la íntima onda que se anega sobre los labios.

Dormido como una tela
iento crecer la hierba, el verde suave
ue inútilmente aguarda ser curvado.

Una mano de acero sobre el césped,
in corazón, un juguete olvidado,
in resorte, una lima, un beso, un vidrio.

Una flor de metal que así impasible
hupa de tierra un silencio o memoria.

TORO

Esa mentira o casta.
Aquí, mastines, pronto; paloma, vuela; salta, toro,
toro de luna o miel que no despega.
Aquí, pronto; escapad, escapad; sólo quiero,
sólo quiero los bordes de la lucha.

Oh tú, toro hermosísimo, piel sorprendida,
ciega suavidad como un mar hacia adentro,
quietud, caricia, toro, toro de cien poderes,
frente a un bosque parado de espanto al borde.

Toro o mundo que no,
que no muge. Silencio;
vastedad de esta hora. Cuerno o cielo ostentoso,
toro negro que aguanta caricia, seda, mano.

Ternura delicada sobre una piel de mar,
mar brillante y caliente, anca pujante y dulce,
abandono asombroso del bulto que deshace
sus fuerzas casi cósmicas como leche de estrellas.

Mano inmensa que cubre celeste toro en tierra.

RESACA

Un alma, un velo o un suspiro,
un rápido paso camino de la luz,
un entrever difuso (luz, espérame),
esa esperanza ahogada por la prisa.

Este ancho mar permite la clara voz nacida,
la desplegada vela verde,
ese batir de espumas a infinito,
a la abierta envergadura de los dos brazos distantes.

Oh horizonte de viento quieto, lejanía.
Sospechas de dos mariposas de virgen
aquí donde las ondas son kilómetros.

Una dulce cabeza, una flor de carbón navegan solas.
Sólo faltaría una pluma, una pluma compuesta
hecha de dedos ciegos,
de abandonados ya propósitos de anteayer distante.

Así para tocarse, para comprobar la frente o el cuello,
la carencia de sangre,
ese reflejo verde parado por las venas,

mientras cercados por la densa ojera
están hundidos dos besos morados.

La flor en el agua no es un gemido.
No quemada, no ardida, boga callando,
reservando su perfume implacable
para correr como loco por las arterias ausentes.

La embriaguez de entonces, la belleza serena,
la voz naciente,
el mundo que adviene;
abrázame mientras tanto,
que al fin me entere yo cómo sabe una piel que sorprende.

Quién sabe si estas dos manos,
dos montañas de pronto,
podrán acariciar la minúscula pulpa
o ese dientecillo que sólo puede tocarse con la yema.

Si abandono mi mano sobre tu pecho,
oh, no mueras como un suspiro aplastado,
no disimules tu calidad de onda al fin opresa.
Pervive, oh mía, aquí sobre la playa ahora en fin que no vivo,
que puedo tenderme en forma de espuma y bañar unos pies
        no presentes
para retirarme a mi seno donde extremos navegan.

EL MÁS BELLO AMOR

Anteayer distante.
Un día muy remoto
me encontré con el vidrio nunca visto,
con una mariposa de lengua,
con esa vibración escapada de donde estaba bien sujeta.

Yo había llorado diez siglos
como diez gotas fundidas
y me había sentido con la belleza de lo intranscurrido
contemplando la velocidad del expreso.

Pero comprendí que todo era falso.
Falsa la forma de la vaca que sueña
con ser una linda doncellita incipiente.
Falso lo del falso profesor que ha esperado
al cabo comprender su desnudo.
Falsa hasta la sencilla manera con que las muchachas
cuelgan de noche sus pechos que no están tocados.

Pero me encontré un tiburón en forma de cariño;
no, no: en forma de tiburón amado;

243

escualo limpio, corazón extensible, ardor o crimen,
deliciosa posesión que consiste en el mar.
Nubes atormentadas al cabo convertidas en mejillas,
tempestades hechas azul sobre el que fatigarse queriéndose,
dulce abrazo viscoso de lo más grande y más negro,
esa forma imperiosa que sabe a resbaladizo infinito.

Así, sin acabarse mudo ese acoplamiento sangriento,
respirando sobre todo una tinta espesa,
los besos son las manchas, las extensibles manchas
que no me podrán arrancar las manos más delicadas.

Una boca imponente como una fruta bestial,
como un puñal que de la arena amenaza el amor,
un mordisco que abarcase toda el agua o la noche,
un nombre que resuena como un bramido rodante,
todo lo que musitan unos labios que adoro.

Dime, dime el secreto de tu dulzura esperada,
de esa piel que reserva su verdad como sístole;
duérmete entre mis brazos como una nuez vencida,
como un mínimo ser que olvida sus cataclismos.

Tú eres un punto sólo, una coma o pestaña;
eres el mayor monstruo del océano único,
eres esa montaña que navegando ocupa
el fondo de los mares como un corazón desbordante.

Te penetro callando mientras grito o desgarro,
mientras mis alaridos hacen música o sueño,
porque beso murallas, las que nunca tendrán ojos,
y beso esa yema fácil sensible como la pluma.

La verdad, la verdad, la verdad es ésta que digo,
esa inmensa pistola que yace sobre el camino,
ese silencio—el mismo—que finalmente queda
cuando con una escoba primera aparto los senderos.

POEMA DE AMOR

Te amo, sueño del viento;
confluyes con mis dedos olvidado del norte
en las dulces mañanas del mundo cabeza abajo
cuando es fácil sonreír porque la lluvia es blanda.

En el seno de un río viajar es delicia;
oh peces amigos, decidme el secreto de los ojos abiertos,
de las miradas mías que van a dar en la mar,
sosteniendo las quillas de los barcos lejanos.

Yo os amo, viajadores del mundo, los que dormís sobre
    el agua,
hombres que van a América en busca de sus vestidos,
los que dejan en la playa su desnudez dolida
y sobre las cubiertas del barco atraen el rayo de la luna.

Caminar esperando es risueño, es hermoso,
la plata y el oro no han cambiado de fondo,
botan sobre las ondas, sobre el lomo escamado
y hacen música o sueño para los pelos más rubios.

Por el fondo de un río mi deseo se marcha
de los pueblos innúmeros que he tenido en las yemas,
esas oscuridades que vestido de negro
he dejado ya lejos dibujadas en espalda.

La esperanza es la tierra, es la mejilla,
es un inmenso párpado donde yo sé que existo.
¿Te acuerdas? Para el mundo he nacido una noche
en que era suma y resta la clave de los sueños.

Peces, árboles, piedras, corazones, medallas,
sobre vuestras concéntricas ondas, sí, detenidas,
yo me muevo y, si giro, me busco, oh centro, oh centro,
camino, viajadores del mundo, del futuro existente
más allá de los mares, en mis pulsos que laten.

MUÑECAS

Un coro de muñecas,
cartón amable para unos labios míos,
cartón de luna o tierra acariciada,
muñecas como liras
a un viento acero que no, apenas si las toca.

Muchachas con un pecho
donde élitros de bronce,
diente fortuito o sed bajo lo oscuro,
muerde—escarabajo fino,
lentitud goteada por una piel sedeña.

Un coro de muñecas
cantando con los codos,
midiendo dulcemente los extremos,
sentado sobre un niño;
boca, humedad lasciva, casi pólvora,
carne rota en pedazos como herrumbre.

Boca, boca de fango,
amor, flor detenida, viva, abierta,

boca, boca, nenúfar,
sangre amarilla o casta por los aires.

Muchachas, delantales,
carne, madera o liquen,
musgo frío del vientre sosegado
respirando ese beso ambiguo o verde.

Mar, mar dolorido o cárdeno,
flanco de virgen, duda inanimada.
Gigantes de placer que sin cabeza
soles radiantes sienten sobre el hombro.

ACABA

En volandas,
como si no existiera el avispero,
aquí me tienes con los ojos desnudos,
ignorando las piedras que lastiman,
ignorando la misma suavidad de la muerte.

¿Te acuerdas? He vivido dos siglos, dos minutos,
sobre un pecho latiente,
he visto golondrinas de plomo triste anidadas en ojos
y una mejilla rota por una letra.
La soledad de lo inmenso mientras medía la capacidad de
    una gota.

Hecho pura memoria,
hecho aliento de pájaro,
he volado sobre los amaneceres espinosos,
sobre lo que no puede tocarse con las manos.

Un gris, un polvo gris parado impediría siempre el beso
    sobre la tierra,
sobre la única desnudez que yo amo,

y de mi tos caída como una pieza
no se esperaría un latido, sino un adiós yacente.

Lo yacente no sabe.
Se pueden tener brazos abandonados.
Se pueden tener unos oídos pálidos
que no se apliquen a la corteza ya muda.
Se puede aplicar la boca a lo irremediable.
Se puede sollozar sobre el mundo ignorante.

Como una nube silenciosa yo me elevaré de mí mismo.
Escúchame. Soy la avispa imprevista.
Soy esa elevación a lo alto
que como un ojo herido
se va a clavar en el azul indefenso.
Soy esa previsión triste de no ignorar todas las venas,
de saber cuándo, cuándo la sangre pasa por el corazón
y cuándo la sonrisa se entreabre estriada.

Todos los aires azules...
No.
Todos los aguijones dulces que salen de las manos,
todo ese afán de cerrar párpados, de echar oscuridad o sueño,
de soplar un olvido sobre las frentes cargadas,
de convertirlo todo en un lienzo sin sonido,

me transforma en la pura brisa de la hora,
en ese rostro azul que no piensa,
en la sonrisa de la piedra,
en el agua que junta los brazos mudamente.
En ese instante último en que todo lo uniforme pronuncia la
    palabra:
ACABA.

POR ÚLTIMO

Voy a cantar doblando;
canto con todo el cuerpo;
por levantar montañas dominadas,
por sonreír cuando la luna puede.

Soy, dicen, un jardín cultivado,
una masa de sueño no exprimido,
esa esperanza amada por lo próspero,
todo lo que se nombra o sonríe.

Así alejar un brazo como designio,
dejar que vaya lejos como no nuestro,
que compruebe el poniente o el dolor,
esos temores últimos tangibles.

La lontananza es una canción distraída;
mientras yo estoy besándote qué importa
que allí por los finales extinguiéndose
cinco, diez, treinta luces se queden mudas.

Tamborilear unos dedos remotos.
Que esa funesta sombra no acaricie,

que sí compruebe la veracidad de occidente
o la de nuestras carnes ya mortales.

Que yo aquí tenga la frente como un árbol,
que yo mismo me asuste. No, no quiero;
quiero besar como el jilguero pálido,
como la cera en que está convertido.

Quiero un bosque, una luna, quiero todo,
¿me entiendes? Todo, todo, hasta lo horrible,
esos cabellos de saliva extensa.

Pero allí, allí, allí lo remoto,
ese aroma que nace de la masa,
esa flor que hacia abajo busca el cielo
o el rostro contraído en el contacto.

No aquí. Aquí está tendido lo más fácil;
voy a inventar un cuento o una espuma;
aquí están las miradas o las aguas.

Dulces corrientes, fáciles promesas,
un rasguear de pérdidas o añoros,
una alabanza que se escucha y gusta
lo mismo que una cara que se borra.

Yo aspiro a lo blanco o la pared, ¿quién sabe?
Aspiro a mí o a ti o a lo llorado,
aspiro a un eso que se va perdiendo
como diez dedos, humo o lo ya atónito.

Lejos veo el camino o el desprecio,
ese desdén ceñido por la prisa
que se evade si acaso como pájaro,
como si nada ya valiese el vuelo.

Nardo, jazmín o lúcidos rencores;
luna mordiente o tálamo escupido;
todo es carbón que duele y que solloza
sobre lo falso vegetal que existe.

3

A Manuel Altolaguirre.

VERDAD SIEMPRE

Sí, sí, es verdad, es la única verdad;
ojos entreabiertos, luz nacida,
pensamiento o sollozo, clave o alma,
este velar, este aprender la dicha,
este saber que el día no es espina,
sino verdad, oh suavidad. Te quiero.
Escúchame. Cuando el silencio no existía,
cuando tú eras ya cuerpo y yo la muerte,
entonces, cuando el día.

Noche, bondad, oh lucha, noche, noche.
Bajo clamor o senos, bajo azúcar,
entre dolor o sólo la saliva,
allí entre la mentira sí esperada,
noche, noche, lo ardiente o el desierto.

SIEMPRE

Estoy solo. Las ondas; playa, escúchame.
De frente los delfines o la espada.
La certeza de siempre, los no-límites.
Esta tierna cabeza no amarilla,
esta piedra de carne que solloza.
Arena, arena, tu clamor es mío.
Por mi sombra no existes como seno,
no finjas que las velas, que la brisa,
que un aquilón, un viento furibundo
va a empujar tu sonrisa hasta la espuma,
robándole a la sangre sus navíos.

Amor, amor, detén tu planta impura.

MADRE, MADRE

La tristeza u hoyo en la tierra,
dulcemente cavado a fuerza de palabra,
a fuerza de pensar en el mar,
donde a merced de las ondas bogan lanchas ligeras.

Ligeras como pájaros núbiles,
amorosas como guarismos,
como ese afán postrero de besar a la orilla,
o estampa dolorida de uno sólo, o pie errado.

La tristeza como un pozo en el agua,
pozo seco que ahonda el respiro de arena,
pozo.—Madre, ¿me escuchas?: eres un dulce espejo
donde una gaviota siente calor o pluma.

Madre, madre, te llamo;
espejo mío silente,
dulce sonrisa abierta como un vidrio cortado.
Madre, madre, esta herida, esta mano tocada,
madre, en un pozo abierto en el pecho o extravío.

257

La tristeza no siempre acaba en una flor,
ni ésta puede crecer hasta alcanzar el aire,
surtir.—Madre, ¿me escuchas? Soy yo que como alambre
tengo mi corazón amoroso aquí fuera.

DESIERTO

LUMEN, *lumen*. Me llega cuando nacen
luces o sombras revelación. Viva.
Ese camino, esa ilusión es neta.
Pasión que sueña que la muerte miente.
Muerte, oh vida, te adoro por espanto,
porque existes en forma de culata.
Donde no se respira. El frío sueña
con estampido-eternidad. La vida
es un instante
justo para decir María. Silencio.
Una blancura, un rojo que no nace,
ese roce de besos bajo el agua.
Una orilla impasible donde rompen
cuerpos u ondas, mares, o la frente.

PALABRAS

Pero no importa que todo esté tranquilo.
(La palabra, esa lana marchita.)
Flor tú, muchacha casi desnuda, viva, viva
(la palabra, esa arena machacada).
Muchacha, con tu sombra qué dulce lucha
como una miel fugaz que casi muestra bordes.
(La palabra, la palabra, la palabra, qué torpe vientre hinchado
Muchacha, te has marchado de espuma delicada.

Papel. Lengua de luto. Amenaza. Pudridero.
Palabras, palabras, palabras, palabras.
Iracundia. Bestial. Torpeza. Amarillez.
Palabras contra el vientre o muslos sucias.

No me esperes, ladina nave débil,
débil rostro ladeado que repasas
sobre un mar de nácar sostenido por manos.
Nave, papel o luto, borde o vientre,
palabra que se pierde como arena.

REPOSO

Una tristeza del tamaño de un pájaro.
Un aro limpio, una oquedad, un siglo.
Este pasar despacio sin sonido,
esperando el gemido de lo oscuro.
Oh tú, mármol de carne soberana.
Resplandor que traspasas los encantos,
partiendo en dos la piedra derribada.
Oh sangre, oh sangre, oh ese reloj que pulsa
los cardos cuando crecen, cuando arañan
las gargantas partidas por el beso.

Oh esa luz sin espinas que acaricia
la postrer ignorancia que es la muerte.

IDA

Duerme, muchacha.
Láminas de plomo,
ese jardín que dulcemente oculta
el tigre y el luzbel
y el rojo no domado.
Duerme, mientras manos de seda,
mientras paño o aroma,
mientras caídas luces que resbalan
tiernamente comprueban la vastedad del seno,
el buen amor que sube y baja a sangre.

Amor.
Como esa maravilla,
como ese blanco ser que entre flores bajas
enreda su mirada o su tristeza.
El paisaje secunda el respirar con pausa,
el verde duele, el ocre es amarillo,
el agua que cantando se aproxima
en silencio se marcha hacia lo oscuro.

Amor,
como la ida,
como el vacío tenue que no besa.

SIN RUIDO

Yo no sé si me has comprendido.
Es mucho más triste de lo que tú supones.
Esta música, sapiencia del oído;
no me interrumpas sin amor, que muero.
Voy a vivir, no cantes, voy, estaba.
Una lámina fina de quietud.
Así se sabe que la idea es carne,
una gota de sangre sobre el césped.
No respiréis, no mancho con mi sombra.
Un navío, me voy, adiós, el cielo.
Hielo de sangre, sangre que soporta.
Nave de albura. Adiós. Viaje. Extinguido.

SON CAMPANAS

Corazón estriado
bajo campanas muertas pide altura.
Campanas son campanas,
son latidos ocultos de un giro que no llega.

El pueblo en lontananza
del tamaño de un ojo entornado
yace en verde sin respirar aún,
medio camino o brazo tibio al beso.

Campanas de la dicha,
de una sed de espiral donde un grito mudo
del tamaño de un niño moribundo
no acaba de caer como nieve a los hombros.

Blandura de un paisaje de suspiros
por el que andar no cuesta aunque ese mar se altera
al respirar despacio una tristeza o lámina comida.

Mientras suenan campanas
como zapatos tristes
descabalados en la tarde suave;
mejilla son que pide ser pisada,
mientras suspira un alba aún bajo tierra.

INSTANTE

Mira mis ojos. Vencen el sonido.
Escucha mi dolor como una luna.
Así rondando plata en tu garganta
duerme o duele.
                    O se ignora.
                            O se disuelve.

Forma. Clamor. Oh, cállate. Soy eso.
Soy pensamiento o noche contenida.

Bajo tu piel un sueño no se marcha,
un paisaje de corzas suspendido.

TEMPESTAD ARRIBA

Remota sensación de tempestades;
sedosa exploración la ternura
rompe telillas de arañas mientras el rayo
busca cabellos lúcidos por los que descargar de sí mismo.

Pero aquí abajo la seda es reposo,
suavidad, entretiempo, palabra entre dos labios;
puede el rayo ser acaso esqueleto,
pero la carne mórbida es una lancha amable.

Abajo, aquí, ¿adónde?, bogando entre dos ruidos,
sin reparar en el granillo de arena,
en ese dolor de la vista que mira a poniente
escocido y presintiendo el mar que aspira.

La luz fría;
he dicho un reloj o majestad pausada,
he dicho un ramo de violetas o de trenzas,
he dicho lo que vengo diciendo, he dicho un filo
sobre el que dormir con riesgo.

Mantas con alas se van: desnudo frío;
se van y tiran de las flores;
arriba ya nubes sin aroma desfilan ya cristal,
flores de piso huídas, pies desnudos.

EL FRÍO

La inocencia reclama su candor
(bajo un monte una luna o lo esperado),
la inocencia está muda (pez, aguárdame),
aquí en esta muralla están las letras.
Acariciar unos senos de nácar,
una caja respira y duele todo,
acariciar esta oculta ceniza,
bajo carmín tus labios suspirando.

No se evaden las almas como pliegos,
ese papel doblado por los bordes,
por lo que más duele si sonríen
cuando la luz escapa sin notarse.

RÍO

El breve tránsito de la lucha,
la llanura o la aspereza insólita,
esa muchacha recogida en dos golfos,
todo lo que extendido medita,

permite un azul distante hecho de música o lino,
el tránsito otra vez a esas bolas de paño,
a esa dulce sensación de que el respiro se acaba,
de que vidrieras sordas van a empezar su centelleo
y un agua casi doncella te va a llegar hasta los labios.

Así la muerte es flotar sobre un recuerdo no vida,
sobre ese azul postrero hecho de lágrimas oídas,
de ese laberinto de hilos que como manos muertas
ponen una azucena como un mundo ciñendo.

4

A Luis Cernuda.

SALÓN

Un pájaro de papel
y una pluma encarnada,
y una furia de seda,
y una paloma blanca.

Todo un ramo de mirtos
o de sombras coloreadas,
un mármol con latidos
y un amor que se avanza.

Un vaivén obsequioso
de momentos o pausas,
un salón de walkyrias
o de damas desmayadas.

Una música o nardo
o unas telas de araña,
un jarrón de cansancios
y de polvos o nácar...

Todo dulce y dolido,
todo de carne blanca;

amarillez y ojera,
y pábilo, y estancia.

Amor, vueltas, caídas,
mariposas, miradas,
sonrisas como alambres
donde la cera canta;

pájaros, caja, música,
mangas, vuelos y danza,
con los pechos sonando
bajo las llamas pálidas.

Cinturas o saliva,
hilos de finas platas,
besos por los dorados
limones que colgaban.

Tú, calor que ascendiendo
chocas carnes de lata,
pones besos o líquenes
por humedades bajas,

llevas vientres o conchas
o perezosas barcas
y axilas como rosas
sueltas de madrugada,

misterios de mejillas
a la deriva amadas
y oídos y cabello,
desmayos, voces bajas...

Golfo ancho detenido
junto a la orilla baja,
salón de musgo y luna
donde el amor es alga,
donde los trajes húmedos
son piel que no se arranca
cuando entre polka y brisa
despunta lacia el alba.

SUICIDIO

Carne de cristal triste intangible a las masas.
Un farol que reluce como un seno mentido.
Aquí junto a la luna mi voz es verdadera.
Escúchame callando aunque el puñal te ahogue.

Yo era aquel muchacho que un día
saliendo del fondo de sus ojos
buscó los peces verdaderos
que no podía ver por sus manos.

Manos de ocho montañas,
confabulación de la piedra,
dolor de sangre en risco
insensible a los dientes.

Bajo las estrellas de punta
hay gritos que se avecinan.
Bajo mi corazón de resorte
lenguas mudas estallan.

Abridme el mundo, abridme;
quiero iluminar sólo un beso,

unos labios que irritan
árboles despiadados.

Están colgadas piernas
anidadas de pájaros.
Se ven extraños puentes
que enlazan los dos muslos.

Un calambre expirando
dice su voz insólita
y los pies por los troncos
aspiran a la copa.

Luces por las axilas, luces,
luces en forma de tobillos,
y esa cintura estrecha
que traspasó la luna.

Los ojos son caricias del viento,
son un dolor que va a olvidarse pronto,
en cuanto los cabellos sepan hablar despacio,
ahora que caen sobre los oídos últimos.

Corazones con alas, codos núbiles,
esa opresión que dulcemente mueve
una música nacida de la espalda.
La ignorancia es el roce de los pechos nacidos.

Oh mares que no existen bajo toda raíz,
árboles sustentados sobre bocas que laten,
ojos que se avecinan al cielo cuando baja,
cuando sobre las frentes las ideas son dedos.

Sangre en los peñascales, sangre por los espantos,
ramas que de los pulsos crecen hasta las voces,
cuerpo que pende al viento ya sin limitaciones,
herido por las lenguas que chupan sus hormigas.

LIBERTAD

Esa mano caída del occidente,
de la última floración del verano,
arriba lentamente a los corazones
sencillamente como la misma primavera.

Las mismas bocas más frutales,
la tierna carne del melocotón,
el color blanco o rosa,
el murmullo de las flores tranquilas,
todo presiente la evaporación de la nube,
el cielo raso como un diente duro,
la firmeza sin talla brilladora y amante.

El aroma, el no esfuerzo para perdurar,
para ascender,
para perderse en el deseo alto pero lograble,
todo esto está dichosamente presidido por el mediodía,
por lo radioso sin fin que abarca al mundo como un amor.

Una inmensa mariposa de brillos,
un respirar batiente que pasa sin recelos

dadivoso de dichas perfectamente compartidas,
va y viene en forma de belleza, en forma de transcurso,
haciendo al tiempo justamente un instante a vista de pájaro.

Ni palmas ni brillos, ni mucho menos ya primores.
Sino lo liso, lo raso, lo tenso y lo infatigable.
Esa senda hecha para la planta de oro,
también para los labios,
para recorrerla despacio,
para ir diciendo los nombres o los horizontes,
para que todo lo más en un momento de desfallecimiento se
    pueda uno convertir en río.

No pido despacio o de prisa,
no pido más que libertad.
Pido que todos vayan allá, más lejos,
y allá me esperen mucho tiempo,
hasta que troncos lisos sin pavor den señas de su existencia.

Porque yo soy escéptico.
La libertad en fin para mí acaso consiste en una gamuza,
en esa facilidad de abrillantar los dientes,
de responder con mi propio reflejo a las ya luces extinguidas.

Pido señales o pido indiferencia.
Se me puede creer si digo que a veces un brazo pesa más que
    otro astro,
que un párpado de espuma respira quietamente, pero que nun-
    ca accederá a dormir en nuestro seno.

Pido sobre todo no lamentos, no salutaciones o visos;
que todo pase como debe.
Fila infinita de tormento olvidado que duele,
preocupado únicamente de no ver mojado su zapato por esa
    espuma negra.

PLAYA IGNORANTE

Entrar sin música en el mar; vengo del mundo,
del mundo o del agotamiento.
No pido espinas ni firmeza; arenas, ignoradme.
Vengo soltando música por los talones verdes;
algas del mar, no agitéis vuestros odios,
no adormezcáis la onda hecha un lecho de luna
donde yo me distienda olvidando mi peso.

Combatido por la más pura batalla de las uñas,
entre un remolino de pelos que me quiere alzar hasta un ojo
     divino,
no busco cielos ni turquesas, ni esa rotundidad inviolable
contra la que nada puede el alto grito.
Estoy sentado y humedecido mecido por mis calores
y las aguas traspasan mis oídos traslúcidos.
No aprenderé las palabras que me están rozando,
ni desliaré mi lengua de debajo de mis pisadas.
Pienso seguir así hasta que el agua se alce,
hasta que mi piel desprendida deje sueltos los ríos.

Oh mares que se suceden contra mi cuerpo inmovible,
peces espadas y ojos que queman bajo las aguas,
si canto pareceré la marea esperada
y asomaré a la playa con la timidez de la espuma.

CON TODO RESPETO

Árboles, mujeres y niños
son todo lo mismo: Fondo.
Las voces, los cariños, la nitidez, la alegría,
este saber que al fin estamos todos.
¡Sí! Los diez dedos que miro.

Ahora el Sol no es horrendo como una mejilla dispuesta;
no es un ropaje, ni una linterna sin habla.
No es tampoco la respuesta que se escucha con las rodillas,
o esa dificultad de tocar las fronteras con lo más blanco de
      los ojos.
Es ya el Sol la verdad, la lucidez, la constancia.
Se dialoga con la montaña,
se la cambia por el corazón:
se puede seguir marchando ligero.
El ojo del pez, si arribamos al río,
es justo la imagen de la dicha que Dios nos prepara,
el beso ardentísimo que nos quebranta los huesos.

Sí. Al fin es la vida. Oh, qué hermosura de huevo
este amplio regalo que nos tiende ese Valle,
esta limitación sobre la que apoyar la cabeza
para oír la mejor música, la de los planetas distantes.

Vamos todos de prisa,
acerquémonos a la hoguera.
Vuestras manos de pétalos y las mías de cáscara,
estas deliciosas improvisaciones que nos mostramos,
valen para quemarlas, para mantener la confianza en el mañana,
para que la conversación pueda seguir ignorando la ropa.
Yo ignoro la ropa. ¿Y tú?
Yo vestido con trescientos vestidos o cáñamo,
envuelto en mis ropones más broncos,
conservo la dignidad de la aurora y alardeo de desnudeces.

Si me acariciáis yo creeré que está descargando una tormenta
y preguntaré si los rayos son de siete colores.
O a lo mejor estaré pensando en el aire
y en esa ligera brisa que riza la piel indefensa.

Con la punta del pie no me río,
más bien conservo mi dignidad,
y si me muevo por la escena lo hago como un excelente,
como la más incauta hormiguita.

Así por la mañana o por la tarde
cuando llegan las multitudes yo saludo con el gesto,
y no les muestro el talón porque eso es una grosería.
Antes bien, les sonrío, les tiendo la mano,
dejo escapar un pensamiento, una mariposa irisada,
mientras rubrico mi protesta convirtiéndome en estiércol.

BLANCURA

Espina tú, oído blanco.
Mundo, mundo,
inmensidad del cielo, calor, remotas tempestades.
Universo tocado con la yema,
donde una herida abierta
ayer fué abeja, hoy rosa, ayer lo inseparable.
Soy tú rodando entre otros velos,
silencio o claridad, tierra o los astros;
soy tú yo mismo, yo, soy tú, yo mío,
entre vuelo de mundos bajo el frío,
tiritando en lo blanco que no habla,
separado de mí como un cuchillo
que separa dos rosas cuando nieva.

MUDO DE NOCHE

Las ventanas abiertas.
Voy a cantar doblando.
Canto con todo el cuerpo,
moviendo músculos de bronce
y sosteniendo el cielo derrumbado como un sollozo retenido.

Con mis puños de cristal lúcido quiero ignorar las luces,
quiero ignorar tu nombre, oh belleza diminuta.
Entretenido en amanecer,
en expulsar esta clarividencia que me rebosa,
siento por corazón un recuerdo, acaso una pluma,
acaso ese navío frágil olvidado entre dos ríos.
Voy a virar en redondo.
¿Cómo era sonreír, cómo era?
Era una historia sencilla, fácil de narrar, olvidada
mientras la luz se hacía cuerpo y se la llevaban las sangres.

Qué fácil confundir un beso y un coágulo.

Oh, no torzáis los rostros como si un viento los doblase,
acordaos que el alba es una punta no afilada
y que su suavidad de pluma es propicia a los sueños.
Un candor, una blancura, una almohada ignorante de las ca-
        bezas,
reposa en otros valles donde el calor está quieto,
donde ha descendido sin tomar cuerpo
porque ignora todavía el bulto de las letras,
esos lingotes de carne que no pueden envolverse con nada.

Esta constancia, esta vigencia, este saber que existe,
que no sirve cerrar los ojos y hundir el brazo en el río,
que los peces de escamas frágiles no destellan como manos,
que resbalan todas las dudas al tiempo que la garganta se obs-
        truye.

Pero no existen lágrimas.
Vellones, lana vivida, límites bien tangibles
descienden por las laderas para recordarme los brazos.
¡Oh, sí!, la tierra es abarcable y los dedos lo saben.
Ellos ciegos de noche se buscan por los antípodas,
sin más guía que la fiebre que reina por otros cielos,
sin más norte, oh caricia, que sus labios cruzados.

CADA COSA, CADA COSA

Hoy estoy más contento
porque monto un caballo de veras,
porque los estribos hechos de hierro
aprietan un vientre desnudado.
La dureza del mundo no existe, ni las canciones se osifican.
Las serpientes consiguen ser serpientes y las cintas son cintas.
No es fácil confundir un ojo y una estrella.
A nadie se le ocurriría apellidar a la Luna Señora.

Un bello guante de mimbre,
suave *malgré tout,*
encuentra su empleo precisamente en este día.
Y una cabeza de cartón descolgada
se lamenta de no ser más que eso...: elegancia.

Porque todo quiere ser más.
Yo tengo un primo hermano,
un abrazo extremoso,
un reloj hecho de primavera,
una carita de enana que guardo como recuerdo de una excur-
    sión al África ecuatorial,

uatro vasos hechos de telas de araña recogidas de labios mudos
por tres meses.

Tengo muchas cosas.

Pero todas quieren ser más.
Mi prima Rosalía,
la linda doncellita que en su niñez fué un cerdito o crujido,
mi enamorada Rosa que se callaba siempre ante el siseo de
otras aguas,
más pequeñita que nunca,
se empeñaba siempre en enseñarme cómo deben ser los muslos
por los labios.

Recuerdo que un barco,
un pincel,
un saludo por la calle,
una rana cariñosa o sencillamente el bostezo,
todo junto aspiraba también a la política,
a explicarme finalmente por qué las cocinas económicas renun-
ciaron para siempre al amor.

Cada cosa debe estar en su sitio.
A mí me gusta dormir sobre un dado.
Una mano, la izquierda, acostumbrada a tomar el mundo para
que descanse,
no se acostumbra como yo quiero a ser sólo lo que es: indiferencia.

Por dondequiera ve cabezas,
o planchas calientes,
o inicia saludos y pretende tener una ronca voz y hasta una
forma respetable,
y deponer sus quejas ante lirios o canapés o luces que no
interrumpan.

Si yo acaricio un escarabajo,
si me rebajo para decir ternezas al águila caudal,

si sello mis labios y me hago impenetrable a las preguntas
de los peces fríos,
el Sol se detiene, se alarga, se convierte en escala,
desciende y se entretiene en establecer tiendas de aparatos
eléctricos.

¡Oh, no! ¡La falsedad, no!
Todo de verdad.
No importa que mi reloj de carne se calle siempre
y mienta un lejano pitido dos calles más arriba cuando yo
estoy aquí hablando con vosotros.
Tampoco importa que un dulce zapato de cristal, besado por
la Cenicienta, sirva diariamente para acarrear cadáveres de
sombra o ternura.

Todo está bien. Pero está mejor ser de verdad.
Ser de verdad lo que es, lo que es sólo.
Por ejemplo, "esperanza".
Por ejemplo, "cuadrado".
Por ejemplo, "estepario".
Todo lo que realmente tiene un sentido.

Buenas noches.
Con este abrigo hecho de palasan, de ternura o pelagra
—aunque no sé bien lo que es esta palabra—,
me voy a recorrer ahora las diferentes formaciones,
a ver si todo está en orden;
porque me han dicho que falta algún extremo:
ignoro si el que limita al Norte con las mesas de billar
o el que al Sur linda con las bandas de música.

DONDE NI UNA GOTA DE TRISTEZA ES PECADO

Allá en los montes otros,
cuerpo perdido, mares retirados;
allá en los montes otros,
donde ni una pena pequeña o engendrada
se lamenta como un hilo blanco,
como la brisa o barco derivando.

Allá por las serenas
luces de más allá, más todavía,
por donde los navíos como rostros
dulcemente contraídos no llevan su pasaje,
pero resbalan mudos
hasta dar en lo opaco como lienzos.

Todos dormidos,
mares, túneles, vientres y cadenas,

todos respirando despacio
una tinta emitida por una boca triste,

todos echando luz o pena como lana,
todos aquí besando el cristal mágico.

Como leche extendida,
como zozobra que se aplaca,
como empañado espejo que no es ojo
porque como está gris el humo es suyo,
todos piedras redondas como cielo
descansan su destino tibiamente.

Adiós. Ruedan las dichas,
ruedan penas de hierba sosegada,
ese rumor blandura o esperanza,
crepitan ya los ayes amarillos
que bajo el pie son aguas como espejos.

Inauguran festejos las espinas
que en silencio desfilan sin herirse,
estallan los contactos al pasaje
bajo nubes rizadas como adioses.

Adiós.
Bajo las sombras,
por entre las ruinas y los pechos,
tropezando en esquinas o en latidos,
sombra, luna, pavor velando pasan,
mundo
      (adiós)
          trasladado
              (amor)
                  remoto.

FORMAS SOBRE EL MAR

Como una canción que se desprende
de una luna reciente
blandamente eclipsada por el brillo de una boca.
Como un papel ignorado
que resbala hacia túneles
precisamente en un sueño de nieves.
Como lo más blanco o más querido.
Así camina el vago clamor de sombra o amor.
Como la dicha.

Vagamente cabezas o humo,
ese abandonarse a la capacidad del sueño,
con flojedad aspira al cenit sin esfuerzo,
pretendiendo desconocer el valor de las contracciones.

Si me lamento,
si lloro como un traje blanco,
si me abandono al va y ven de un viento de dos metros,

es que indudablemente desconozco mi altura,
el vuelo de las aves
y esa piel desprendida que no puede ya besarse más que en
    pluma.

Oh, vida.
La luciérnaga muda,
ese medir la tierra paso a paso,
está lleno de conciencia
de espiras, de anillos o de sueño
(es lo mismo),
está lleno de lo inmóvil para lo que está prohibido un corazón

Clavos o arpones,
canciones de los polos,
hielos de Islandia o focas esperadas,
debajo por la piel que no duele y enfría,
no impide el sentir,
el ver dibujo,
el ver corales lentos transcurrir como sangre,
como respuesta,
como presentimiento de formas sobre el mar.

¿Son almas o son cuerpos?
Son lo que no se sabe.
Esas fronteras deshechas de tocarse las dos filas de dientes,
ese contacto de dos cercanías
que tan pronto es el mar
como es su sombra erguida,
como es sencillamente la mudez de dos labios.

Así el mundo es entero,
el mundo es lo no partido,
lo que no puede separar ni el calor
(que ya es decir),
lo que es únicamente no atender a lo urgente,

onservar bajo cáscara cataratas de estancia,
le quietud o sentido,
mientras pasa ya el tiempo como nuez,
omo lo que ha desalojado el mar súbito a besos,
omo los dos labios a plomo
riste a luces o nácar bajo esteras.

FIN DE
"ESPADAS COMO LABIOS"

LA DESTRUCCIÓN O EL AMOR

1932-1933

1

LA SELVA Y EL MAR

Allá por las remotas
luces o aceros aún no usados,
tigres del tamaño del odio,
leones como un corazón hirsuto,
sangre como la tristeza aplacada,
se baten con la hiena amarilla que toma la forma del poniente
    insaciable.

Oh la blancura súbita,
las ojeras violáceas de unos ojos marchitos,
cuando las fieras muestran sus espadas o dientes
como latidos de un corazón que casi todo lo ignora,
menos el amor,
al descubierto en los cuellos allá donde la arteria golpea,
donde no se sabe si es el amor o el odio
lo que reluce en los blancos colmillos.

Acariciar la fosca melena
mientras se siente la poderosa garra en la tierra,
mientras las raíces de los árboles, temblorosas,
sienten las uñas profundas
como un amor que así invade.

Mirar esos ojos que sólo de noche fulgen,
donde todavía un cervatillo ya devorado
luce su diminuta imagen de oro nocturno,
un adiós que centellea de póstuma ternura.

El tigre, el león cazador, el elefante que en sus colmillos lleva
    algún suave collar,
la cobra que se parece al amor más ardiente,
el águila que acaricia a la roca como los sesos duros,
el pequeño escorpión que con sus pinzas sólo aspira a oprimir
    un instante la vida,
la menguada presencia de un cuerpo de hombre que jamás
    podrá ser confundido con una selva,
ese piso feliz por el que viborillas perspicaces hacen su nido
    en la axila del musgo,
mientras la pulcra coccinela
se evade de una hoja de magnolia sedosa...
Todo suena cuando el rumor del bosque siempre virgen
se levanta como dos alas de oro,
élitros, bronce o caracol rotundo,
frente a un mar que jamás confundirá sus espumas con las
    ramillas tiernas.

La espera sosegada,
esa esperanza siempre verde,
pájaro, paraíso, fasto de plumas no tocadas,
inventa los ramajes más altos,
donde los colmillos de música,
donde las garras poderosas, el amor que se clava,
la sangre ardiente que brota de la herida,
no alcanzará, por más que el surtidor se prolongue,
por más que los pechos entreabiertos en tierra
proyecten su dolor o su avidez a los cielos azules.

Pájaro de la dicha,
azul pájaro o pluma,
sobre un sordo rumor de fieras solitarias,
del amor o castigo contra los troncos estériles,
frente al mar remotísimo que como la luz se retira.

NO BUSQUES, NO

Yo te he querido como nunca.
Eras azul como noche que acaba,
eras la impenetrable caparazón del galápago
que se oculta bajo la roca de la amorosa llegada de la luz.
Eras la sombra torpe
que cuaja entre los dedos cuando en tierra dormimos solitarios.

De nada serviría besar tu oscura encrucijada de sangre al-
    terna,
donde de pronto el pulso navegaba
y de pronto faltaba como un mar que desprecia a la arena.
La sequedad viviente de unos ojos marchitos,
de los que yo veía a través de las lágrimas,
era una caricia para herir las pupilas,
sin que siquiera el párpado se cerrase en defensa.

Cuán amorosa forma
la del suelo las noches del verano
cuando echado en la tierra se acaricia este mundo que rueda,
la sequedad oscura,
la sordera profunda,

la cerrazón a todo,
que transcurre como lo más ajeno a un sollozo.

Tú, pobre hombre que duermes
sin notar esa luna trunca
que gemebunda apenas si te roza;
tú, que viajas postrero
con la corteza seca que rueda entre tus brazos,
no beses el silencio sin falla por donde nunca
a la sangre se espía,
por donde será inútil la busca del calor
que por los labios se bebe
y hace fulgir el cuerpo como con una luz azul si la noche es
  de plomo.

No, no busques esa gota pequeñita,
ese mundo reducido o sangre mínima,
esa lágrima que ha latido
y en la que apoyar la mejilla descansa.

DESPUÉS DE LA MUERTE

La realidad que vive
en el fondo de un beso dormido,
donde las mariposas no se atreven a volar
por no mover el aire tan quieto como el amor.

Esa feliz transparencia
donde respirar no es sentir un cristal en la boca,
no es respirar un bloque que no participa,
no es mover el pecho en el vacío
mientras la cara cárdena se dobla como la flor.

No.
La realidad vivida
bate unas alas inmensas,
pero lejos—no impidiendo el blando vaivén de las flores en
  que me muevo,
ni el transcurso de los gentiles pájaros
que un momento se detienen en mi hombro por si acaso...

El mar entero, lejos, único,
encerrado en un cuarto,

asoma unas largas lenguas por una ventana donde el cristal lo
    impide,
donde las espumas furiosas amontonan sus rostros
pegados contra el vidrio sin que nada se oiga.

El mar o una serpiente,
el mar o ese ladrón que roba los pechos,
el mar donde mi cuerpo
estuvo en vida a merced de las ondas.

La realidad que vivo,
la dichosa transparencia en que nunca al aire lo llamaré unas
    manos,
en que nunca a los montes llamaré besos
ni a las aguas del río doncella que se me escapa.
La realidad donde el bosque no puede confundirse
con ese tremendo pelo con que la ira se encrespa,
ni el rayo clamoroso es la voz que me llama
cuando—oculto mi rostro entre las manos—una roca a la vista
    del águila puede ser una roca.

La realidad que vivo,
dichosa transparencia feliz en la que el sonido de una túnica,
de un ángel o de ese eólico sollozo de la carne,
llega como lluvia lavada,
como esa planta siempre verde,
como tierra que, no calcinada, fresca y olorosa,
puede sustentar unos pies que no agravan.

Todo pasa.
La realidad transcurre
como un pájaro alegre.
Me lleva entre sus alas
como pluma ligera.
Me arrebata a la sombra, a la luz, al divino contagio.
Me hace pluma ilusoria
que cuando pasa ignora el mar que al fin ha podido:
esas aguas espesas que como labios negros ya borran lo distinto.

NOCHE SINFÓNICA

La música pone unos tristes guantes,
un velo por el rostro casi transparente,
o a veces, cuando la melodía es cálida,
se enreda en la cintura penosamente como una forma de hierro.

Acaso busca la forma de poner el corazón en la lengua,
de dar al sueño cierto sabor azul,
de modelar una mano que exactamente abarque el talle
y si es preciso nos seccione como tenues lombrices.

Las cabezas caerían sobre el césped vibrante,
donde la lengua se detiene en un dulce sabor a violines,
donde el cedro aromático canta
como perpetuos cabellos.

Los pechos por tierra tienen forma de arpa,
pero cuán mudamente ocultan su beso,
ese arpegio de agua que hacen unos labios
cuando se acercan a la corriente mientras cantan las liras.

Ese transcurrir íntimo,
la brevísima escala de las manos al rodar:

305

qué gravedad la suya cuando, partidas ya las muñecas,
dejan perderse su sangre como una nota tibia.

Entonces por los cuellos dulces melodías aún circulan,
hay un clamor de violas y estrellas
y una luna sin punta, roto el arco,
envía mudamente sus luces sin madera.

Qué tristeza un cuerpo deshecho de noche, qué silencio,
qué remoto gemir de inoíbles tañidos,
qué fuga de flautas blancas como el hueso
cuando la luna redonda se aleja sin oído.

UNIDAD EN ELLA

Cuerpo feliz que fluye entre mis manos,
rostro amado donde contemplo el mundo,
donde graciosos pájaros se copian fugitivos,
volando a la región donde nada se olvida.

Tu forma externa, diamante o rubí duro,
brillo de un sol que entre mis manos deslumbra,
cráter que me convoca con su música íntima,
con esa indescifrable llamada de tus dientes.

Muero porque me arrojo, porque quiero morir,
porque quiero vivir en el fuego, porque este aire de fuera
no es mío, sino el caliente aliento
que si me acerco quema y dora mis labios desde un fondo.

Deja, deja que mire, teñido del amor,
enrojecido el rostro por tu purpúrea vida,
deja que mire el hondo clamor de tus entrañas
donde muero y renuncio a vivir para siempre.

Quiero amor o la muerte, quiero morir del todo,
quiero ser tú, tu sangre, esa lava rugiente
que regando encerrada bellos miembros extremos
siente así los hermosos límites de la vida.

Este beso en tus labios como una lenta espina,
como un mar que voló hecho un espejo,
como el brillo de un ala,
es todavía unas manos, un repasar de tu crujiente pelo,
un crepitar de la luz vengadora,
luz o espada mortal que sobre mi cuello amenaza,
pero que nunca podrá destruir la unidad de este mundo.

EL MAR LIGERO

El mar castiga el clamor de las botas en seco
que pasan sin miedo de pisar a los rostros,
a aquellos que besándose sobre la arena lisa
toman formas de conchas de dos en dos cerradas.

El mar bate sólo como un espejo,
como una ilusión de aire,
ese cristal vertical donde la sequedad del desierto
finge un agua o un rumor de espadas persiguiéndose.

El mar, encerrado en un dado,
desencadena su furia o gota prisionera,
corazón cuyos bordes inundarían al mundo
y sólo pueden contraerse con su sonrisa o límite.

El mar palpita como el vilano,
como esa facilidad de volar a los cielos,
aérea ligereza de lo que a nada sustenta,
de lo que sólo es suspiro de un pecho juvenil.

El mar o pluma enamorada,
o pluma libertada,

o descuido gracioso,
el mar o pie fugaz
que cancela el abismo huyendo con un cuerpo ligero.

El mar o palmas frescas,
las que con gusto se ceden en manos de las vírgenes,
las que reposan en los pechos olvidadas del hondo,
deliciosa superficie que un viento blando riza.

El mar acaso o ya el cabello,
el adorno,
el airón último,
la flor que cabecea en una cinta azulada,
de la que, si se desprende, volará como polen.

SIN LUZ

El pez espada, cuyo cansancio se atribuye ante todo a la
    imposibilidad de horadar a la sombra,
de sentir en su carne la frialdad del fondo de los mares donde
    el negror no ama,
donde faltan aquellas frescas algas amarillas
que el sol dora en las primeras aguas.

La tristeza gemebunda de ese inmóvil pez espada cuyo ojo
    no gira,
cuya fijeza quieta lastima su pupila,
cuya lágrima resbala entre las aguas mismas
sin que en ellas se note su amarillo tristísimo.

El fondo de ese mar donde el inmóvil pez respira con sus
    branquias un barro,
ese agua como un aire,
ese polvillo fino
que se alborota mintiendo la fantasía de un sueño,
que se aplaca monótono cubriendo el lecho quieto
donde gravita el monte altísimo, cuyas crestas se agitan
como penacho—sí—de un sueño oscuro.

Arriba las espumas, cabelleras difusas,
ignoran los profundos pies de fango,
esa imposibilidad de desarraigarse del abismo,
de alzarse con unas alas verdes sobre lo seco abisal
y escaparse ligero sin miedo al sol ardiente.

Las blancas cabelleras, las juveniles dichas,
pugnan hirvientes, pobladas por los peces
—por la creciente vida que ahora empieza—,
por elevar su voz al aire joven,
donde un sol fulgurante
hace plata el amor y oro los abrazos,
las pieles conjugadas,
ese unirse los pechos como las fortalezas que se aplacan fun-
    diéndose.

Pero el fondo palpita como un solo pez abandonado.
De nada sirve que una frente gozosa
se incruste en el azul como un sol que se da,
como amor que visita a humanas criaturas.

De nada sirve que un mar inmenso entero
sienta sus peces entre espumas como si fueran pájaros.

El calor que le roba el quieto fondo opaco,
la base inconmovible de la milenaria columna
que aplasta un ala de ruiseñor ahogado,
un pico que cantaba la evasión del amor,
gozoso entre unas plumas templadas a un sol nuevo.

Ese profundo oscuro donde no existe el llanto,
donde un ojo no gira en su cuévano seco,
pez espada que no puede horadar a la sombra,
donde aplacado el limo no imita un sueño agotado.

MINA

Calla, calla. No soy el mar, no soy el cielo,
ni tampoco soy el mundo en que tú vives.
Soy el calor que sin nombre avanza sobre las piedras frías,
sobre las arenas donde quedó la huella de un pesar,
sobre el rostro que duerme como duermen las flores
cuando comprenden, soñando, que nunca fueron hierro.

Soy el sol que bajo la tierra pugna por quebrantarla
como un brazo solísimo que al fin entreabre su cárcel
y se eleva clamando mientras las aves huyen.

Soy esa amenaza a los cielos con el puño cerrado,
sueño de un monte o mar que nadie ha transportado
y que una noche escapa como un mar tan ligero.

Soy el brillo de los peces que sobre el agua finge una red
   de deseos,
un espejo donde la luna se contempla temblando,
el brillo de unos ojos que pueden deshacerse
cuando la noche o nube se cierran como mano.

313

Dejadme entonces, comprendiendo que el hierro es la salud
    de vivir,
que el hierro es el resplandor que de sí mismo nace
y que no espera sino la única tierra blanda a que herir como
    muerte,
dejadme que alce un pico y que hienda a la roca,
a la inmutable faz que las aguas no tocan.

Aquí a la orilla, mientras el azul profundo casi es negro,
mientras pasan relámpagos o luto funeral, o ya espejos,
dejadme que se quiebre la luz sobre el acero,
ira que, amor o muerte, se hincará en esta piedra,
en esta boca o dientes que saltarán sin luna.

Dejadme, sí, dejadme cavar, cavar sin tregua,
cavar hasta ese nido caliente o plumón tibio,
hasta esa carne dulce donde duermen los pájaros,
los amores de un día cuando el sol luce fuera.

VEN SIEMPRE, VEN

No te acerques. Tu frente, tu ardiente frente, tu encendida
 frente,
las huellas de unos besos,
ese resplandor que aun de día se siente si te acercas,
ese resplandor contagioso que me queda en las manos,
ese río luminoso en que hundo mis brazos,
en el que casi no me atrevo a beber, por temor después a ya
 una dura vida de lucero.

No quiero que vivas en mí como vive la luz,
con ese ya aislamiento de estrella que se une con su luz,
a quien el amor se niega a través del espacio
duro y azul que separa y no une,
donde cada lucero inaccesible
es una soledad que, gemebunda, envía su tristeza.

La soledad destella en el mundo sin amor.
La vida es una vívida corteza,
una rugosa piel inmóvil
donde el hombre no puede encontrar su descanso,
por más que aplique su sueño contra un astro apagado.

315

Pero tú no te acerques. Tu frente destellante, carbón encendido que me arrebata a la propia conciencia,
duelo fulgúreo en que de pronto siento la tentación de morir
de quemarme los labios con tu roce indeleble,
de sentir mi carne deshacerse contra tu diamante abrasador.

No te acerques, porque tu beso se prolonga como el choque
imposible de las estrellas,
como el espacio que súbitamente se incendia,
éter propagador donde la destrucción de los mundos
es un único corazón que totalmente se abrasa.

Ven, ven, ven como el carbón extinto oscuro que encierra
una muerte;
ven como la noche ciega que me acerca su rostro;
ven como los dos labios marcados por el rojo,
por esa línea larga que funde los metales.

Ven, ven, amor mío; ven, hermética frente, redondez casi
rodante
que luces como una órbita que va a morir en mis brazos;
ven como dos ojos o dos profundas soledades,
dos imperiosas llamadas de una hondura que no conozco.

¡Ven, ven, muerte, amor; ven pronto, te destruyo;
ven, que quiero matar o amar o morir o darte todo;
ven, que ruedas como liviana piedra,
confundida como una luna que me pide mis rayos!

2

JUNIO

Mar, oculta pared,
pez mecido entre un aire o suspiro,
en ese agua surtida de una mirada
que cuelga entre los árboles, oh pez plata, oh espejo.

Junio caliente viento o flores mece,
corro o niñas, brazos como besos,
sueltas manos de junio que aparecen
de pronto en una nieve que aún me llora.

Cuerdas, dientes temblando en las ramas;
una ciudad, la rueda, su perfume;
mar, bosque de lo verde, verde altura,
mar que crece en los hombros como un calor constante.

Yo no sé si este hilo que sostiene
dos corazones, láminas o un viento,
sabe ceder a un rumor de campanas,
péndulo dulce a un viento estremecido.

Niñas sólo perfiles, dulcemente
ladeados, avanzan—miedo, miedo—;

dos corazones tristes suenan, laten,
rumor de unas campanas sin destino.

Junio, fugaz, alegre primavera,
árboles de lo vivo, peces, pájaros,
niñas color azúcar devanando
un agua que refleja un cielo inútil.

VIDA

Un pájaro de papel en el pecho
dice que el tiempo de los besos no ha llegado;
vivir, vivir, el sol cruje invisible,
besos o pájaros, tarde o pronto o nunca.
Para morir basta un ruidillo,
el de otro corazón al callarse,
o ese regazo ajeno que en la tierra
es un navío dorado para los pelos rubios.
Cabeza dolorida, sienes de oro, sol que va a ponerse;
aquí en la sombra sueño con un río,
juncos de verde sangre que ahora nace,
sueño apoyado en ti calor o vida.

MAÑANA NO VIVIRÉ

Así besándote despacio ahogo un pájaro,
ciego olvido sin dientes que no me ama,
casi humo en silencio que pronto es lágrima
cuando tú como lago quieto tendida estás sin día.

Así besándote tu humedad no es pensamiento,
no alta montaña o carne,
porque nunca al borde del precipicio cuesta más el abrazo.

Así te tengo casi filo,
riesgo amoroso, botón, equilibrio,
te tengo entre el cielo y el fondo
al borde como ser o al borde amada.

Tus alas como brazos,
amorosa insistencia en este aire que es mío,
casi mejillas crean o plumón o arribada,
batiendo mientras me olvido de los dientes bajo tus labios.

No me esperéis mañana—olvido, olvido—;
no, sol, no me esperéis cuando la forma asciende al negro día
creciente;
panteras ignoradas—un cadáver o un beso—,
sólo sonido extinto o sombra, el día me encuentra.

VEN, VEN TÚ

Allá donde el mar no golpea,
donde la tristeza sacude su melena de vidrio,
donde el aliento suavemente espirado
no es una mariposa de metal, sino un aire.

Un aire blando y suave
donde las palabras se murmuran como a un oído.
Donde resuenan unas débiles plumas
que en la oreja rosada son el amor que insiste.

¿Quién me quiere? ¿Quién dice que el amor es un hacha
  doblada,
un cansancio que parte por la cintura el cuerpo,
un arco doloroso por donde pasa la luz
ligeramente sin tocar nunca a nadie?

Los árboles del bosque cantan como si fueran aves.
Un brazo inmenso abarca la selva como una cintura.
Un pájaro dorado por la luz que no acaba
busca siempre unos labios por donde huir de su cárcel.

Pero el mar no golpea como un corazón,
i el vidrio o cabellera de una lejana piedra
ace más que asumir todo el brillo del sol sin devolverlo.
Ji los peces innumerables que pueblan otros cielos
ɔn más que las lentísimas aguas de una pupila remota.

Entonces este bosque, esta mota de sangre,
ste pájaro que se escapa de un pecho,
ste aliento que sale de unos labios entreabiertos,
sta pareja de mariposas que en algún punto va a amarse...

Esta oreja que próxima escucha mis palabras,
sta carne que amo con mis besos de aire,
ste cuerpo que estrecho como si fuera un nombre,
sta lluvia que cae sobre mi cuerpo extenso,
ste frescor de un cielo en el que unos dientes sonríen,
ɔ el que unos brazos se alargan, en que un sol amanece,
ɔ que una música total canta invadiéndolo todo,
iientras el cartón, las cuerdas, las falsas telas,
    dolorosa arpillera, el mundo rechazado,
 retira como un mar que muge sin destino.

AURORA INSUMISA

En medio de los adioses de los pañuelos blancos
llega la aurora con su desnudo de bronce,
con esa dureza juvenil
que a veces resiste hasta el mismo amor.

Llega con su cuerpo sonoro
donde sólo los besos resultan todavía fríos,
pero donde el sol se rompe ardientemente
para iluminar en redondo el paisaje vencido.

Si en las cercanías un río imita una curva,
no confundirlo, no, con un brazo;
si más arriba quiere formarse una montaña,
apenas si conseguirá imitar algún hombre,
y si un pájaro repasa velozmente
no faltará quien lo equivoque con unos dientes ligeros.

La blancura no existe.
La amarillez vivísima,
el color rosa naciente,
el incipiente rojo

son como ondas sobrepasándose hasta derribarse en el seno,
donde el día se vierte tumultuosamente.

Quizá por la garganta del cuerpo juvenil
los rojos pececillos circulan,
se extinguen,
los besos son burbujas,
son ese gris que falla en el fondo de la copa
cuando alguno intenta acercarle los labios;
son ese ojo profundo sin párpado que en el fondo
demuestra con su fijeza que nunca ha de acabarse.

Pero el viento no puede lastimar ese cuerpo,
ni los brazos del amor conseguirán disminuir la fina cintura,
ni esas redondas manos pasajeras
reducirán a calor los pechos liberados.

El cabello ondea como la piedra más reciente,
roca nueva insumisa rebelde a sus límites,
la que jamás encerrada en un puño
cantará la canción de los labios apretados.

El sol o el agua luminosa
bruñe la superficie erguidísima,
donde nunca un pájaro detendrá su bola de pluma,
ni se amarán por parejas bajo los brazos fríos.

Una boca con alas del tamaño de la nieve
pone en el cuello su carbón encendido.
Brota una mariposa de cristal impasible,
espejo hacia el cenit que repugna las luces.

PAISAJE

Desde lejos escucho tu voz que resuena en este campo,
confundida con el sonido de este agua clarísima que desde aquí
    contemplo;
tu voz o juventud, signo que siempre oigo
cuando piso este verde jugoso siempre húmedo.

No calidad de cristal,
no calidad de carne, pero ternura humana,
espuma fugitiva, voz o enseña o unos montes,
ese azul que a lo lejos es siempre prometido.

No, no existes y existes.
Te llamas vivo ser,
te llamas corazón que me entiende sin que yo lo sospeche,
te llamas quien escribe en el agua un anhelo, una vida,
te llamas quien suspira mirando el azul de los cielos.

Tu nombre no es el trueno rumoroso que rueda
como sólo una cabeza separada del tronco.
No eres tampoco el rayo o súbito pensamiento
que ascendiendo del pecho se escapa por los ojos.

No miras, no, iluminando ese campo,
ese secreto campo en el que a veces te tiendes,
río sonoro o monte que consigue sus límites,
frente a la raya azul donde unas manos se estrechan.

Tu corazón tomando la forma de una nube ligera
pasa sobre unos ojos azules,
sobre una limpidez en que el sol se refleja;
pasa, y esa mirada se hace gris sin saberlo,
lago en que tú, oh pájaro, no desciendes al paso.

Pájaro, nube o dedo que escribe sin memoria;
luna de noche que pisan unos desnudos pies;
carne o fruta, mirada que en tierra finge un río;
corazón que en la boca bate como las alas.

JUVENTUD

Así acaricio una mejilla dispuesta.
¿Me amas? Me amas como los dulces animalitos
a su tristeza mansa inexplicable.
Ámame como el vestido de seda
a su quietud oscura de noche.
Cuerpo vacío, aire parado, vidrio que por fuera
llora lágrimas de frío sin deseo.

Dulce quietud, cuarto que en pie, templado,
no ignora la luna exterior, pero siente sus pechos
oscuros no besados sin saliva ni leche.

Cuerpo que sólo por la mañana, dolido,
sin fiebre, tiene ojos de nieve tocada
y un rosa en los labios como limón teñido,
cuando sus manos quisieran ser flores casi entreabiertas.

Pero no. ¡Juventud, ilusión, dicha, calor o luz,
piso de mármol donde la carne está tirada,
cuerpo, cuarto de ópalo que siente casi un párpado,
unos labios pegados mientras los muslos cantan!

A TI, VIVA

CUANDO contemplo tu cuerpo extendido
como un río que nunca acaba de pasar,
como un claro espejo donde cantan las aves,
donde es un gozo sentir el día cómo amanece.

Cuando miro a tus ojos, profunda muerte o vida que me
    llama,
canción de un fondo que sólo sospecho;
cuando veo tu forma, tu frente serena,
piedra luciente en que mis besos destellan,
como esas rocas que reflejan un sol que nunca se hunde.

Cuando acerco mis labios a esa música incierta,
a ese rumor de lo siempre juvenil,
del ardor de la tierra que canta entre lo verde,
cuerpo que húmedo siempre resbalaría
como un amor feliz que escapa y vuelve...

331

Siento el mundo rodar bajo mis pies,
rodar ligero con siempre capacidad de estrella,
con esa alegre generosidad del lucero
que ni siquiera pide un mar en que doblarse.

Todo es sorpresa. El mundo destellando
siente que un mar de pronto está desnudo, trémulo,
que es ese pecho enfebrecido y ávido
que sólo pide el brillo de la luz.

La creación riela. La dicha sosegada
transcurre como un placer que nunca llega al colmo,
como esa rápida ascensión del amor
donde el viento se ciñe a las frentes más ciegas.

Mirar tu cuerpo sin más luz que la tuya,
que esa cercana música que concierta a las aves,
a las aguas, al bosque, a ese ligado latido
de este mundo absoluto que siento ahora en los labios.

ORILLAS DEL MAR

Después de todo lo mismo da el calor que el frío,
una dulce hormiguita color naranja,
una guitarra muda en la noche,
una mujer tendida como las conchas,
un mar como dos labios por la arena.

Un caracol como una sangre,
débil dedo que se arrastra sobre la piel mojada,
un cielo que sostienen unos hombros de nieve
y ese ahogo en el pecho de palabras redondas.

Las naranjas de fuego rodarían por el azul nocturno.
Lo mismo da un alma niña que su sombra derretida,
da lo mismo llorar unas lágrimas finas
que morder pedacitos de hielo que vive.

Tu corazón redondo como naipe
visto de perfil es un espejo,
de frente acaso es nata
y a vista de pájaro es un papel delgado.

Pero no tan delgado que no permita sangre,
y navíos azules,
y un adiós de un pañuelo que de pronto se para.
Todo lo que un pájaro esconde entre su pluma.

Oh maravilla mía,
oh dulce secreto de conversar con el mar,
de suavemente tener entre los dientes
un guijo blanco que no ha visto la luna.
Noche verde de océano que en la lengua no vuela
y se duerme deshecha como música o nido.

QUIERO SABER

Dime pronto el secreto de tu existencia;
quiero saber por qué la piedra no es pluma,
ni el corazón un árbol delicado,
ni por qué esa niña que muere entre dos venas ríos
no se va hacia la mar como todos los buques.

Quiero saber si el corazón es una lluvia o margen,
lo que se queda a un lado cuando dos se sonríen,
o es sólo la frontera entre dos manos nuevas
que estrechan una piel caliente que no separa.

Flor, risco o duda, o sed o sol o látigo:
el mundo todo es uno, la ribera y el párpado,
ese amarillo pájaro que duerme entre dos labios
cuando el alba penetra con esfuerzo en el día.

Quiero saber si un puente es hierro o es anhelo,
esa dificultad de unir dos carnes íntimas,
esa separación de los pechos tocados
por una flecha nueva surtida entre lo verde.

Musgo o luna es lo mismo, lo que a nadie sorprende,
esa caricia lenta que de noche a los cuerpos
recorre como pluma o labios que ahora llueven.
Quiero saber si el río se aleja de sí mismo
estrechando unas formas en silencio,
catarata de cuerpos que se aman como espuma,
hasta dar en la mar como el placer cedido.

Los gritos son estacas de silbo, son lo hincado,
desesperación viva de ver los brazos cortos
alzados hacia el cielo en súplicas de lunas,
cabezas doloridas que arriba duermen, bogan,
sin respirar aún como láminas turbias.

Quiero saber si la noche ve abajo
cuerpos blancos de tela echados sobre tierra,
rocas falsas, cartones, hilos, piel, agua quieta,
pájaros como láminas aplicadas al suelo,
o rumores de hierro, bosque virgen al hombre.

Quiero saber altura, mar vago o infinito;
si el mar es esa oculta duda que me embriaga
cuando el viento traspone crespones transparentes,
sombra, pesos, marfiles, tormentas alargadas,
lo morado cautivo que más allá invisible
se debate, o jauría de dulces asechanzas.

CORAZÓN EN SUSPENSO

Pájaro como luna,
luna colgada o bella,
tan baja como un corazón contraído,
suspendida sin hilo de una lágrima oscura.

Esa tristeza contagiosa
en medio de la desolación de la nada,
sin un cuerpo hermosísimo,
sin un alma o cristal
contra lo que doblar un rayo bello.

La claridad del pecho o el mundo acaso,
en medio la medalla que cuelga,
ese beso cuajado en sangre pura,
doloroso músculo, corazón detenido.

Un pájaro solo—quizá sombra,
quizá la dolorosa lata triste,
el filo de ese pico que en algún labio
cortó unas flores, un amarillo estambre o polen luna.

337

Para esos rayos fríos,
soledad o medalla realizada,
espectro casi tangible
de una luna o una sangre o un beso al cabo.

3

ELEGÍAS Y POEMAS ELEGÍACOS

A LA MUERTA

Vienes y vas ligero como el mar,
cuerpo nunca dichoso,
sombra feliz que escapas como el aire
que sostiene a los pájaros casi entero de pluma.

Dichoso corazón encendido en esta noche de invierno,
en este generoso alto espacio en el que tienes alas,
en el que labios largos casi tocan opuestos horizontes
como larga sonrisa o súbita ave inmensa.

Vienes y vas como el manto sutil,
como el recuerdo de la noche que escapa,
como el rumor del día que ahora nace
aquí entre mis dos labios o en mis dientes.

Tu generoso cuerpo, agua rugiente,
agua que cae como cascada joven,
agua que es tan sencillo beber de madrugada
cuando en las manos vivas se sienten todas las estrellas.

Peinar así la espuma o la sombra,
peinar—no—la gozosa presencia,

el margen de delirio en el alba,
el rumor de tu vida que respira.

Amar, amar, ¿quién no ama si ha nacido?,
¿quién ignora que el corazón tiene bordes,
tiene forma, es tangible a las manos,
a los besos recónditos cuando nunca se llora?

Tu generoso cuerpo que me enlaza,
liana joven o luz creciente,
agua teñida del naciente confín,
beso que llega con su nombre de beso.

Tu generoso cuerpo que no huye,
que permanece quieto tendido como la sombra,
como esa mirada humilde de una carne
que casi toda es párpado vencido.

Todo es alfombra o césped, o el amor o el castigo.
Amarte así como el suelo casi verde
que dulcemente curva un viento cálido,
viento con forma de este pecho
que sobre ti respira cuando lloro.

LA LUZ

L mar, la tierra, el cielo, el fuego, el viento,
. mundo permanente en que vivimos,
s astros remotísimos que casi nos suplican,
ue casi a veces son una mano que acaricia los ojos.

Esa llegada de la luz que descansa en la frente.
De dónde llegas, de dónde vienes, amorosa forma que siento
    respirar,
ue siento como un pecho que encerrara una música,
ue siento como el rumor de unas arpas angélicas,
a casi cristalinas como el rumor de los mundos?

¿De dónde vienes, celeste túnica que con forma de rayo lu-
    minoso
aricias una frente que vive y sufre, que ama como lo vivo?;
le dónde tú, que tan pronto pareces el recuerdo de un fuego
    ardiente tal el hierro que señala,
mo te aplacas sobre la cansada existencia de una cabeza que
    te comprende?

343

Tu roce sin gemido, tu sonriente llegada como unos labios
de arriba,
el murmurar de tu secreto en el oído que espera,
lastima o hace soñar como la pronunciación de un nombre
que sólo pueden decir unos labios que brillan.

Contemplando ahora mismo estos tiernos animalitos que giran
por tierra alrededor,
bañados por tu presencia o escala silenciosa,
revelados a su existencia, guardados por la mudez
en la que sólo se oye el batir de las sangres.

Mirando esta nuestra propia piel, nuestro cuerpo visible
porque tú lo revelas, luz que ignoro quién te envía,
luz que llegas todavía como dicha por unos labios,
con la forma de unos dientes o de un beso suplicado,
con todavía el calor de una piel que nos ama.

Dime, dime quién es, quién me llama, quién me dice, quién
clama,
dime qué es este envío remotísimo que suplica,
qué llanto a veces escucho cuando eres sólo una lágrima.
Oh tú, celeste luz temblorosa o deseo,
fervorosa esperanza de un pecho que no se extingue,
de un pecho que se lamenta como dos brazos largos
capaces de enlazar una cintura en la tierra.

¡Ay amorosa cadencia de los mundos remotos,
de los amantes que nunca dicen sus sufrimientos,
de los cuerpos que existen, de las almas que existen,
de los cielos infinitos que nos llegan con su silencio!

HUMANA VOZ

Duele la cicatriz de la luz,
duele en el suelo la misma sombra de los dientes,
duele todo,
hasta el zapato triste que se lo llevó el río.

Duelen las plumas del gallo,
de tantos colores
que la frente no sabe qué postura tomar
ante el rojo cruel del poniente.

Duele el alma amarilla o una avellana lenta,
la que rodó mejilla abajo cuando estábamos dentro del agua
y las lágrimas no se sentían más que al tacto.

Duele la avispa fraudulenta
que a veces bajo la tetilla izquierda
imita un corazón o un latido,
amarilla como el azufre no tocado
o las manos del muerto a quien queríamos.

Duele la habitación como la caja del pecho,
donde palomas blancas como sangre

pasan bajo la piel sin pararse en los labios
a hundirse en las entrañas con sus alas cerradas.

Duele el día, la noche,
duele el viento gemido,
duele la ira o espada seca,
aquello que se besa cuando es de noche.

Tristeza. Duele el candor, la ciencia,
el hierro, la cintura,
los límites y esos brazos abiertos, horizonte
como corona contra las sienes.

Duele el dolor. Te amo.
Duele, duele. Te amo.
Duele la tierra o uña,
espejo en que estas letras se reflejan.

CANCIÓN A UNA MUCHACHA
MUERTA

Dime, dime el secreto de tu corazón virgen,
dime el secreto de tu cuerpo bajo tierra,
quiero saber por qué ahora eres un agua,
esas orillas frescas donde unos pies desnudos se bañan con
     espuma.

Dime por qué sobre tu pelo suelto,
sobre tu dulce hierba acariciada,
cae, resbala, acaricia, se va
un sol ardiente o reposado que te toca
como un viento que lleva sólo un pájaro o mano.

Dime por qué tu corazón como una selva diminuta
espera bajo tierra los imposibles pájaros,
esa canción total que por encima de los ojos
hacen los sueños cuando pasan sin ruido.

Oh tú, canción que a un cuerpo muerto o vivo,
que a un ser hermoso que bajo el suelo duerme,
cantas color de piedra, color de beso o labio,
cantas como si el nácar durmiera o respirara.

347

Esa cintura, ese débil volumen de un pecho triste,
ese rizo voluble que ignora el viento,
esos ojos por donde sólo boga el silencio,
esos dientes que son de marfil resguardado,
ese aire que no mueve unas hojas no verdes...

¡Oh tú, cielo riente que pasas como nube;
oh pájaro feliz que sobre un hombro ríes;
fuente que, chorro fresco, te enredas con la luna;
césped blando que pisan unos pies adorados!

TRISTEZA O PÁJARO

Esa tristeza pájaro carnívoro;
la tarde se presta a la soledad destructora;
en vano el río canta en los dedos o peina,
peina cabellos, peces, algún pecho gastado.

Esa tristeza de papel más bien basto;
una caña sostiene un molinillo cansado;
el color rosa se pone amarillo,
lo mismo que los ojos sin pestañas.

El brazo es largo como el futuro de un niño;
mas para qué crecer si el río canta
la tristeza de llegar a un agua más fuerte,
que no puede comprender lo que no es tiranía.

Llegar a la orilla como un brazo de arena,
como niño que ha crecido de pronto
sintiendo sobre el hombro de repente algún pájaro.
Llegar como unos labios salobres que se llagan.

Pájaro que picotea pedacitos de sangre,
sal marina o rosada para el pájaro amarillo,
para ese brazo largo de cera fina y dulce
que se estira en el agua salada al deshacerse.

PLENITUD

Una tarde de otoño caída del occidente
exactamente como la misma primavera.
Una sonrisa caliente de la nuca
que se vuelve y difícilmente nos complace.
Una nube redonda como lágrima
que abreviase su existencia simplemente como el error:

todo lo que es un paño ante los ojos,

suavemente transcurre en medio de una música indefinible,
nacida en el rincón donde las palabras no se tocan,
donde el sonido no puede acariciarse
por más que nuestros pechos se prolonguen,
por más que flotantes sobre su eco
olvidemos el peso del corazón sobre una sombra.

Alíviame.
La barca sosegada,
el transcurrir de un día o superficie,
ese resbalamiento justo de dos dimensiones,
tiene la misma sensación de un nombre,

de un sollozo doblado en tres o muerto,
cuidadosamente embalado.

Bajo cintas o arrugas,
bajo papeles color de vino añejo,
bajo láminas de esmeralda de las que no sale ya música,
la huella de una lágrima, de un dedo, de un marfil ó de un
    beso
se ha ido levemente apagando,
creciendo con los años,
muriendo con los años,
lo mismo que un adiós,
lo mismo que un pañuelo blanco que de pronto se queda
    quieto.

Si repasamos suavemente la memoria,
si desechando vanos ruidos o inclemencias o estrépito,
o nauseabundo pájaro de barro contagiable,
nos echamos sobre el silencio como palos adormecidos,
como ramas en un descanso olvidadas del verde,
notaremos que el vacío no es tal, sino él, sino nosotros,
sino lo entero o todo, sino lo único.
Todo, todo, amor mío, es verdad, es ya ello.
Todo es sangre o amor o latido o existencia,
todo soy yo que siento cómo el mundo se calla
y cómo así me duelen el sollozo o la tierra.

CORAZÓN NEGRO

CORAZÓN negro.
Enigma o sangre de otras vidas pasadas,
suprema interrogación que ante los ojos me habla,
signo que no comprendo a la luz de la luna.

Sangre negra, corazón dolorido que desde lejos la envías
a latidos inciertos, bocanadas calientes,
vaho pesado de estío, río en que no me hundo,
que sin luz pasa como silencio, sin perfume ni amor.

Triste historia de un cuerpo que existe como existe un pla-
    neta,
como existe la luna, la abandonada luna,
hueso que todavía tiene un claror de carne.

Aquí, aquí en la tierra echado entre unos juncos,
entre lo verde presente, entre lo siempre fresco,
veo esa pena o sombra, esa linfa o espectro,
esa sola sospecha de sangre que no pasa.

353

¡Corazón negro, origen del dolor o la luna,
corazón que algún día latiste entre unas manos,
beso que navegaste por unas venas rojas,
cuerpo que te ceñiste a una tapia vibrante!

ETERNO SECRETO

La celeste marca del amor en un campo desierto
donde hace unos minutos lucharon dos deseos,
donde todavía por el cielo un último pájaro se escapa,
caliente pluma que unas manos han retenido.

Espera, espera siempre.
Todavía llevas
el radiante temblor de una piel íntima,
de unas celestes manos mensajeras
que al cabo te enviaron para que te reflejases en el corazón
    vivo,
en ese oscuro hueco sin latido
del ciego y sordo y triste que en tierra duerme su opacidad
    sin lengua.

Oh tú, tristísimo minuto en que el ave misteriosa,
la que no sé, la que nadie sabrá de dónde llega,
se refugia en el pecho de ese cartón besado,
besado por la luna que pasa sin sonido,
como un largo vestido o un perfume invisible.

Ay tú, corazón que no tiene forma de corazón;
caja mísera, cartón que sin destino quiere latir mientras
    duerme,
mientras el color verde de los árboles próximos
se estira como ramas enlazándose sordas.

¡Luna cuajante fría que a los cuerpos darías calidad de
    cristal!
Que a las almas darías apariencia de besos;
en un bosque de palmas, de palomas dobladas,
de picos que se traman como las piedras inmóviles.

¡Luna, luna, sonido, metal duro o temblor:
ala, pavoroso plumaje que rozas un oído,
que musitas la dura cerrazón de los cielos,
mientras mientes un agua que parece la sangre!

LENTA HUMEDAD

Sombra feliz del cabello
que se arrastra cuando el sol va a ponerse,
como juntos abiertos—es ya tarde;
fría humedad lasciva, casi polvo—.
Una ceniza delicada,
la secreta entraña del junco,
esa delicada sierpe sin veneno
cuya mirada verde no lastima.
Adiós. El sol ondea
sus casi rojos, sus casi verdes rayos.
Su tristeza como frente nimbada,
hunde. Frío, humedad, tierra a los labios.

LA VENTANA

CUÁNTA tristeza en una hoja del otoño,
dudosa siempre en último término si presentarse como cuchillo.
Cuánta vacilación en el color de los ojos
antes de quedar frío como una gota amarilla.

Tu tristeza, minutos antes de morirte,
sólo comparable con la lentitud de una rosa cuando acaba,
esa sed con espinas que suplica a lo que no puede,
gesto de un cuello, dulce carne que tiembla.

Eras hermosa como la dificultad de respirar en un cuarto
    cerrado.
Transparente como la repugnancia a un sol libérrimo,
tibia como ese suelo donde nadie ha pisado,
lenta como el cansancio que rinde al aire quieto.

Tu mano, bajo la cual se veían las cosas,
cristal finísimo que no acarició nunca otra mano,
flor o vidrio que, nunca deshojado,
era verde al reflejo de una luna de hierro.

Tu carne, en que la sangre detenida apenas consentía
una triste burbuja rompiendo entre los dientes,
como la débil palabra que casi ya es redonda
detenida en la lengua dulcemente de noche.

Tu sangre, en que ese limo donde no entra la luz
es como el beso falso de unos polvos o un talco,
un rostro en que destella tenuamente la muerte,
beso dulce que da una cera enfriada.

Oh tú, amoroso poniente que te despides como dos brazos
    largos
cuando por una ventana ahora abierta a ese frío
una fresca mariposa penetra,
alas, nombre o dolor, pena contra la vida
que se marcha volando con el último rayo.

Oh tú, calor, rubí o ardiente pluma,
pájaros encendidos que son nuncio de la noche,
plumaje con forma de corazón colorado
que en lo negro se extiende como dos alas grandes.

Barcos lejanos, silbo amoroso, velas que no suenan,
silencio como mano que acaricia lo quieto,
beso inmenso del mundo como una boca sola,
como dos bocas fijas que nunca se separan.

¡Oh verdad, oh morir una noche de otoño,
cuerpo largo que viaja hacia la luz del fondo,
agua dulce que sostienes un cuerpo concedido,
verde o frío palor que vistes un desnudo!

4

LA DICHA

No. ¡Basta!
Basta siempre.
Escapad, escapad; sólo quiero,
sólo quiero tu muerte cotidiana.

El busto erguido, la terrible columna,
el cuello febricente, la convocación de los robles,
las manos que son piedra, luna de piedra sorda
y el vientre que es el sol, el único extinto sol.

¡Hierba seas! Hierba reseca, apretadas raíces,
follaje entre los muslos donde ni gusanos ya viven,
porque la tierra no puede ni ser grata a los labios,
a esos que fueron, sí, caracoles de lo húmedo.

Matarte a ti, pie inmenso, yeso escupido,
pie masticado días y días cuando los ojos sueñan,
cuando hacen un paisaje azul cándido y nuevo
donde una niña entera se baña sin espuma.

Matarte a ti, cuajarón redondo, forma o montículo,
materia vil, vomitadura o escarnio,

palabra que pendiente de unos labios morados
ha colgado en la muerte putrefacta o el beso.

No. ¡No!
Tenerte aquí, corazón que latiste entre mis dientes larguísimos,
en mis dientes o clavos amorosos o dardos,
o temblor de tu carne cuando yacía inerte
como el vivaz lagarto que se besa y se besa.

Tu mentira catarata de números,
catarata de manos de mujer con sortijas,
catarata de dijes donde pelos se guardan,
donde ópalos u ojos están en terciopelos,
donde las mismas uñas se guardan con encajes.

Muere, muere como el clamor de la tierra estéril,
como la tortuga machacada por un pie desnudo,
pie herido cuya sangre, sangre fresca y novísima,
quiere correr y ser como un río naciente.

Canto el cielo feliz, el azul que despunta,
canto la dicha de amar dulces criaturas,
de amar a lo que nace bajo las piedras limpias,
agua, flor, hoja, sed, lámina, río o viento,
amorosa presencia de un día que sé existe.

TRIUNFO DEL AMOR

BRILLA la luna entre el viento de otoño,
en el cielo luciendo como un dolor largamente sufrido.
Pero no será, no, el poeta quien diga
los móviles ocultos, indescifrable signo
de un cielo líquido de ardiente fuego que anegara las almas,
si las almas supieran su destino en la tierra.

La luna como una mano,
reparte con la injusticia que la belleza usa,
sus dones sobre el mundo.
Miro unos rostros pálidos.
Miro rostros amados.
No seré yo quien bese ese dolor que en cada rostro asoma.
Sólo la luna puede cerrar, besando,
unos párpados dulces fatigados de vida.
Unos labios lucientes, labios de luna pálida,
labios hermanos para los tristes hombres,
son un signo de amor en la vida vacía,
son el cóncavo espacio donde el hombre respira
mientras vuela en la tierra ciegamente girando.

El signo del amor, a veces en los rostros queridos
es sólo la blancura brillante,
la rasgada blancura de unos dientes riendo.
Entonces sí que arriba palidece la luna,
los luceros se extinguen
y hay un eco lejano, resplandor en oriente,
vago clamor de soles por irrumpir pugnando.
¡Qué dicha alegre entonces cuando la risa fulge!
Cuando un cuerpo adorado,
erguido en su desnudo, brilla como la piedra,
como la dura piedra que los besos encienden.
Mirad la boca. Arriba relámpagos diurnos
cruzan un rostro bello, un cielo en que los ojos
no son sombra, pestañas, rumorosos engaños,
sino brisa de un aire que recorre mi cuerpo
como un eco de juncos espigados cantando
contra las aguas vivas, azuladas de besos.

El puro corazón adorado, la verdad de la vida,
la certeza presente de un amor irradiante,
su luz sobre los ríos, su desnudo mojado,
todo vive, pervive, sobrevive y asciende
como un ascua luciente de deseo en los cielos.

Es sólo ya el desnudo. Es la risa en los dientes.
Es la luz o su gema fulgurante: los labios.
Es el agua que besa unos pies adorados,
como un misterio oculto a la noche vencida.

¡Ah maravilla lúcida de estrechar en los brazos
un desnudo fragante, ceñido de los bosques!
¡Ah soledad del mundo bajo los pies girando,
ciegamente buscando su destino de besos!
Yo sé quien ama y vive, quien muere y gira y vuela.
Sé que lunas se extinguen, renacen, viven, lloran.
Sé que dos cuerpos aman, dos almas se confunden.

SOBRE LA MISMA TIERRA

La severidad del mundo, estameña,
el traje de la mujer amada,
el camino de las hormigas por un cuerpo hermosísimo,
no impiden esa tos en el polvo besado,
mientras bajo las nubes bogan aves ligeras.

La memoria como el hilo o saliva,
la miel ingrata que se enreda al tobillo,
esa levísima serpiente que te incrusta su amor
como dos letras sobre la piel odiada.
Esa subida lenta del crepúsculo más rosado,
crecimiento de escamas en que la frialdad es viscosa,
es el roce de un labio independiente
sobre la tierra húmeda,
cuando la sierpecilla mira,
mira, mira a los ojos,
a esa paloma núbil que aletea en la frente.

La noche sólo es un traje.
No sirve rechazar juncos alegando que se trata de dientes,
o de pesares cuya falta de raíz es lo blanco,
o que el fango son palabras deshechas,

las masticadas después del amor,
cuando por fin los cuerpos se separan.
No sirve pretender que la luna equivale al brillo de un ropaje
    algo inútil,
o que es mejor aquella desnudez ardiente,
—si la rana cantando dice que el verde es verde
y que las uñas se ablandan en el barro
por más que el mundo entero intente una seriedad córnea.

Basta entonces sentarse en un ribazo.

    O basta acaso, apoyando ese codo que sólo poseemos desde
    ayer,
escuchar mano en mejilla
la promesa de dicha que canta un pez regalado,
esa voz, no de junco,
que por una botella
emite un alga triste—algo que se parece a un espejo cansado.

    Escuchando esa música
se comprende que el bosque cambie de sitio,
que de pronto el corazón se trueque por un monte
o que sencillamente se alargue un brazo para repiquetear sobre
    el cristal del crepúsculo.

    Todo es fácil.
Es fácil amenizar la hora siniestra
tomando la forma de una harmónica,
de ese inútil juguete que en el borde de un río
jamás conseguirá imitar su canción,
o de ese peine inusado
que entre la hierba fresca
no pretende confundirse con la Primavera,
por saber que es inútil.

    Mejor sería entonces levantarse y, abandonando brazos como
    dos flores largas,
emprender el camino del poniente,

a ver si allá se comprueba lo que ya es tan sabido,
que la noche y el día no son lo negro o lo blanco,
sino la boca misma que duerme entre las rocas,
cuyo alterno respiro
no es el beso o el no beso,
sino el polvo que llueve sobre la tierra mísera.

EL FRÍO

Viento negro secreto que sopla entre los huesos,
sangre del mar que tengo entre mis venas cerradas,
océano absoluto que soy cuando, dormido,
irradio verde o fría una ardiente pregunta.

Viento de mar que ensalza mi cuerpo hasta sus cúmulos,
hasta el ápice aéreo de sus claras espumas,
donde ya la materia cabrillea, o lucero,
cuerpo que aspira a un cielo, a una luz propia y fija.

Cuántas veces de noche rodando entre las nubes, o acaso bajo
	tierra,
o bogando con forma de pez vivo,
o rugiendo en el bosque como fauce o marfil;
cuántas veces arena, gota de agua o voz sólo,
cuántas, inmensa mano que oprime un mundo alterno.

Soy tu sombra, camino que me lleva a ese límite,
a ese abismo sobre el que el pie osaría,
sobre el que acaso quisiera volar como cabeza,
como sólo una idea o una gota de sangre.

Sangre o sol que se funden en el feroz encuentro,
cuando el amor destella a un choque silencioso,
cuando amar es luchar con una forma impura,
un duro acero vivo que nos refleja siempre.

Matar la limpia superficie sobre la cual golpeamos,
bruñido aliento que empañan los besos, no los pájaros,
superficie que copia un cielo estremecido,
como ese duro estanque donde no calan piedras.

Látigo de los hombres que se asoma a un espejo,
a ese bárbaro amor de lo impasible o entero,
donde los dedos mueren como láminas siempre,
suplicando, gastados, un volumen perdido.

¡Ah maravilla loca de hollar el frío presente,
de colocar los pies desnudos sobre el fuego,
de sentir en los huesos el hielo que nos sube
hasta notar ya blanco el corazón inmóvil!

Todavía encendida una lengua de nieve
surte por una boca, como árbol o unas ramas.
Todavía las luces, las estrellas, el viso,
mandan luz, mandan aire, mandan amor o carne.

5

SOY EL DESTINO

Sí, te he querido como nunca.

¿Por qué besar tus labios, si se sabe que la muerte está próxima,
si se sabe que amar es sólo olvidar la vida,
cerrar los ojos a lo oscuro presente
para abrirlos a los radiantes límites de un cuerpo?

Yo no quiero leer en los libros una verdad que poco a poco
sube como un agua,
renuncio a ese espejo que dondequiera las montañas ofrecen,
pelada roca donde se refleja mi frente
cruzada por unos pájaros cuyo sentido ignoro.

No quiero asomarme a los ríos donde los peces colorados con
el rubor de vivir,
embisten a las orillas límites de su anhelo,
ríos de los que unas voces inefables se alzan,
signos que no comprendo echado entre los juncos.

No quiero, no; renuncio a tragar ese polvo, esa tierra dolorosa,
    esa arena mordida,
esa seguridad de vivir con que la carne comulga
cuando comprende que el mundo y este cuerpo
ruedan como ese signo que el celeste ojo no entiende.

No quiero, no, clamar, alzar la lengua,
proyectarla como esa piedra que se estrella en la altura,
que quiebra los cristales de esos inmensos cielos
tras los que nadie escucha el rumor de la vida.

Quiero vivir, vivir como la hierba dura,
como el cierzo o la nieve, como el carbón vigilante,
como el futuro de un niño que todavía no nace,
como el contacto de los amantes cuando la luna los ignora.

Soy la música que bajo tantos cabellos
hace el mundo en su vuelo misterioso,
pájaro de inocencia que con sangre en las alas
va a morir en un pecho oprimido.

Soy el destino que convoca a todos los que aman,
mar único al que vendrán todos los radios amantes
que buscan a su centro, rizados por el círculo
que gira como la rosa rumorosa y total.

Soy el caballo que enciende su crin contra el pelado viento,
soy el león torturado por su propia melena,
la gacela que teme al río indiferente,
el avasallador tigre que despuebla la selva,
el diminuto escarabajo que también brilla en el día.

Nadie puede ignorar la presencia del que vive,
del que en pie en medio de las flechas gritadas,
muestra su pecho transparente que no impide mirar,
que nunca será cristal a pesar de su claridad,
porque si acercáis vuestras manos, podréis sentir la sangre.

376

VERBENA

Vasos o besos, luces o escaleras,
todo sin música asciende cautamente
a esa región serena donde aprisa
se retiran los bordes de la carne.

Un carrusel de topes, un límite o verbena,
una velocidad hecha de gritos,
un color, un color hecho de estopa,
por donde una voz bronca escupe esparto.

Espérame, muchacha conocida,
fuerte raso crujiente con zapatos,
con un tierno charol que casi gime
cuando roza mi rostro sin pesarme.

Un columpio de sangre emancipada,
una felicidad que no es de cobre,
una moneda lírica o la luna
resbalando en los hombros como leche.

Un laberinto o mármol sin sonido,
un hilo de saliva entre los árboles,

un beso silencioso que se enreda
olvidando sus alas como espejos.

Un alimento o roce en la garganta,
blanco o maná de tímidos deseos
que sobre lengua de calor callado
se deshace por fin como la nieve.

Polvo o claror, la feria gira cauta
bajo fiebre de lunas o pescados,
sintiendo la humedad de la caricia
cuando el alba desnuda avanza un muslo.

Los senos de cartón abren sus cajas,
pececillos innúmeros palpitan,
de los labios se escapan flores verdes
que en los vientres arraigan como dichas.

Un clamor o sollozo de alegría,
frenesí de las músicas y el cuerpo,
un rumor de clamores asesinos
mientras cuchillos aman corazones.

Flores-papel girantes como ojos
sueñan párpados, sangres, albahacas;
ese clamor caliente ciñe faldas
del tamaño de labios apretados.

Agua o túnica, ritmo o crecimiento,
algo baja del monte de la dicha,
algo inunda las piernas sin metralla
y asciende hasta el axila como aroma.

Cuerpos flotan, no presos, no arañados,
no vestidos de espinas o caricias,
no abandonados, no, sobre la luna,
que—en tierra ya—se ha abierto como un cuerpo.

MAR EN LA TIERRA

No, no clames por esa dicha presurosa
que está latente cuando la oscura música no modula,
cuando el oscuro chorro pasa indescifrable
como un río que desprecia el paisaje.

La felicidad no consiste en estrujar unas manos
mientras el mundo sobre sus ejes vacila,
mientras la luna convertida en papel
siente que un viento la riza sonriendo.

Quizá el clamoroso mar que en un zapato intentara una
        noche acomodarse,
el infinito mar que quiso ser rocío,
que pretendió descansar sobre una flor durmiente,
que quiso amanecer como la fresca lágrima.

El resonante mar convertido en una lanza
yace en lo seco como un pez que se ahoga,
clama por ese agua que puede ser el beso,
que puede ser un pecho que se rasgue y anegue.

Pero la seca luna no responde al reflejo de las escamas pálidas.
La muerte es una contracción de una pupila vidriada,
es esa imposibilidad de agitar unos brazos,
de alzar un grito hasta un cielo al que herir.

La muerte es el silencio entre el polvo, entre la memoria,
es agitar torvamente una lengua no de hombre,
es sentir que la sal se cuaja en las venas
fríamente como un árbol blanquísimo en un pez.

Entonces la dicha, la oscura dicha de morir,
de comprender que el mundo es un grano que se deshará,
el que nació para un agua divina,
para ese mar inmenso que yace sobre el polvo.

La dicha consistirá en deshacerse como lo minúsculo,
en transformarse en la severa espina,
resto de un océano que como la luz se marchó,
gota de arena que fue un pecho gigante
y que salida por la garganta como un sollozo aquí yace.

LA LUNA ES UNA AUSENCIA

La luna es una ausencia.

CAROLINA CORONADO.

LA luna es ausencia.
Se espera siempre.
Las hojas son murmullos de la carne.
Se espera todo menos caballos pálidos.

Y, sin embargo, esos cascos de acero
(mientras la luna en las pestañas),
esos cascos de acero sobre el pecho
(mientras la luna o vaga geometría)...

Se espera siempre que al fin el pecho no sea cóncavo.
Y la luna es ausencia,
doloroso vacío de la noche redonda,
que no llega a ser cera, pero que no es mejilla.

Los remotos caballos, el mar remoto, las cadenas golpeando,
esa arena tendida que sufre siempre,

381

esa playa marchita, donde es de noche
al filo de los ojos amarillos y secos.

Se espera siempre.
Luna, maravilla o ausencia,
celeste pergamino color de manos fuera,
del otro lado donde el vacío es luna.

QUIERO PISAR

QUIERO tu nombre aquí,
quiero pisar unas pestañas falsas,
delicadas lombrices, rayos negros,
esa tierra mojada, esas lágrimas feas.

Quiero pisar dientes o barro o algún beso,
ese calor difunto que orea un viento pardo,
esa garganta o guijo fría al pie desnudo,
ese pecho de ámbar por cuya agua íntima pececillos transcurren.

Bola redonda de la que no escapará el aire,
de donde nunca un suspiro de niebla
saldrá con su calor reciente a embeberse en los ojos.

Quiero pisar una cintura, anillo,
frágil anillo, aro delicado,
ese gesto que abarcase la mano
cuando un cuerpo por su mitad se rinde.

Quiero muslos de acero, acaso musgo tenue,
acaso esa suavidad tan reciente
cuando la lluvia cae por una ingle indefensa.

Quiero tierras o pólvora,
esos besos azules,
ese rechazo súbito que deshace la boca
cuando un cuerpo o una luna estallan como herrumbre.

Amor como la lira,
como esas cuerdas rotas,
música cenicienta,
oro que duele entero,
luna que descolgada presencia que no hay aire.

SÓLO MORIR DE DÍA

El mundo glorifica sus alas.

Bosque inmenso, selva o león o nube;
pupila lentísima que casi no se mueve;
dolorosa lágrima donde brilla un lucero,
un dolor como un pájaro, iris fugaz en lluvia.

Tu corazón gemelo del mío,
aquel alto cantil desde el cual una figura diminuta
mueve sus brazos que yo casi no veo, pero que sí que escucho;
aquel punto invisible adonde una tos o un pecho que aún respira,
llega como la sombra de los brazos ausentes.

Tu corazón gemelo como un pájaro en tierra,
como esa bola huída que ha plegado las alas,
como dos labios solos que ayer se sonreían...

Una mágica luna del color del basalto
sale tras la montaña como un hombro desnudo.
El aire era de pluma, y a la piel se la oía
como una superficie que un solo esquife hiere.

¡Oh corazón o luna, oh tierra seca a todo,
oh esa arena sedienta que se empapa de un aire
cuando sólo las ondas amarillas son agua!

Agua o luna es lo mismo: lo impalpable a las manos,
linfa que goteando sobre la frente fría
finge pronto unos labios o una muerte escuchada.

Quiero morir de día, cuando la luna blanca,
blanca como ese velo que oculta sólo un aire,
boga sin apoyarse, sin rayos, como lámina,
como una dulce rueda que no puede quejarse,
aniñada y castísima ante un sol clamoroso.

Quiero morir de día, cuando aman los leones,
cuando las mariposas vuelan sobre los lagos,
cuando el nenúfar surte de un agua verde o fría,
soñoliento y extraño bajo la luz rosada.

Quiero morir al límite de los bosques tendidos,
de los bosques que alzan los brazos.
Cuando canta la selva en alto y el sol quema
las melenas, las pieles o un amor que destruye.

COBRA

LA cobra toda ojos,
bulto echado la tarde (baja, nube),
bulto entre hojas secas,
rodeada de corazones de súbito parados.

Relojes como pulsos
en los árboles quietos son pájaros cuyas gargantas cuelgan,
besos amables a la cobra baja
cuya piel es sedosa o fría o estéril.

Cobra sobre cristal,
chirriante como navaja fresca que deshace a una virgen,
fruta de la mañana,
cuyo terciopelo aún está por el aire en forma de ave.

Niñas como lagunas,
ojos como esperanzas,
desnudos como hojas
cobra pasa lasciva mirando a su otro cielo.

Pasa y repasa el mundo,
cadena de cuerpos o sangres que se tocan,

cuando la piel entera ha huído como un águila
que oculta el sol. ¡Oh cobra, ama, ama!

Ama bultos o naves o quejidos,
ama todo despacio, cuerpo a cuerpo,
entre muslos de frío o entre pechos
del tamaño de hielos apretados.

Labios, dientes o flores, nieves largas;
tierra debajo convulsa derivando.
Ama el fondo con sangre donde brilla
el carbunclo logrado.

El mundo vibra.

QUE ASÍ INVADE

Dichosa claridad de la aurora,
cuerpo radiante, amoroso destino,
adoración de ese mar agitado,
de ese pecho que vive en el que sé que vivo.

¿Dónde tú, montaña inmensa siempre presente,
viajador continente que pasas y te quedas,
playa que se me ofrece para mi planta ligera
que como una sola concha, fácil queda en la arena?

¿Voy?
¿O vengo?
Ignoro si la luz que ahora nace
es la del poniente en los ojos,
o si la aurora incide su cuchilla en mi espalda.
Pero voy, yo voy siempre.
Voy a ti como la ola ya verde
que regresa a su seno recobrando su forma.
Como la resaca que arrebatando el amarillo claro de las playas,
muestra ya su duro torso oscuro descansado, flotando.
Voy como esos redondos brazos invasores
que arrebatan las algas que otras ondas dejaron.

389

Y tú me esperas, di,
dichoso cuerpo extendido,
feliz claridad para los pies,
playa radiante que destellas besando
la tenue piel que pesa sobre tu pecho vivo.

¿Me tiendo?
Beso infinitamente
ese inabarcable rumor de los mares,
esos siempre reales labios con los que sueño,
esa espuma ligera que son siempre los dientes
cuando van a decirse las palabras oscuras.

Dime, dime; te escucho.
¡Qué profunda verdad!
Cuánto amor si te estrecho mientras cierras los ojos,
mientras retiras todas, todas las ondas lúcidas
que permanecen fijas vigilando este beso.

Tu corazón caliente como una alga de tierra,
como una brasa invencible capaz de desecar el fondo de los
    mares,
no destruye mis manos
ni mis ojos cuando apoyo los párpados,
ni mis labios—que no se purifican con su lumbre profunda—
porque son como pájaros, como libres marinas,
como rumor o pasaje de unas nubes que avanzan.

¡Oh ven, ven siempre como el clamor de los peces,
como la batalla invisible de todas las escamas,
como la lucha tremenda de los verdes más hondos,
de los ojos que fulgen, de los ríos que irrumpen,
de los cuerpos que colman, que emergen del océano,
que tocan a los cielos o se derrumban mugientes
cuando de noche inundan las playas entregadas!

EL ESCARABAJO

He aquí que por fin llega al verbo también el pequeño
  escarabajo,
tristísimo minuto,
lento rodar del día miserable,
diminuto captor de lo que nunca puede aspirar al vuelo.

Un día como alguno
se detiene la vida al borde de la arena,
como las hierbecillas sueltas que flotan en un agua no limpia,
donde a merced de la tierra
briznas que no suspiran se abandonan
a ese minuto en que el amor afluye.

El amor como un número
tan pronto es agua que sale de una boca tirada,
como es el secreto de lo verde en el oído que lo oprime,
como es la cuneta pasiva que todo lo contiene,
hasta el odio que afloja para convertirse en el sueño.

Por eso,
cuando en la mitad del camino un triste escarabajo que fué
  de oro

siente próximo el cielo como una inmensa bola
y, sin embargo, con sus patitas nunca pétalos
arrastra la memoria opaca con amor,
con amor al sollozo sobre lo que fué y ya no es,
arriba entre las flores altas cuyos estambres casi cosquillean el
    limpio azul
vaga un aroma a anteayer,
a flores derribadas,
a ese polen pisado que tiñe de amarillo constante la planta
    pasajera,
la caricia involuntaria,
ese pie que fué rosa, que fué espina,
que fué corola o dulce contacto de las flores.

Un viento arriba orea
otras memorias donde circula el viento,
donde estambres emergen tan altos, donde pistilos o cabellos,
donde tallos vacilan
por recibir el sol tan amarillo envío de un amor.

El suave escarabajo,
más negro que el silencio que transcurre después de alguna
    muerte,
pasa borrando apenas las huellas de los carros,
de los hierros violentos que fueron dientes siempre,
que fueron boca para morder el polvo.

El dulce escarabajo bajo su duro caparazón que imita a veces
    algún ala,
nunca pretende ser confundido con una mariposa,
pero su sangre gime
(caliente término de la memoria muerta)
encerrada en un pecho con no forma de olvido,
descendiendo a unos brazos que un diminuto mundo oscuro
    crean.

CUERPO DE PIEDRA

Luna de mármol, rígido calor,
noche de estío cuando el perro es mudo,
cuando un velo de esparto ante los ojos
casi acaricia, sueño o plumón leve.

Luna de piedra, manos por el cielo,
manos de piedra rompedoras siempre,
retorcidas a veces con destellos,
manos de lumbre láctea, ya rígidas.

Cuerpo de piedra, senda de cristales,
mudo siempre o doliente con los soles,
cuando perros de lana flotan quietos
por pantanos de seda acariciada.

Yo no sé si la sangre es roja o verde.
Ignoro si la luna vence o ama,
si su lengua acaricia los desvíos,
axilas que palpitan ya de pluma.

Cielo quieto de fango que ahora gira
dulcemente mintiendo un sol activo,

bella túnica amada por lo dura
sobre muslos de piedra avanzadores.

Dulce careta blanca que ladea
su morado celeste ya sin órbita.
Tibia saliva nueva que en los bordes
pide besos azules como moscas.

Soledad, soledad, calvero, mundo,
realidad viva donde el plomo es frío;
no, ya no quema el fuego que en las ingles
aquel remoto mar dejó al marcharse.

6

NUBE FELIZ

Tu ardiente morenía, espada vengadora,
sed que voló hacia la remota montaña,
donde allí se castiga entre el relámpago morado
como ese metal que adora la sangre, siempre seco.

Quién sabe si algún día tu dulce y ya fluyente cuerpo
abandonado a su querer
descenderá de ese pináculo de cristal imbesable,
donde como un árbol sin ramas, moreno como esparto,
siente en lugar de pájaros cruzar fulgores lívidos.

Déjame como nube pasar arriba lento,
pasar húmedamente casi caliente al soplo de un estío,
llevado por la brisa que envían unas hojas,
unas altas espigas, unos cuerpos mecidos.

Tu ardiente morenía calcinada,
tu sequedad de roca o ya carbón,
tus ojos que no giran porque no tienen lágrimas,
tu corazón constante como una nuez vencida.

Déjame que pasando moje casi tu frente,
pájaro soy o ala rumorosa que brilla,
soy esa pluma extensa que con calor de axila
cobijaría una frente convocándola a un llanto.

Un beso o una mejilla o el brillo de unos ojos,
unos dientes templados que se abren como el día,
un azul bajo el párpado tras la tormenta dura,
unos fulgores lívidos que escapan como el fósforo.

Vive, vive, despierta, ama, corazón, ser,
despierta como tierra a la lluvia naciente,
como lo verde nuevo que crece entre la carne.

Cuerpo feliz moreno que naces, voy, me voy,
soy esa nube ingrávida que detienen las hojas,
soy la brisa que escapa en busca de la aurora,
de lo rojo y lo azul, de lo verde y lo blanco,
voy llamado a la vida, escapo con el viento,
has nacido y te veo amar como ese río,
como el agua feliz que desciende cantando.

HIJA DE LA MAR

Muchacha, corazón o sonrisa,
caliente nudo de presencia en el día,
irresponsable belleza que a sí misma se ignora,
ojos de azul radiante que estremece.

Tu inocencia como un mar en que vives—
qué pena a ti alcanzarte, tú sola isla aún intacta;
qué pecho el tuyo, playa o arena amada
que escurre entre los dedos aún sin forma.

Generosa presencia la de una niña que amar,
derribado o tendido cuerpo o playa a una brisa,
a unos ojos templados que te miran,
oreando un desnudo dócil a su tacto.

No mientas nunca, conserva siempre
tu inerte y armoniosa fiebre que no resiste,
playa o cuerpo dorado, muchacha que en la orilla
es siempre alguna concha que unas ondas dejaron.

Vive, vive como el mismo rumor de que has nacido;
escucha el son de tu madre imperiosa;
sé tú espuma que queda después de aquel amor,
después de que, agua o madre, la orilla se retira.

LAS ÁGUILAS

El mundo encierra la verdad de la vida,
aunque la sangre mienta melancólicamente
cuando como mar sereno en la tarde
siente arriba el batir de las águilas libres.

Las plumas de metal,
las garras poderosas,
ese afán del amor o la muerte,
ese deseo de beber en los ojos con un pico de hierro,
de poder al fin besar lo exterior de la tierra,
vuela como el deseo,
como las nubes que a nada se oponen,
como el azul radiante, corazón ya de afuera
en que la libertad se ha abierto para el mundo.

Las águilas serenas
no serán nunca esquifes,
no serán sueño o pájaro,
no serán caja donde olvidar lo triste,
donde tener guardado esmeraldas u ópalos.

401

El sol que cuaja en las pupilas,
que a las pupilas mira libremente,
es ave inmarcesible, vencedor de los pechos
donde hundir su furor contra un cuerpo amarrado.

Las violentas alas
que azotan rostros como eclipses,
que parten venas de zafiro muerto,
que seccionan la sangre coagulada,
rompen el viento en mil pedazos,
mármol o espacio impenetrable
donde una mano muerta detenida
es el claror que en la noche fulgura.

Aguilas como abismos,
como montes altísimos,
derriban majestades, troncos polvorientos,
esa verde hiedra que en los muslos
finge la lengua vegetal casi viva.

Se aproxima el momento en que la dicha consista
en desvestir de piel a los cuerpos humanos,
en que el celeste ojo victorioso
vea sólo a la tierra como sangre que gira.

Aguilas de metal sonorísimo,
arpas furiosas con su voz casi humana,
cantan la ira de amar los corazones,
amarlos con las garras estrujando su muerte.

LA NOCHE

Fresco sonido extinto o sombra, el día me encuentra.

Sí, como muerte, quizá como suspiro,
quizá como un solo corazón que tiene bordes,
acaso como límite de un pecho que respira;
como un agua que rodea suavemente una forma
y convierte a ese cuerpo en estrella en el agua.

Quizá como el viaje de un ser que se siente arrastrado
a la final desembocadura en que a nadie se conoce,
en que la fría sonrisa se hace sólo con los dientes,
más dolorosa cuanto que todavía las manos están tibias.

Sí. Como ser que, vivo, porque vivir es eso,
llega en el aire, en el generoso transporte
que consiste en tenderse en la tierra y esperar,
esperar que la vida sea una fresca rosa.

Sí, como la muerte que renace en el viento.

Vida, vida batiente que con forma de brisa,
con forma de huracán que sale de un aliento,

mece las hojas, mece la dicha o el color de los pétalos,
la fresca flor sensible en que alguien se ha trocado.

Como joven silencio, como verde o laurel;
como la sombra de un tigre hermoso que surte de la selva;
como alegre retención de los rayos del sol en el plano del agua;
como la viva burbuja que un pez dorado inscribe en el azul
   del cielo.
Como la imposible rama en que una golondrina no detiene su
   vuelo...
El día me encuentra.

SE QUERÍAN

Se querían.
Sufrían por la luz, labios azules en la madrugada,
labios saliendo de la noche dura,
labios partidos, sangre, ¿sangre dónde?
Se querían en un lecho navío, mitad noche, mitad luz.

Se querían como las flores a las espinas hondas,
a esa amorosa gema del amarillo nuevo,
cuando los rostros giran melancólicamente,
giralunas que brillan recibiendo aquel beso.

Se querían de noche, cuando los perros hondos
laten bajo la tierra y los valles se estiran
como lomos arcaicos que se sienten repasados:
caricia, seda, mano, luna que llega y toca.

Se querían de amor entre la madrugada,
entre las duras piedras cerradas de la noche,
duras como los cuerpos helados por las horas,
duras como los besos de diente a diente sólo.

Se querían de día, playa que va creciendo,
ondas que por los pies acarician los muslos,

cuerpos que se levantan de la tierra y flotando...
Se querían de día, sobre el mar, bajo el cielo.

Mediodía perfecto, se querían tan íntimos,
mar altísimo y joven, intimidad extensa,
soledad de lo vivo, horizontes remotos
ligados como cuerpos en soledad cantando.

Amando. Se querían como la luna lúcida,
como ese mar redondo que se aplica a ese rostro,
dulce eclipse de agua, mejilla oscurecida,
donde los peces rojos van y vienen sin música.

Día, noche, ponientes, madrugadas, espacios,
ondas nuevas, antiguas, fugitivas, perpetuas,
mar o tierra, navío, lecho, pluma, cristal,
metal, música, labio, silencio, vegetal,
mundo, quietud, su forma. Se querían, sabedlo.

TOTAL AMOR

No.
La cristalina luz que hiere el fuego,
que deshace la frente como un diamante al fin rendido,
como un cuerpo que se amontona de dicha,
que se deshace como un resplandor que nunca será frío.

La luz que amontona su cuerpo como el ansia que con nada
se aplaca,
como el corazón combatiente que en el mismo filo aún ataca,
que pide no ser ya él ni su reflejo, sino el río feliz,
lo que transcurre sin la memoria azul,
camino de los mares que entre todos se funden
y son lo amado y lo que ama, y lo que goza y sufre.

Esa dicha creciente que consiste en extender los brazos,
en tocar los límites del mundo como orillas remotas
de donde nunca se retiran las aguas,
jugando con las arenas doradas como dedos
que rozan carne o seda, lo que estremeciéndose se alborota.

407

Gozar de las lejanas luces que crepitan
en los desnudos brazos,
como un remoto rumor de dientes jóvenes
que devoran la grama jubilosa del día,
lo naciente que enseña su rosada firmeza
donde las aguas mojan todo un cielo vivido.

Vivir allá en las faldas de las montañas
donde el mar se confunde con lo escarpado,
donde las laderas verdes tan pronto son el agua
como son la mejilla inmensa donde se reflejan los soles,
donde el mundo encuentra un eco entre su música,
espejo donde el más mínimo pájaro no se escapa,
donde se refleja la dicha de la perfecta creación que transcurre.

El amor como lo que rueda,
como el universo sereno,
como la mente excelsa,
el corazón conjugado, la sangre que circula,
el luminoso destello que en la noche crepita
y pasa por la lengua oscura, que ahora entiende.

HAY MÁS

Beso alegre, descuidada paloma,
blancura entre las manos, sol o nube;
corazón que no intenta volar porque basta el calor,
basta el ala peinada por los labios ya vivos.

El día se siente hacia fuera; sólo existe el amor.
Tú y yo en la boca sentimos nacer lo que no vive,
lo que es el beso indestructible cuando la boca son alas,
alas que nos ahogan mientras los ojos se cierran,
mientras la luz dorada está dentro de los párpados.

Ven, ven, huyamos quietos como el amor;
vida como el calor que es todo el mundo solo,
que es esa música suave que tiembla bajo los pies,
mundo que vuela único, con luz de estrella viva,
como un cuerpo o dos almas, como un último pájaro.

EL DESNUDO

Basta, basta.

Tanto amor en las aves,
en esos papeles fugitivos que en la tierra se buscan,
en ese cristal indefenso que siente el beso de la luz,
en la gigante lámpara que bajo tierra solloza
iluminando el agua subterránea que espera.

Tú, corazón clamante que en medio de las nubes
o en las plumas del ave,
o en el secreto tuétano del hueso de los tigres,
o en la piedra en que apoya su cabeza la sombra.

Tú, corazón que dondequiera existes como existe la muerte,
como la muerte es esa contracción de la cintura
que siente que la abarca una secreta mano,
mientras en el oído fulgura un secreto previsto.

Di, qué palabra impasible como la esmeralda
deslumbra unos ojos con su signo durísimo,
mientras sobre los hombros todas, todas las plumas
resbalan tenuemente como sólo memoria.

Di, qué manto pretende envolver nuestro desnudo,
qué calor nos halaga mientras la luz dice nombres,
mientras escuchamos unas letras que pasan,
palomas hacia un seno que, herido, a sí se ignora.

La muerte es el vestido.
Es la acumulación de los siglos que nunca se olvidan,
es la memoria de los hombres sobre un cuerpo único,
trapo palpable sobre el que un pecho solloza
mientras busca imposible un amor o el desnudo.

CERRADA PUERTA

No mientas cabelleras diáfanas, ardientes goces,
columnas de pórfido, celestiales anhelos;
no mientas un cuerpo dichoso rodeado por la luz
como esa barca joven que desprecia las ondas.

No engañes con tu tibieza de astro reluciente
—fuerte valor para buscar la vida,
para trazar la germinante estela
donde el amor como la leche fluye.

No.
La realidad votiva aspira a ese jardín de palmas
donde los seres convertidos en lanzas
todavía te buscan, azul topacio u oro
que te escapas sin cielo por otros paraísos.

Amar el cuello enfebrecido
que roto al pie de un mármol solo
retiene su sangrienta llamada
como ese corazón que contiene su anhelo.

El frenesí de la luna y los besos,
mezclados como sangres en la puerta cerrada,
donde claman los puños de los que nunca vivieron,
de los que muertos mutilados flotan en aguas frías.

Paraíso de lunas sajadas con desvío,
con filos de vestidos o metales dichosos,
aquellos que no amaron porque sabían siempre
que el polvo no circula ni sustituye a la sangre.

Amar a esa luz violeta los párpados cerrados,
donde un ave no puede guarecer su temblor,
donde todo lo más algún pétalo frío
amanece de nácar imitando a lo vivo.

Esa pesada puerta jamás girará.
Un rostro o un peñasco, una canción o un puente milenario
unen el hilo de araña al corazón del monte,
donde la muerte vida a vida lucha
por alumbrar la pasión entre el relámpago que escapa.

Una mano del tamaño del odio,
un continente donde circulan venas,
donde aún quedaron huellas de unos dientes,
golpea un corazón como mar encerrado,
golpea unas encías que devoraron luces,
que tragaron un mundo que nunca había nacido,
donde el amor era el chocar de los rayos crujientes
sobre los cuerpos humanos derribados por tierra.

LA MUERTE

Ah! Eres tú, eres tú, eterno nombre sin fecha,
bravía lucha del mar con la sed,
cantil todo de agua que amenazas hundirte
sobre mi forma lisa, lámina sin recuerdo.

Eres tú, sombra del mar poderoso,
genial rencor verde donde todos los peces son como piedras
    por el aire,
abatimiento o pesadumbre que amenazas mi vida
como un amor que con la muerte acaba.

Mátame si tú quieres, mar de plomo impiadoso,
gota inmensa que contiene la tierra,
fuego destructor de mi vida sin numen
aquí en la playa donde la luz se arrastra.

Mátame como si un puñal, un sol dorado o lúcido,
una mirada buída de un inviolable ojo,
un brazo prepotente en que la desnudez fuese el frío,
un relámpago que buscase mi pecho o su destino...

¡Ah, pronto, pronto; quiero morir frente a ti, mar,
frente a ti, mar vertical cuyas espumas tocan los cielos,
a ti cuyos celestes peces entre nubes
son como pájaros olvidados del hondo!

Vengan a mí tus espumas rompientes, cristalinas,
vengan los brazos verdes desplomándose,
venga la asfixia cuando el cuerpo se crispa
sumido bajo los labios negros que se derrumban.

Luzca el morado sol sobre la muerte uniforme.
Venga la muerte total en la playa que sostengo,
en esta terrena playa que en mi pecho gravita,
por la que unos pies ligeros parece que se escapan.

Quiero el color rosa o la vida,
quiero el rojo o su amarillo frenético,
quiero ese túnel donde el color se disuelve
en el negro falaz con que la muerte ríe en la boca.

Quiero besar el marfil de la mudez penúltima,
cuando el mar se retira apresurándose,
cuando sobre la arena quedan sólo unas conchas,
unas frías escamas de unos peces amándose.

Muerte como el puñado de arena,
como el agua que en el hoyo queda solitaria,
como la gaviota que en medio de la noche
tiene un color de sangre sobre el mar que no existe.

MUNDO A SOLAS

1934-1936

Yace la vida envuelta en alto olvido.

QUEVEDO.

1

NO EXISTE EL HOMBRE

Sólo la luna sospecha la verdad.
Y es que no existe el hombre.

La luna tantea por los llanos, atraviesa los ríos,
penetra por los bosques.
Modela las aún tibias montañas.
Encuentra el calor de las ciudades erguidas.
Fragua una sombra, mata una oscura esquina,
inunda de fulgurantes rosas
el misterio de las cuevas donde no huele a nada.

La luna pasa, sabe, canta, avanza y avanza sin descanso.
Un mar no es un lecho donde el cuerpo de un hombre puede
    tenderse a solas.
Un mar no es un sudario para una muerte lúcida.
La luna sigue, cala, ahonda, raya las profundas arenas.
Mueve fantástica los verdes rumores aplacados.
Un cadáver en pie un instante se mece,
duda, ya avanza, verde queda inmóvil.
La luna miente sus brazos rotos,
su imponente mirada donde unos peces anidan.
Enciende las ciudades hundidas donde todavía se pueden oír

(qué dulces) las campanas vividas;
donde las ondas postreras aún repercuten sobre los pechos neutros,
sobre los pechos blandos que algún pulpo ha adorado.

Pero la luna es pura y seca siempre.
Sale de un mar que es una caja siempre,
que es un bloque con límites que nadie, nadie estrecha,
que no es una piedra sobre un monte irradiando.
Sale y persigue lo que fuera los huesos,
lo que fuera las venas de un hombre,
lo que fuera su sangre sonada, su melodiosa cárcel,
su cintura visible que a la vida divide,
o su cabeza ligera sobre un aire hacia oriente.

Pero el hombre no existe.
Nunca ha existido, nunca.
Pero el hombre no vive, como no vive el día.
Pero la luna inventa sus metales furiosos.

EL ÁRBOL

El árbol jamás duerme.
Dura pierna de roble, a veces tan desnuda quiere un sol muy
oscuro.
Es un muslo piafante que un momento se para,
mientras todo el horizonte se retira con miedo.

Un árbol es un muslo que en la tierra se yergue como la erecta
vida.
No quiere ser ni blanco ni rosado,
y es verde, verde siempre como los duros ojos.

Rodilla inmensa donde los besos no imitarán jamás falsas
hormigas.
Donde la luna no pretenderá ser un sutil encaje.
Porque la espuma que una noche osara hasta rozarlo
a la mañana es roca, dura roca sin musgo.

Venas donde a veces los labios que las besan
sienten el brío del acero que cumple,
sienten ese calor que hace la sangre brillante
cuando escapa apretada entre los sabios músculos.

Sí. Una flor quiere a veces ser un brazo potente.
Pero nunca veréis que un árbol quiera ser otra cosa.
Un corazón de un hombre a veces resuena golpeando.
Pero un árbol es sabio, y plantado domina.

Todo un cielo o un rubor sobre sus ramas descansa.
Cestos de pájaros niños no osan colgar de sus yemas.
Y la tierra está quieta toda ante vuestros ojos;
pero yo sé que ella se alzaría como un mar por tocarle.

En lo sumo, gigante, sintiendo las estrellas todas rizadas sin
    un viento,
resonando misteriosamente sin ningún viento dorado,
un árbol vive y puede pero no clama nunca,
ni a los hombres mortales arroja nunca su sombra.

BULTO SIN AMOR

BASTA, tristeza, basta, basta, basta.

No pienses más en esos ojos que te duelen,
en esa frente pura encerrada en sus muros,
en ese pelo rubio, que una noche ondulara.

¡Una noche! Una vida, todo un pesar, todo un amor, toda
una dulce sangre.
Toda una luz que bebí de unas venas,
en medio de la noche y en los días radiantes.

Te amé... No sé. No sé qué es el amor.
Te padecí gloriosamente como a la sangre misma,
como el doloroso martillo que hace vivir y mata.

Sentí diariamente que la vida es la muerte.
Supe lo que es amar porque morí a diario.

Pero no morí nunca. No se muere. Se muere...
Se muere sobre un aire, sobre un hombro no amante.
Sobre una tierra indiferente para los mismos besos.

Eras tan tierna; eras allí, remotamente, hace mucho,
eras tan dulce como el viento en las hojas,
como un montón de rosas para los labios fijos.

Después, un rayo vengativo, no sé qué destino enigmático,
qué luz maldita de un cielo de tormenta,
descargó su morado relámpago sobre tu frente pura,
sobre tus ojos dulces,
sobre aquellos labios tempranos.

Y tus ojos de fósforo lucieron sin espera,
lucieron sobre un monte pelado sin amores,
y se encendieron rojos para siempre en la aurora,
cielo que me cubriera tan bajo como el odio.

¿Quién eres tú? ¿Qué rostro es ése, qué dureza diamantina?
¿Qué mármol enrojecido por la tormenta
que los besos no aplacan, ni la dulce memoria?
Beso tu bulto, pétrea rosa sin sangre.
Tu pecho silencioso donde resbala el agua.
Tu rostro donde nunca brilla la luz azul,
aquella senda pura de las blandas miradas.
Beso tus manos que no vuelan a labios.
Beso su gotear de un cielo entristecido.
Pero quizá no beso sino mis puras lágrimas.

Esta piedra que estrecho como se estrecha un ave,
ave inmensa de pluma donde enterrar un rostro,
no es un ave, es la roca, es la dura montaña,
cuerpo humano sin vida a quien pido la muerte.

PÁJAROS SIN DESCENSO

Un pelo rubio ondea.
Se ven remotas playas, nubes felices, un viento así dorado
que enlazaría cuerpos sobre la arena pura.
Pájaros sin descenso por el azul se escapan.
Son casi los deseos, son casi sus espumas.
Son las hojas de un cielo radiante de belleza,
en el que mil gargantas cantan la luz sin muerte.

Un hombre ve, presencia. Un hombre vive, duerme.
Una forma respira como la mar sacude.
Un pecho ondula siempre casi azul a sus playas.

No, no confundáis ya el mar, el mar inerte, con un corazón
  agitado.
No mezcléis nunca sangre con espumas tan libres.
El color blanco es ala, es agua, es nube, es vela;
pero no es nunca rostro.
Pero no es nunca, nunca, un latido de sangre,
un calor delicado que por un cuerpo corre.

Por eso,
tirado ahí, en la playa.
Tirado allá después en el duro camino.
Tirado más allá, en la enorme montaña,
un hombre ignora el verde piadoso de los mares,
ignora su vaivén melodioso y vacío
y desconoce el canon eterno de su espuma.

Sobre la tierra yace como la pura hierba.
Un huracán lo peina como a los grandes robles.
Sus brazos no presencian la llegada de pájaros.
Pájaros sin descenso son blancos bajo el cielo.

BAJO LA TIERRA

No. No. Nunca. Jamás.
Mi corazón no existe.
Será inútil que vosotros, uno a uno, como árboles desnudos,
paséis cuando la tierra gira.
Inútil que la luz suene en las hojas como un viento querido
e imite dulcemente un corazón que llama.

No. Yo soy la sombra oscura que en las raíces de los árboles
se curva como serpiente emitiendo una música.
Serpiente gruesa que como tronco de árbol
bajo tierra respira sin sospechar un césped.

Yo sé que existe un cielo. Acaso un Dios que sueña.
Sé que ese azul radiante que lleváis en los ojos
es un cielo pequeño con un oro dormido.

Bajo tierra se vive. La humedad es la sangre.
Hay lombrices pequeñas como niños no nacidos.
Hay tubérculos que hacia dentro crecen como las flores.
Ignoran que en lo sumo y en libertad los pétalos
son rosas, amarillos, carmines o inocentes.

Hay piedras que nunca serán ojos. Hay hierbas que son saliva
triste.
Hay dientes en la tierra que en medio de los sueños
se mueven y mastican lo que nunca es el beso.

Debajo de la tierra hay, más honda, la roca,
la desnuda, la purísima roca donde sólo podrían vivir seres hu
manos,
donde el calor es posible a las carnes desnudas
que allí aplicadas serían flores soberbias, límpidas.

Hay agua bajo la tierra. Agua oscura, ¿sabéis?
Agua sin cielo.
Agua que muda espera por milenios el rostro,
el puro o cristalino rostro que se refleje,
o ese plumón de pájaro que rasga un cielo abierto.

Más hondo, más, el fuego purifica.
Es el fuego desierto donde nunca descienden.
Destierro prohibido a las almas, a las sombras.
Entrañas que se abrasan de soledad sin numen.

No sois vosotros, los que vivís en el mundo,
los que pasáis o dormís entre blancas cadenas,
los que voláis acaso con nombre de poniente,
o de aurora o de cenit,
no sois los que sabréis el destino de un hombre.

HUMANO ARDOR

Navío sosegado que boga por un río,
a veces me pregunto si tu cuerpo es un ave.
A veces si es el agua, el agua o el río mismo;
pero siempre te estrecho como voz entre labios.

Besarte es pronunciarte, oh dicha, oh dulce fuego dicho.
Besarte es pronunciarte como un calor que del pecho surtiera,
una dulce palabra que en la noche relumbra.

Pero tú, tan hermosa, tienes ojos azules,
tienes pestañas donde pájaros vuelan,
donde un canto se enreda entre plumas o alas
que hacen azul la aurora cuando la noche cede.

¡Oh hermosa, hermosa! Te vi, te vi pasar arrebatando la
    realidad constante,
desnuda como la piedra ardiente,
blanda como las voces de las flores tocadas,
amarilla en el día sin un sol que no osara.

433

Tus labios son esa suave tristeza que ciega cuando alguien
   pone su pobre boca humana;
eran, no una palabra,
sino su sueño mismo,
su imperioso mandato que castiga con beso.

Morir no es aquel nombre que de niño pasaba,
pasaba como un hada enlutada y sin ruido.
No es esa noche lóbrega, cuando el lobo lamía
la mano que, amarilla, es sarmiento en la hoguera.

Morir no es ese pelo negrísimo que ondea,
ese azul tenebroso que en una roca yace.
Ese brillo fatal donde la luna choca
y salta como acero que ese otro acero escupe.

Morir, morir es tener en los brazos un cuerpo
del que nunca salir se podrá como hombre.
Pero acaso quedar como gota de plomo,
resto en tierra visible de un ardor soberano.

Pero tú que aquí descansas como descansa la luz en la tarde
   de estío,
eres soberbia como el desnudo sin árboles,
violenta como la luna enrojecida
y ardiente como el río que un volcán evapora.

Pero yo te acaricio sabiendo que la vida resiste más que el
   fuego,
que unos dientes se besan, se besan aun sin labios,
y que, hermosa o terrible, aves enfurecidas
entre pestañas vuelan, y cantan, o aún me llaman.

2

YA NO ES POSIBLE

No digas tu nombre emitiendo tu música
como una yerta lumbre que se derrama,
como esa luna que en invierno reparte
su polvo pensativo sobre el hueso.

Deja que la noche estruje la ausencia de la carne,
la postrera desnudez que alguien pide;
deja que la luna ruede por las piedras del cielo
como un brazo ya muerto sin una rosa encendida.

Alguna luz ha tiempo olía a flores.
Pero no huele a nada.
No digáis que la muerte huele a nada,
que la ausencia del amor huele a nada,
que la ausencia del aire, de la sombra huelen a nada.

La luna desalojaba entonces, allá, remotamente, hace mucho,
desalojaba sombras e inundaba de fulgurantes rosas
esa región donde un seno latía.

Pero la luna es un hueso pelado sin acento.
No es una voz, no es un grito celeste.
Es su dura oquedad, pared donde sonaban,
muros donde el rumor de los besos rompía.

Un hueso todavía por un cielo de piedra
quiere rodar, quiere vencer su quietud extinguida.
Quiere empuñar aún una rosa de fuego
y acercarla a unos labios de carne que la abrasen.

EL SOL VICTORIOSO

No pronuncies mi nombre
imitando a los árboles que sacuden su triste cabellera,
empapada de luna en las noches de agosto
bajo un cielo morado donde nadie ha vivido.

No me llames
como llama a la tierra su viento que no la toca,
su triste viento u oro que rozándola pasa,
sospechando el carbón que vigilante encierra.

Nunca me digas que tu sombra es tan dura
como un bloque con límites que en la sombra reposa,
bloque que se dibuja contra un cielo parado,
junto a un lago sin aire, bajo una luna vacía.

El sol, el fuerte, el duro y brusco sol que deseca pantanos,
que atiranta los labios, que cruje como hojas secas entre los
labios mismos,
que redondea rocas peladas como montes de carne,
como redonda carne que pesadamente aguanta la caricia tremenda,

la mano poderosa que estruja masas grandes,
que ciñe las caderas de esos tremendos cuerpos
que los ríos aprietan como montes tumbados.

El sol despeja siempre noches de luna larga,
interminables noches donde los filos verdes,
donde los ojos verdes,
donde las manos verdes
son sólo verdes túnicas, telas mojadas verdes,
son sólo pechos verdes,
son sólo besos verdes entre moscas ya verdes.

El sol o mano dura,
o mano roja, o furia, o ira naciente.
El sol que hace a la tierra una escoria sin muerte.

No, no digas mi nombre como luna encerrada,
como luna que entre los barrotes de una jaula nocturna
bate como los pájaros, como quizá los ángeles,
como los verdes ángeles que en un agua han vivido.

Huye, como huiría el pantano que un hombre ha visto for-
    marse sobre su pecho,
crecer sobre su pecho,
y ha visto que su sangre como nenúfar surte,
mientras su corazón bulle como oculta burbuja.

Las mojadas raíces
que un hombre siente en su pecho, bajo la noche apagada,
no son vida ni muerte, sino quietud o limo,
sino pesadas formas de culebras de agua
que entre la carne viven sin un musgo horadado.

No, no digas mi nombre,
noche horrenda de agosto, de un imposible enero;
no, no digas mi nombre,
pero mátame, oh sol, con tu justa cuchilla.

AL AMOR

Un día para los hombres llegaste.
Eras, quizá, la salida del sol.
Pero eras más el mar, el duro, el terso, el transparente, amena-
    zante mar que busca orillas,
que escupe luces, que deja atrás sus peces sin espinas
y que rueda por los pies de unos seres humanos,
ajeno al dolor o a la alegría de un cielo.

Llegaste con espuma, furioso, dulce, tibio, heladamente ar-
    diente bajo los duros besos
de un sol constante sobre la piel quemada.

El bosque huyó, los árboles volaron.
Una sombra de pájaros oscureció un azul intangible.
Las rocas se cubrieron con un musgo de fábula.
Y allá remotamente, invisibles, los leones durmieron.

Delicado, tranquilo, con unos ojos donde la luz nunca todavía
    brilló,
ojos continuos para el vivir de siempre,
llegaste tú sin sombra, sin vestidos, sin odio,

suave como la brisa ligada al mediodía,
violento como palomas que se aman,
arrullador como esas fieras que un ocaso no extingue,
brillador en el día bajo un sol casi negro.

No, no eras el río, la fuga, la presentida fuga de unos potros
    camino del oriente.
Ni eras la hermosura terrible de los bosques.
Yo no podía confundirte con el rumor del viento sobre el
    césped,
donde el rostro de un hombre oye a la dulce tierra.

Lejos las ciudades extendían sus tentaculares raíces,
monstruos de Nínive, megaterios sin sombra,
pesadas construcciones de una divinidad derribada entre azufres,
que se quema convulsa mientras los suelos crujen.

Pero tú llegaste imitando la sencilla quietud de la montaña.
Llegaste como la tibia pluma cae de un cielo estremecido.
Como la rosa crece entre unas manos ciegas.
Como un ave surte de una boca adorada.
Lo mismo que un corazón contra otro pecho palpita.

El mundo, nadie sabe donde está, nadie puede decidir sobre
    la verdad de su luz.
Nadie escucha su música veloz, que canta siempre cubierta
por el rumor de una sangre escondida.

Nadie, nadie te conoce, oh Amor, que arribas por una escala
    silenciosa,
por un camino de otra tierra invisible.
Pero yo te sentí, yo te vi, yo te adiviné.
A ti, hermosura mortal que entre mis brazos luchaste,
mar transitorio, impetuoso mar de alas furiosas como besos.
Mortal enemigo que cuerpo a cuerpo me venciste,
para escapar triunfante a tu ignorada patria.

LIBERTAD CELESTE

¡Ah la frente serena!
Quisiera yo saber
que la frente ya exenta de un cuerpo que no es aire
arriba ondea donde la luz existe,
arriba hiere cielos que generosamente
dan sus vidas azules como la lluvia fresca.

Dejadme, sí, dejadme.
El corazón ansía,
ansía bajo tierra perecer como luna,
como la seca luna que se clava en el suelo:
un poniente durísimo que de un golpe se incrusta.

El corazón mataría a la tierra,
mataría como un amor que estrecha o asfixia un cuerpo odiado,
un cuerpo que se rinde desangrándose vivo
mientras se besan labios o burbujas de muerte.

Pero arriba la cabeza se evade.
Belleza soberana, majestad de la frente,
piel serena de oriente donde un sol se retrata,

donde un sol tibiamente se ciñe como un brazo,
una piel fina, amada, de una mujer desnuda.

¡Cielo redondo y claro donde vivir volando,
donde cantar batiendo unos ojos que brillan,
donde sentir la sangre como azul firmamento
que circula gozoso copiando mundos libres!

FILO DEL AMOR

Cuando te miro, monte o diminuta rosa,
cuando te tengo, montaña azulada que contra mi pecho estrecho,
mariposa que llega ligera como el amor,
como dos labios reales que en el cielo se extienden.

Cuando miro tu dulce forma extendida,
tu sueño vigilante en que la misma sonrisa no engaña,
cuerpo que me parece montón de trigo núbil,
fruto que duerme en tierra dorado como la dicha...

Miro tu rostro de niña sonreír sin espanto,
mientras sobre la frente pasan nubes ligeras,
mientras tu piel siente a los pájaros altos
como plumas que tocan suavemente y sonríen.

Sí. Tú extendida no imitas un río detenido,
no imitas un lago en cuyo fondo al cabo el cielo descansa,
ni eres tampoco una dulce colina que ha nacido
cuando la luna dora lo suave de la tierra.

Extendido tu brazo que descansa en lo verde,
es quizás, sí, quizás un calor o llamada,

445

es un dulce resplandor que solamente de noche
corresponden con lunas o con los frescos luceros.

¿A quién llamas?
La tierra girando como suave cabeza
deja una estela o cabello de plata,
deja un rumor de voces o palabras queridas,
que las estrellas oyen como un agua enviada.

Todo el cristal de ti, o el amor,
todo el misterio que rueda sin saberte,
toda la dicha que consiste en decir a tu oído unas tiernas
    palabras,
mientras tu boca se rinde como un mar entreabierto.

Di, ¿quién besa como las estrellas?
¿Quién siente en la nuca una luna acerada,
quién comprende que la luz es una tersa cuchilla
que parte en dos, mientras se besan unos amantes vivos?

3

MUNDO INHUMANO

Una mar. Una luna.
Un vacío sin horas bajo un cielo volado.
Un clamor que se escapa desoyendo la sangre.
Una luz al poniente ligera como el aire.

Todo vuela sin términos camino del oriente,
camino de los aires veloces para el seno.
Allí donde no hay pájaros, pero ruedan las nubes
aleves como espuma de un total océano.

Allí, allí, entre las claras dichas
de ese azul ignorado de los hombres mortales,
bate un mar que no es sangre,
un agua que no es yunque,
un verde o desvarío
de lo que se alza al cabo con sus alas extensas.

Allí no existe el hombre.
Altas águilas rozan su límite inhumano.
Plumas tibias se escapan de unas garras vacías,
y un sol que bate solo lejanamente envía
unas ondas doradas, pero nunca a los pulsos.

449

La luz, el oro, el carmen de matices palpita.
Un ramo o fuego se alza como un brazo de rosas.
Una mano no existe, pero ciñera el cielo
buscando ciegamente la turgencia rosada.

¡Inmensidad del aire! No hay una voz que clama.
Profundidad sin noche donde la vida es vida.
Donde la muerte escapa como muerte finita,
con un puño clamando contra los secos muros.

¡No!
El hombre está muy lejos. Alta pared de sangre.
El hombre grita sordo su corazón de bosque.
Su gotear de sangre, su pesada tristeza.
Cubierto por las telas de un cielo derrumbado
lejanamente el hombre contra un muro se seca.

TORMENTO DEL AMOR

Te amé, te amé, por tus ojos, tus labios, tu garganta, tu voz,
tu corazón encendido en violencia.
Te amé como a mi furia, mi destino furioso,
mi cerrazón sin alba, mi luna machacada.

Eras hermosa. Tenías ojos grandes.
Palomas grandes, veloces garras, altas águilas potentísimas...
Tenías esa plenitud por un cielo rutilante
donde el fragor de los mundos no es un beso en tu boca.

Pero te amé como la luna ama la sangre,
como la luna busca la sangre de las venas,
como la luna suplanta a la sangre y recorre furiosa
las venas encendidas de amarillas pasiones.

No sé lo que es la muerte, si se besa la boca.
No sé lo que es morir. Yo no muero. Yo canto.
Canto muerto y podrido como un hueso brillante,
radiante ante la luna como un cristal purísimo.

Canto como la carne, como la dura piedra.
Canto tus dientes feroces sin palabras.

451

Canto su sola sombra, su tristísima sombra
sobre la dulce tierra donde un césped se amansa.

Nadie llora. No mires este rostro
donde las lágrimas no viven, no respiran.
No mires esta piedra, esta llama de hierro,
este cuerpo que resuena como una torre metálica.

Tenías cabellera, dulces rizos, miradas y mejillas.
Tenías brazos, y no ríos sin límite.
Tenías tu forma, tu frontera preciosa, tu dulce margen de carne
    estremecida.
Era tu corazón como alada bandera.

¡Pero tu sangre no, tu vida no, tu maldad no!
¿Quién soy yo que suplica a la luna mi muerte?
¿Quién soy yo que resiste los vientos, que siente las heridas de
    su frenéticos cuchillos,
que deja que le mojen su dibujo de mármol
como una dura estatua ensangrentada por la tormenta?

¿Quién soy yo que no escucho mi voz entre los truenos,
ni mi brazo de hueso con signo de relámpago,
ni la lluvia sangrienta que tiñe la hierba que ha nacido
entre mis pies mordidos por un río de dientes?

¿Quién soy, quién eres, quién te sabe?
¿A quién amo, oh tú, hermosa mortal,
amante reluciente, pecho radiante;
a quién, a quién amo, a qué sombra, a qué carne,
a qué podridos huesos que como flores me embriagan?

GUITARRA O LUNA

Guitarra como luna.
Es la luna o su sangre?
Es un mínimo corazón que ha escapado
que sobre los bosques va dejando su azul música insomne.

Una voz o su sangre,
una pasión o su horror,
un pez o luna seca
que colea en la noche salpicando los valles.

Mano profunda o ira amenazada.
La luna es roja o amarilla?
No, no es un ojo inyectado en la furia
de presenciar los límites de la tierra pequeña.

Mano que por los cielos busca la misma vida,
busca los pulsos de un cielo desangrándose,
bucea en las entrañas entre los viejos planetas
que extrañan la guitarra que se alumbra en la noche.

Pena, pena de un pecho que nadie define,
cuando las fieras sienten sus pelos erizados,
cuando se sienten empapadas en la luz fría
que les busca la piel como una mano quimérica.

EL AMOR IRACUNDO

Te amé, te amé!
Tenías ojos claros.
¿Por qué te amé?
Tenías grandes ojos.
Te amé como se ama a la luz furiosa del mediodía vibrante,
un estío que duele como un látigo rojo.

Te amé por tu cabello estéril,
por tus manos de piedra,
por tu cuerpo de hierba peinada por el viento,
por tu huella de lágrima sobre un barro reciente.

Te amé como a la sombra,
como a la luz, como a los golpes que dan las puertas movidas
    por el trueno.
Como al duro relámpago que entre las manos duda
y alcanza nuestro pecho como un rudo destino.

Te amé, te amé, hermosísima, como a la inaccesible montaña
que alza su masa cruda contra un cielo perdido.
Allá no llegan pájaros, ni las nubes alcanzan
su muda cumbre fría que un volcán ha ignorado.

Te amé quizá más que nada como se ama al mar,
como a una playa toda viva ofrecida,
como a todas las arenas que palpitantemente
se alzan arrebatadas por un huracán sediento.

Te amé como al lecho calcáreo que deja el mar al huir,
como al profundo abismo donde se pudren los peces,
roca pelada donde sueña la muerte
un velo aliviador como un verde marino.

La luz eras tú; la ira, la sangre, la crueldad, la mentira
eras tú.
Tú, la vida que cruje entre los huesos,
las flores que envían a puñados su aroma.
Las aves que penetran por los ojos y ciegan
al hombre que, desnudo sobre la tierra, mira.

Tú, la manada de gacelas, su sombra.
Tú el río meditabundo o su nombre y espuma.
Tú el león rugidor y su melena estéril,
su piafante garra que una carne ha adorado.

¡Te amo; te amé, te amé!
Te he amado.
Te amaré como el cuerpo que sin piel se desangra,
como la pura y última desollación de la carne
que alimenta los ríos que una ira enrojece.

NADIE

PERO yo sé que pueden confundirse
un pecho y una música, un corazón o un árbol en invierno.
Sé que el dulce ruido de la tierra crujiente,
el inoíble aullido de la noche,
lame los pies como la lengua seca
y dibuja un pesar sobre la piel dichosa.

¿Quién marcha? ¿Quién camina?

Atravesando ríos como panteras dormidas en la sombra;
atravesando follajes, hojas, céspedes vestidos,
divisando barcas perezosas o besos,
o limos o crujientes estrellas;
divisando peces estupefactos entre dos brillos últimos,
calamidades con forma de tristeza sellada,
labios mudos, extremos, veleidades de la sangre,
corazones marchitos como mujeres sucias,
como laberintos donde nadie encuentra su postrer ilusión,
su soledad sin aire,
su volada palabra;

457

atravesando los bosques, las ciudades, las penas,
la desesperación de tropezar siempre en el mar,
de beber de esa lágrima, de esa tremenda lágrima
en que un pie se humedece, pero que nunca acaricia;

rompiendo con la frente los ramajes nervudos,
la prohibición de seguir en nombre de la ley,
los torrentes de risa, de dientes o de ramos de cieno,
de palabras machacadas por unas muelas rotas;

limando con el cuerpo el límite del aire,
sintiendo sobre la carne las ramas tropicales,
los abrazos, las yedras, los millones de labios,
esas ventosas últimas que hace el mundo besando,

un hombre brilla o rueda, un hombre yace o se yergue,
un hombre siente su pesada cabeza como azul enturbiado,
sus lágrimas ausentes como fuego rutilante,
y contempla los cielos como su mismo rostro,
como su sola altura que una palabra rechaza:
Nadie.

LOS CIELOS

En medio de los mares y en las altas esferas,
bajo los cauces hondos de la mar poderosa,
buscad la vida acaso como brillo inestable,
oscuridad profunda para un único pecho.

Acaso late el mundo bajo las aguas duras,
acaso hay sangre, acaso un débil corazón no las mueve.
Ellas pesan altísimas sobre un pecho con vida
que sueña azules cielos desfallecidamente.

Robusto el mar se eleva sin alas por amarte,
oh cielo gradual donde nadie ha vivido.
Robusto el mar despide sus espumas nerviosas
y proyecta sus claros, sus vibrantes luceros.
Robusto, enajenado, como un titán sostiene
todo un cielo o un pecho de un amor en los brazos.

Pero no. Claramente, altísimos, los cielos
no se mueven, no penden, no pesan, no gravitan.
Luminosos, sin tasa, como una mar no baten;
pero nunca sonríen ni resbalan. No vuelan.

Cielos para los ojos son alas con sus márgenes.
Son besos con sus labios, o pozos beso a beso.
Son masa para manos que repasan la vida,
dura como horizontes que palpitan con sangre.

Son ese triste oído donde remotamente
gime el mundo encerrado en aire, en puro aire.
Pero los dulces vidrios que otros labios repasan,
dan su frío de vida, de muerte entre los soles.

Lo sé. Para los fuegos inhumanos, cristales
encierran sólo músculos, corazones sin nadie.
Son soles o son lunas. Su nombre nada importa.
Son luz o nieve o muerte para los yertos hombres.

FIN DE
"MUNDO A SOLAS"

SOMBRA DEL PARAISO

1939-1943

EL POETA

Para ti, que conoces cómo la piedra canta,
y cuya delicada pupila sabe ya del peso de una montaña sobre
    un ojo dulce,
y cómo el resonante clamor de los bosques se aduerme suave
    un día en nuestras venas;

para ti, poeta, que sentiste en tu aliento
la embestida brutal de las aves celestes,
y en cuyas palabras tan pronto vuelan las poderosas alas de las
    águilas
como se ve brillar el lomo de los calientes peces sin sonido:

oye este libro que a tus manos envío
con ademán de selva,
pero donde de repente una gota fresquísima de rocío brilla sobre
    una rosa,
o se ve batir el deseo del mundo,
la tristeza que como párpado doloroso
cierra el poniente y oculta el sol como una lágrima oscurecida,
mientras la inmensa frente fatigada
siente un beso sin luz, un beso largo,
unas palabras mudas que habla el mundo finando.

Sí, poeta: el amor y el dolor son tu reino.
Carne mortal la tuya, que, arrebatada por el espíritu,
arde en la noche o se eleva en el mediodía poderoso,
inmensa lengua profética que lamiendo los cielos
ilumina palabras que dan muerte a los hombres.

La juventud de tu corazón no es una playa
donde la mar embiste con sus espumas rotas,
dientes de amor que mordiendo los bordes de la tierra,
braman dulce a los seres.

No es ese rayo velador que súbitamente te amenaza,
iluminando un instante tu frente desnuda,
para hundirse en tus ojos e incendiarte, abrasando
los espacios con tu vida que de amor se consume.

No. Esa luz que en el mundo
no es ceniza última,
luz que nunca se abate como polvo en los labios,
eres tú, poeta, cuya mano y no luna
yo vi en los cielos una noche brillando.

Un pecho robusto que reposa atravesado por el mar
respira como la inmensa marea celeste
y abre sus brazos yacentes y toca, acaricia
los extremos límites de la tierra.

¿Entonces?
Sí, poeta; arroja este libro que pretende encerrar en sus páginas
    un destello del sol,
y mira a la luz cara a cara, apoyada la cabeza en la roca,
mientras tus pies remotísimos sienten el beso postrero del po-
    niente
y tus manos alzadas tocan dulce la luna,
y tu cabellera colgante deja estela en los astros.

1

CRIATURAS EN LA AURORA

Vosotros conocisteis la generosa luz de la inocencia.

Entre las flores silvestres recogisteis cada mañana
el último, el pálido eco de la postrer estrella.
Bebisteis ese cristalino fulgor,
que como una mano purísima
dice adiós a los hombres detrás de la fantástica presencia mon-
        tañosa.
Bajo el azul naciente,
entre las luces nuevas, entre los puros céfiros primeros,
que vencían a fuerza de candor a la noche,
amanecisteis cada día, porque cada día la túnica casi húmeda
se desgarraba virginalmente para amaros,
desnuda, pura, invïolada.

Aparecisteis entre la suavidad de las laderas,
donde la hierba apacible ha recibido eternamente el beso ins-
        tantáneo de la luna.
Ojo dulce, mirada repentina para un mundo estremecido
que se tiende inefable más allá de su misma apariencia.

La música de los ríos, la quietud de las alas,
esas plumas que todavía con el recuerdo del día se plegaron
    para el amor, como para el sueño,
entonaban su quietísimo éxtasis
bajo el mágico soplo de la luz,
luna ferviente que aparecida en el cielo
parece ignorar su efímero destino transparente.

La melancólica inclinación de los montes
no significaba el arrepentimiento terreno
ante la inevitable mutación de las horas:
era más bien la tersura, la mórbida superficie del mundo
que ofrecía su curva como un seno hechizado.

Allí vivisteis. Allí cada día presenciasteis la tierra,
la luz, el calor, el sondear lentísimo
de los rayos celestes que adivinaban las formas,
que palpaban tiernamente las laderas, los valles,
los ríos con su ya casi brillante espada solar,
acero vívido que guarda aún, sin lágrima, la amarillez tan
    íntima,
la plateada faz de la luna retenida en sus ondas.

Allí nacían cada mañana los pájaros,
sorprendentes, novísimos, vividores, celestes.
Las lenguas de la inocencia
no decían palabras:
entre las ramas de los altos álamos blancos
sonaban casi también vegetales, como el soplo en las frondas.
¡Pájaros de la dicha inicial, que se abrían
estrenando sus alas, sin perder la gota virginal del rocío!

Las flores salpicadas, las apenas brillantes florecillas del soto,
eran blandas, sin grito, a vuestras plantas desnudas.
Yo os vi, os presentí cuando el perfume invisible
besaba vuestros pies, insensibles al beso.

468

¡No crueles: dichosos! En las cabezas desnudas
brillaban acaso las hojas iluminadas del alba.
Vuestra frente se hería, ella misma, contra los rayos dorados,
        recientes, de la vida,
del sol, del amor, del silencio bellísimo.

No había lluvia, pero unos dulces brazos
parecían presidir a los aires,
y vuestros cuellos sentían su hechicera presencia,
mientras decíais palabras a las que el sol naciente daba magia
        de plumas.

No, no es ahora cuando la noche va cayendo,
también con la misma dulzura, pero con un levísimo vapor de
        ceniza,
cuando yo correré tras vuestras sombras amadas.
Lejos están las inmarchitas horas matinales,
imagen feliz de la aurora impaciente,
tierno nacimiento de la dicha en los labios,
en los seres vivísimos que yo amé en vuestras márgenes.

El placer no tomaba el temeroso nombre de placer,
ni el turbio espesor de los bosques hendidos,
sino la embriagadora nitidez de las cañadas abiertas
donde la luz se desliza con sencillez de pájaro.

Por eso os amo, inocentes, amorosos seres mortales
de un mundo virginal que diariamente se repetía
cuando la vida sonaba en las gargantas felices
de las aves, los ríos, los aires y los hombres.

DESTINO TRÁGICO

Confundes ese mar silencioso que adoro
con la espuma instantánea del viento entre los árboles.

Pero el mar es distinto.
No es viento, no es su imagen.
No es el resplandor de un beso pasajero,
ni es siquiera el gemido de unas alas brillantes.

No confundáis sus plumas, sus alisadas plumas,
con el torso de una paloma.
No penséis en el pujante acero del águila.
Por el cielo las garras poderosas detienen el sol.
Las águilas oprimen a la noche que nace,
la estrujan—todo un río de último resplandor va a los mares—
y la arrojan remota, despedida, apagada,
allí donde el sol de mañana duerme niño sin vida.

Pero el mar, no. No es piedra,
esa esmeralda que todos amasteis en las tardes sedientas.
No es piedra rutilante toda labios tendiéndose,
aunque el calor tropical haga a la playa latir,
sintiendo el rumoroso corazón que la invade.

Muchas veces pensasteis en el bosque.
Duros mástiles altos,
árboles infinitos
bajo las ondas adivinasteis poblados de unos pájaros de espu-
    mosa blancura.
Visteis los vientos verdes
inspirados moverlos,
y escuchasteis los trinos de unas gargantas dulces:
ruiseñor de los mares, noche tenue sin luna,
fulgor bajo las ondas donde pechos heridos
cantan tibios en ramos de coral con perfume.

Ah, sí, yo sé lo que adorasteis.
Vosotros pensativos en la orilla,
con vuestra mejilla en la mano aún mojada,
mirasteis esas ondas, mientras acaso pensabais en un cuerpo:
un solo cuerpo dulce de un animal tranquilo.
Tendisteis vuestra mano y aplicasteis su calor
a la tibia tersura de una piel aplacada.
¡Oh suave tigre a vuestros pies dormido!

Sus dientes blancos visibles en las fauces doradas,
brillaban ahora en paz. Sus ojos amarillos,
minúsculas guijas casi de nácar al poniente,
cerrados, eran todo silencio ya marino.
Y el cuerpo derramado, veteado sabiamente de una onda po-
    derosa,
era bulto entregado, caliente, dulce sólo.

Pero de pronto os levantasteis.
Habíais sentido las alas oscuras,
envío mágico del fondo que llama a los corazones.
Mirasteis fijamente el empezado rumor de los abismos.
¿Qué formas contemplasteis? ¿Qué signos inviolados,
qué precisas palabras que la espuma decía,
dulce saliva de unos labios secretos
que se entreabren, invocan, someten, arrebatan?
El mensaje decía...

Yo os vi agitar los brazos. Un viento huracanado
movió vuestros vestidos iluminados por el poniente trágico.
Vi vuestra cabellera alzarse traspasada de luces,
y desde lo alto de una roca instantánea
presencié vuestro cuerpo hendir los aires
y caer espumante en los senos del agua;
vi dos brazos largos surtir de la negra presencia
y vi vuestra blancura, oí el último grito,
cubierto rápidamente por los trinos alegres de los ruiseñores
del fondo.

SIERPE DE AMOR

Pero ¿a quién amas, dime?
Tendida en la espesura,
entre los pájaros silvestres, entre las frondas vivas,
rameado tu cuerpo de luces deslumbrantes,
dime a quién amas, indiferente, hermosa,
bañada en vientos amarillos del día.

Si a tu lado deslizo
mi oscura sombra larga que te desea;
si sobre las hojas en que reposas yo me arrastro, crujiendo
levemente tentador y te espío,
no amenazan tu oído mis sibilantes voces,
porque perdí el hechizo que mis besos tuvieran.

El lóbulo rosado donde con diente pérfido
mi marfil incrustara tropical en tu siesta,
no mataría nunca, aunque diera mi vida
al morder dulcemente sólo un sueño de carne.

Unas palabras blandas de amor, no mi saliva,
no mi verde veneno de la selva, en tu oído

vertería, desnuda imagen, diosa que regalas tu cuerpo
a la luz, a la gloria fulgurante del bosque.

Entre tus pechos vivos levemente mi forma
deslizaría su beso sin fin, como una lengua,
cuerpo mío infinito de amor que día a día
mi vida entera en tu piel consumara.

Erguido levemente sobre tu seno mismo,
mecido, ebrio en la música secreta de tu aliento,
yo miraría tu boca luciente en la espesura,
tu mejilla solar que vida ofrece
y el secreto tan leve de tu pupila oculta
en la luz, en la sombra, en tu párpado intacto.

Yo no sé qué amenaza de lumbre hay en la frente,
cruje en tu cabellera rompiente de resoles,
y vibra y aun restalla en los aires, como un eco
de ti toda hermosísima, halo de luz que mata.

Si pico aquí, si hiendo mi deseo, si en tus labios
penetro, una gota caliente
brotará en su tersura, y mi sangre agolpada en mi boca,
querrá beber, brillar de rubí duro,
bañada en ti, sangre hermosísima, sangre de flor turgente,
fuego que me consume centelleante y me aplaca
la dura sed de tus brillos gloriosos.

Boca con boca dudo si la vida es el aire
o es la sangre. Boca con boca muero,
respirando tu llama que me destruye.
Boca con boca siento que hecho luz me deshago,
hecho lumbre que en el aire fulgura.

EL RÍO

Tú eres, ligero río,
el que miro de lejos, en ese continente que rompió con la
    tierra.
Desde esta inmensa llanura donde el cielo aboveda
a la frente y cerrado brilla puro, sin amor, yo diviso
aquel cielo ligero, viajador, que bogaba
sobre ti, río tranquilo que arrojabas hermosas
a las nubes en el mar, desde un seno encendido.

Desde esta lisa tierra esteparia veo la curva
de los dulces naranjos. Allí libre la palma,
el albérchigo, allí la vid madura,
allí el limonero que sorbe al sol su jugo agraz en la mañana
    virgen;
allí el árbol celoso que al humano rehusa su flor, carne sólo,
magnolio dulce, que te delatas siempre por el sentido que de
    ti se enajena.

Allí el río corría, no azul, no verde o rosa, no amarillo, río
    ebrio,
río que matinal atravesaste mi ciudad inocente,

ciñéndola con una guirnalda temprana, para acabar desciñén-
dola,
dejándola desnuda y tan confusa al borde de la verde montaña,
donde siempre virginal ahora fulge, inmarchita en el eterno día.

Tú, río hermoso que luego, más liviano que nunca, entre
bosques felices
corrías hacia valles no pisados por la planta del hombre.
Río que nunca fuiste suma de tristes lágrimas,
sino acaso rocío milagroso que una mano reúne.
Yo te veo gozoso todavía allá en la tierra que nunca fué del
todo separada de estos límites en que habito.

Mira a los hombres, perseguidos no por tus aves,
no por el cántico de que el humano olvidóse por siempre.
Escuchándoos estoy, pájaros imperiosos,
que exigís al desnudo una planta ligera,
desde vuestras reales ramas estremecidas,
mientras el sol melodioso templa dulce las ondas
como rubias espaldas, de ese río extasiado.

Ligeros árboles, maravillosos céspedes silenciosos,
blandos lechos tremendos en el país sin noche,
crepusculares velos que dulcemente afligidos
desde el poniente envían un adiós sin tristeza.

Oyendo estoy a la espuma como garganta quejarse.
Volved, sonad, guijas que al agua en lira convertís.
Cantad eternamente sin nunca hallar el mar.
Y oigan los hombres con menguada tristeza
el son divino. ¡Oh río que como luz hoy veo,
que como brazo hoy veo de amor que a mí me llama!

NACIMIENTO DEL AMOR

¿Cómo nació el amor? Fué ya en otoño.
Maduro el mundo,
no te aguardaba ya. Llegaste alegre,
ligeramente rubia, resbalando en lo blando
del tiempo. Y te miré. ¡Qué hermosa
me pareciste aún, sonriente, vívida,
frente a la luna aún niña, prematura en la tarde,
sin luz, graciosa en aires dorados; como tú,
que llegabas sobre el azul, sin beso,
pero con dientes claros, con impaciente amor!

Te miré. La tristeza
se encogía a lo lejos, llena de paños largos,
como un poniente graso que sus ondas retira.
Casi una lluvia fina—¡el cielo, azul!—mojaba
tu frente nueva. ¡Amante, amante era el destino
de la luz! Tan dorada te miré que los soles
apenas se atrevían a insistir, a encenderse
por ti, de ti, a darte siempre
su pasión luminosa, ronda tierna
de soles que giraban en torno a ti, astro dulce,
en torno a un cuerpo casi transparente, gozoso,

que empapa luces húmedas, finales, de la tarde
y vierte, todavía matinal, sus auroras.

Eras tú, amor, destino, final amor luciente,
nacimiento penúltimo hacia la muerte acaso.
Pero no. Tú asomaste. ¿Eras ave, eras cuerpo,
alma sólo? ¡Ah, tu carne traslúcida
besaba como dos alas tibias,
como el aire que mueve un pecho respirando,
y sentí tus palabras, tu perfume,
y en el alma profunda, clarividente
diste fondo. Calado de ti hasta el tuétano de la luz,
sentí tristeza, tristeza del amor: amor es triste.
En mi alma nacía el día. Brillando
estaba de ti; tu alma en mí estaba.
Sentí dentro, en mi boca, el sabor a la aurora.
Mis ojos dieron su dorada verdad. Sentí a los pájaros
en mi frente piar, ensordeciendo
mi corazón. Miré por dentro
los ramos, las cañadas luminosas, las alas variantes,
y un vuelo de plumajes de color, de encendidos
presentes me embriagó, mientras todo mi ser a un mediodía,
raudo, loco, creciente se incendiaba
y mi sangre ruidosa se despeñaba en gozos
de amor, de luz, de plenitud, de espuma.

ARCÁNGEL DE LAS TINIEBLAS

Me miras con tus ojos azules,
nacido del abismo.
Me miras bajo tu crespa cabellera nocturna,
helado cielo fulgurante que adoro.
Bajo tu frente nívea
dos arcos duros amenazan mi vida.
No me fulmines, cede, oh, cede amante y canta.
Naciste de un abismo entreabierto
en el nocturno insomnio de mi pavor solitario.
Humo abisal cuajante te formó, te precisó hermosísimo.
Adelantaste tu planta, todavía brillante de la roca pelada,
y subterráneamente me convocaste al mundo,
al infierno celeste, oh arcángel de la tiniebla.

Tu cuerpo resonaba remotamente, allí en el horizonte,
humoso mar espeso de deslumbrantes bordes,
labios de muerte bajo nocturnas aves
que graznaban deseo con pegajosas plumas.

Tu frente altiva rozaba estrellas
que afligidamente se apagaban sin vida,

y en la altura metálica, lisa, dura, tus ojos
eran las luminarias de un cielo condenado.

Respirabas sin viento, pero en mi pecho daba
aletazos sombríos un latido conjunto.
Oh, no, no me toquéis, brisas frías,
labios larguísimos, membranosos avances
de un amor, de una sombra, de una muerte besada.

A la mañana siguiente algo amanecía
apenas entrevisto tras el monte azul, leve,
quizá ilusión, aurora, ¡oh matinal deseo!,
quizá destino cándido bajo la luz del día.

Pero la noche al cabo cayó pesadamente.
Oh labios turbios, oh carbunclo encendido,
oh torso que te erguiste, tachonado de fuego,
duro cuerpo de lumbre tenebrosa, pujante,
que incrustaste tu testa en los cielos helados.

Por eso yo te miro. Porque la noche reina.
Desnudo ángel de luz muerta, dueño mío.
Por eso miro tu frente, donde dos arcos impasibles
gobiernan mi vida sobre un mundo apagado.

PODERÍO DE LA NOCHE

El sol cansado de vibrar en los cielos
resbala lentamente en los bordes de la tierra,
mientras su gran ala fugitiva
se arrastra todavía con el delirio de la luz,
iluminando la vacía prematura tristeza.

Labios volantes, aves que suplican al día
su perduración frente a la vasta noche amenazante,
surcan un cielo que pálidamente se irisa
borrándose ligero hacia lo oscuro.

Un mar, pareja de aquella larguísima ala de la luz,
bate su color azulado
abiertamente, cálidamente aún,
con todas sus vivas plumas extendidas.

¿Qué coyuntura, qué vena, qué plumón estirado
como un pecho tendido a la postrera caricia del sol
alza sus espumas besadas,
su amontonado corazón espumoso,

sus ondas levantadas
que invadirán la tierra en una última búsqueda de la luz
    escapándose?

Yo sé cuán vasta soledad en las playas,
qué vacía presencia de un cielo aún no estrellado,
vela cóncavamente sobre el titánico esfuerzo,
sobre la estéril lucha de la espuma y la sombra.

El lejano horizonte, tan infinitamente solo
como un hombre en la muerte,
envía su vacío, resonancia de un cielo
donde la luna anuncia su nada ensordecida.

Un claror lívido invade un mundo donde nadie
alza su voz gimiente,
donde los peces huídos a los profundos senos misteriosos
apagan sus ojos lucientes de fósforo,
y donde los verdes aplacados,
los silenciosos azules
suprimen sus espumas enlutadas de noche.

¿Qué inmenso pájaro nocturno,
qué silenciosa pluma total y neutra
enciende fantasmas de luceros en su piel sibilina,
piel única sobre la cabeza de un hombre
que en una roca duerme su estrellado transcurso?

El rumor de la vida
sobre el gran mar oculto
no es el viento, aplacado,
no es el rumor de una brisa ligera que en otros días felices
rizara los luceros,
acariciando las pestañas amables,
los dulces besos que mis labios os dieran,
oh estrellas en la noche,
estrellas fijas enlazadas
por mis vivos deseos.

Entonces la juventud, la ilusión, el amor encantado
rizaban un cabello gentil que el azul confundía
diariamente con el resplandor estrellado del sol sobre la arena.
Emergido de la espuma con la candidez de la Creación reciente,
mi planta imprimía su huella en las playas
con la misma rapidez de las barcas,
ligeros envíos de un mar benévolo bajo el gran brazo del
aire,
continuamente aplacado por una mano dichosa acariciando sus
espumas vivientes.

Pero lejos están los remotos días
en que el amor se confundía con la pujanza de la naturaleza
radiante
y en que un mediodía feliz y poderoso
henchía un pecho con un mundo a sus plantas.

Esta noche, cóncava y desligada,
no existe más que como existen las horas,
como el tiempo, que pliega
lentamente sus silenciosas capas de ceniza,
borrando la dicha de los ojos, los pechos y las manos,
y hasta aquel silencioso calor
que dejara en los labios el rumor de los besos.

Por eso yo no veo, como no mira nadie,
esa presente bóveda nocturna,
vacío reparador de la muerte no esquiva,
inmensa, invasora realidad intangible
que ha deslizado cautelosa
su hermético oleaje de plomo ajustadísimo.

Otro mar muerto, bello,
abajo acaba de asfixiarse. Unos labios
inmensos cesaron de latir, y en sus bordes
aún se ve deshacerse un aliento, una espuma.

2

DIOSA

Dᴏʀᴍɪᴅᴀ sobre el tigre,
su leve trenza yace.
Mirad su bulto. Alienta
sobre la piel hermosa,
tranquila, soberana.
¿Quién puede osar, quién sólo
sus labios hoy pondría
sobre la luz dichosa
que, humana apenas, sueña?
Miradla allí. ¡Cuán sola!
¡Cuán intacta! ¿Tangible?
Casi divina, leve
el seno se alza, cesa,
se yergue, abate; gime
como el amor. Y un tigre
soberbio la sostiene
como la mar hircana,
donde flotase extensa,
feliz, nunca ofrecida.

¡Ah, mortales! No, nunca;
desnuda, nunca vuestra.
Sobre la piel hoy ígnea
miradla, exenta: es diosa.

LA VERDAD

Qué sonríe en la sombra sin muros que ensordece
mi corazón? ¿Qué soledad levanta
sus torturados brazos sin luna y grita herida
a la noche? ¿Quién canta sordamente en las ramas?

Pájaros no: memoria de pájaros. Sois eco,
sólo eco, pluma vil, turbia escoria, muerta materia sorda
aquí en mis manos. Besar una ceniza
no es besar el amor. Morder una seca rama
no es poner estos labios brillantes sobre un seno
cuya turgencia tibia dé lumbre a estos marfiles
rutilantes. ¡El sol, el sol deslumbra!

Separar un vestido crujiente, resto inútil
de una ciudad. Poner desnudo
el manantial, el cuerpo luminoso, fluyente,
donde sentir la vida ferviente entre los ramos
tropicales, quemantes, que un ecuador empuja.

Bebed, bebed la rota pasión de un mediodía
que en el cenit revienta sus luces y os abrasa
volcadamente entero, y os funde. ¡Muerte hermosa vital,
ascua del día! ¡Selva virgen que en llamas te destruyes!

NO ESTRELLA

Quién dijo que ese cuerpo,
tallado a besos, brilla
resplandeciente en astro
feliz? ¡Ah, estrella mía,
desciende! Aquí en la hierba
sea cuerpo al fin, sea carne
tu luz. Te tenga al cabo,
latiendo entre los juncos,
estrella derribada
que dé su sangre o brillos
para mi amor. ¡Ah, nunca
inscrita arriba! Humilde,
tangible, aquí la tierra
te espera. Un hombre te ama.

EL DESNUDO

I

¿Qué llevas ahí, en tu gracioso cesto de margaritas ligeras?
El poniente sin mancha quiere besarme desde tus mejillas ino-
    centes.
Un cándido corpiño encierra la gloria dulce de un mediodía
    prisionero,
mientras tu cuello erguido sostiene la crespa concentración de
    la luz,
sobre la que los pájaros virginales se encienden.

Pero suelta, suelta tu gracioso cestillo,
mágica mensajera de los campos;
échate sobre el césped aquí a la orilla del río.
Y déjame que en tu oído yo musite mi sombra,
mi penumbrosa esperanza bajo los álamos plateados.

II

Acerca ahora tus pies desnudos,
húndelos en el agua.

Un hervor de oro, de carmín, de plata rápida,
cruza ligero, confundiendo su instantáneo fulgor
con tu espuma constante, oh rosa.
Déjame ahora beber ese agua pura,
besar acaso ciegamente
unos pétalos frescos, un tallo erguido,
un perfume mojado a primavera,
mientras tu cuerpo hermoso arriba orea
su cabello luciente y tus dos manos ríen
entre su luz, y tu busto palpita.

III

Tu desnudo mojado no teme a la luz.
Todo el verde paisaje se hace más tierno
en presencia de tu cuerpo extendido.
Sobre tu seno alerta un pájaro rumoroso
viene a posar su canción, y se yergue.
Sobre la trémula cima su garganta extasiada
canta a la luz, y siente dulce tu calor propagándole.
Mira un instante la tibia llanura aún húmeda del rocío
y con su lento pico amoroso bebe,
bebe la perlada claridad de tu cuerpo,
alzando al cielo su plumada garganta,
ebrio de amor, de luz, de claridad, de música.

IV

Mirar anochecer tu cuerpo desnudo,
goteante todavía del día,
sobre el césped tranquilo, en la mágica atmósfera del amor.
Con mi dedo he trazado sobre tu carne
unas tristes palabras de despedida.
Tu seno aterciopelado silencia mi caricia postrera:
ya casi tu corazón se para.
En tu cuello una música se ensordece,

mudo gemido del poniente anhelante,
y si te miro veo la luz, la luz última
sin sangre, extinguirse en un gran grito final contra mis ojos
   ciega.

Súbitamente me hundo en tu boca
y allí bebo todo el último estertor de la noche.

EL CUERPO Y EL ALMA

Pero es más triste todavía, mucho más triste.
Triste como la rama que deja caer su fruto para nadie.
Más triste, más. Como ese vaho
que de la tierra exhala después la pulpa muerta.
Como esa mano que del cuerpo tendido
se eleva y quiere solamente acariciar las luces,
la sonrisa doliente, la noche aterciopelada y muda.
Luz de la noche sobre el cuerpo tendido sin alma.
Alma fuera, alma fuera del cuerpo, planeando
tan delicadamente sobre la triste forma abandonada.
Alma de niebla dulce, suspendida
sobre su ayer amante, cuerpo inerme
que pálido se enfría con las nocturnas horas
y queda quieto, solo, dulcemente vacío.

Alma de amor que vela y se separa
vacilando, y al fin se aleja tiernamente fría.

LA ROSA

Yo sé que aquí en mi mano
te tengo, rosa fría.
Desnudo el rayo débil
del sol te alcanza. Hueles,
emanas. ¿Desde dónde,
trasunto helado que hoy
me mientes? ¿Desde un reino
secreto de hermosura,
donde tu aroma esparces
para invadir un cielo
total en que dichosos
tus solos aires, fuegos,
perfumes se respiran?
¡Ah, sólo allí celestes
criaturas tú embriagas!

Pero aquí, rosa fría,
secreta estás, inmóvil;
menuda rosa pálida
que en esta mano finges
tu imagen en la tierra.

LAS MANOS

Mira tu mano, que despacio se mueve,
transparente, tangible, atravesada por la luz,
hermosa, viva, casi humana en la noche.
Con reflejo de luna, con dolor de mejilla, con vaguedad d
     sueño
mírala así crecer, mientras alzas el brazo,
búsqueda inútil de una noche perdida,
ala luz que cruzando en silencio
toca carnal esa bóveda oscura.

No fosforece tu pesar, no ha atrapado
ese caliente palpitar de otro vuelo.
Mano volante perseguida: pareja.
Dulces oscuras, apagadas, cruzáis.

Sois las amantes vocaciones, los signos
que en la tiniebla sin sonido se apelan.
Cielo extinguido de luceros que, tibio,
campo a los vuelos silenciosos te brindas.

Manos de amantes que murieron, recientes,
manos con vida que volantes se buscan
y cuando chocan y se estrechan encienden
sobre los hombres una luna instantánea.

LOS BESOS

Sólo eres tú, continua,
graciosa, quien se entrega,
quien hoy me llama. Toma,
toma el calor, la dicha,
la cerrazón de bocas
selladas. Dulcemente
vivimos. Muere, ríndete.
Sólo los besos reinan:
sol tibio y amarillo,
riente, delicado,
que aquí muere, en las bocas
felices, entre nubes
rompientes, entre azules
dichosos, donde brillan
los besos, las delicias
de la tarde, la cima
de este poniente loco,
quietísimo, que vibra
y muere. —Muere, sorbe
la vida. —Besa. —Beso.
¡Oh mundo así dorado!

3

PRIMAVERA EN LA TIERRA

Vosotros fuisteis,
espíritus de un alto cielo,
poderes benévolos que presidisteis mi vida,
iluminando mi frente en los feraces días de la alegría juvenil.

Amé, amé la dichosa Primavera
bajo el signo divino de vuestras alas levísimas,
oh poderosos, oh extensos dueños de la tierra.
Desde un alto cielo de gloria,
espíritus celestes, vivificadores del hombre,
iluminasteis mi frente con los rayos vitales de un sol que llenaba
    la tierra de sus totales cánticos.

Todo el mundo creado
resonaba con la amarilla gloria
de la luz cambiante.
Pájaros de colores,
con azules y rojas y verdes y amatistas,
coloreadas alas con plumas como el beso,
saturaban la bóveda palpitante de dicha,
batiente como seno, como plumaje o seno,
como la piel turgente que los besos tiñeran.

Los árboles saturados colgaban
densamente cargados de una savia encendida.
Flores pujantes, hálito repentino de una tierra gozosa,
abrían su misterio, su boca suspirante,
labios rojos que el sol dulcemente quemaba.

Todo abría su cáliz bajo la luz caliente.

Las grandes rocas, casi de piedra o carne,
se amontonaban sobre dulces montañas,
que reposaban cálidas como cuerpos cansados
de gozar una hermosa sensualidad luciente.
Las aguas vivas, espumas del amor en los cuerpos,
huían, se atrevían, se rozaban, cantaban.
Risas frescas los bosques enviaban, ya mágicos;
atravesados sólo de un atrevido viento.

Pero vosotros, dueños fáciles de la vida,
presidisteis mi juventud primera.
Un muchacho desnudo, cubierto de vegetal alegría,
huía por las arenas vívidas del amor
hacia el gran mar extenso,
hacia la vasta inmensidad derramada
que melodiosamente pide un amor consumado.

La gran playa marina,
no abanico, no rosa, no vara de nardo,
pero concha de un nácar irisado de ardores,
se extendía vibrante, resonando, cantando,
poblada de unos pájaros de virginal blancura.

Un rosa cándido por las nubes remotas
evocaba mejillas recientes donde un beso
ha teñido purezas de magnolia mojada,
ojos húmedos, frente salina y alba
y un rubio pelo que en el ocaso ondea.

Pero el mar se irisaba. Sus verdes cambiantes,
sus azules lucientes, su resonante gloria
clamaba erguidamente hasta los puros cielos,
emergiendo entre espumas su vasta voz amante.

En ese mar alzado, gemidor, que dolía
como una piedra toda de luz que a mí me amase,
mojé mis pies, herí con mi cuerpo sus ondas,
y dominé insinuando mi bulto afiladísimo,
como un delfín que goza las espumas tendidas.

Gocé, sufrí, encendí los agoniosos mares,
los abrasados mares,
y sentí la pujanza de la vida cantando,
ensalzado en el ápice del placer a los cielos.

Siempre fuisteis, oh dueños poderosos,
los dispensadores de todas las gracias,
tutelares hados eternos que presidisteis la fiesta de la vida
que yo viví como criatura entre todas.

Los árboles, las espumas, las flores, los abismos,
como las rocas y aves y las aguas fugaces,
todo supo de vuestra presencia invisible
en el mundo que yo viví en los alegres días juveniles.

Hoy que la nieve también existe bajo vuestra presencia,
miro los cielos de plomo pesaroso
y diviso los hierros de las torres que elevaron los hombres
como espectros de todos los deseos efímeros.

Y miro las vagas telas que los hombres ofrecen,
máscaras que no lloran sobre las ciudades cansadas,
mientras siento lejana la música de los sueños
en que escapan las flautas de la Primavera apagándose.

CASI ME AMABAS

Alma celeste para amar nacida.

Espronceda.

Casi me amabas.
Sonreías, con tu gran pelo rubio donde la luz resbala hermo-
    samente.
Ante tus manos el resplandor del día se aplacaba continuo,
dando distancia a tu cuerpo perfecto.
La transparencia alegre de la luz no ofendía,
pero doraba dulce tu claridad indemne.
Casi... casi me amabas.

Yo llegaba de allí, de más allá, de esa oscura conciencia
de tierra, de un verdear sombrío de selvas fatigadas,
donde el viento caducó para las rojas músicas;
donde las flores no se abrían cada mañana celestemente
ni donde el vuelo de las aves hallaba al amanecer virgen el día.

Un fondo marino te rodeaba.
Una concha de nácar intacta bajo tu pie, te ofrece
a ti como la última gota de una espuma marina.
Casi... casi me amabas.

¿Por qué viraste los ojos, virgen de las entrañas del mundo
que esta tarde de primavera
pones frialdad de luna sobre la luz del día
y como un disco de castidad sin noche,
huyes rosada por un azul virgíneo?

Tu escorzo dulce de pensativa rosa sin destino
mira hacia el mar. ¿Por qué, por qué ensordeces
y ondeante al viento tu cabellera, intentas
mentir los rayos de tu lunar belleza?

¡Si tú me amabas como la luz!... No escapes,
mate, insensible, crepuscular, sellada.
Casi, casi me amaste. Sobre las ondas puras
del mar sentí tu cuerpo como estelar espuma,
caliente, vivo, propagador. El beso
no, no, no fué de luz: palabras
nobles sonaron: me prometiste el mundo
recóndito, besé tu aliento, mientras la crespa ola
quebró en mis labios, y como playa tuve
todo el calor de tu hermosura en brazos.

Sí, sí, me amaste sobre los brillos, fija,
final, extática. El mar inmóvil
detuvo entonces su permanente aliento,
y vi en los cielos resplandecer la luna,
feliz, besada, y revelarme el mundo.

LOS POETAS

¿Los poetas, preguntas?

Yo vi una flor quebrada
por la brisa. El clamor
silencioso de pétalos
cayendo arruinados
de sus perfectos sueños.
¡Vasto amor sin delirio
bajo la luz volante,
mientras los ojos miran
un temblor de palomas
que una asunción inscriben!
Yo vi, yo vi otras alas.
Vastas alas dolidas.
Angeles desterrados
de su celeste origen
en la tierra dormían
su paraíso excelso.
Inmensos sueños duros
todavía vigentes
se adivinaban sólidos
en su frente blanquísima.

¿Quién miró aquellos mundos,
isla feraz de un sueño,
pureza diamantina
donde el amor combate?
¿Quién vió nubes volando,
brazos largos, las flores,
las caricias, la noche
bajo los pies, la luna
como un seno pulsando?
Angeles sin descanso
tiñen sus alas lúcidas
de un rubor sin crepúsculo,
entre los valles verdes.
Un amor, mediodía,
vertical se desploma
permanente en los hombros
desnudos del amante.
Las muchachas son ríos
felices; sus espumas
—manos continuas—atan
a los cuellos las flores
de una luz suspirada
entre hermosas palabras.
Los besos, los latidos,
las aves silenciosas,
todo está allá, en los senos
secretísimos, duros,
que sorprenden continuos
a unos labios eternos.
¡Qué tierno acento impera
en los bosques sin sombras,
donde las suaves pieles,
la gacela sin nombre,
un venado dulcísimo,
levanta su respuesta
sobre su frente al día!
¡Oh, misterio del aire
que se enreda en los bultos

inexplicablemente,
como espuma sin dueño!
Angeles misteriosos,
humano ardor, erigen
cúpulas pensativas
sobre las frescas ondas.
Sus alas laboriosas
mueven un viento esquivo,
que abajo roza frentes
amorosas del aire.
Y la tierra sustenta
pies desnudos, columnas
que el amor ensalzara,
templos de dicha fértil,
que la luna revela.
Cuerpos, almas o luces
repentinas, que cantan
cerca del mar, en liras
casi celestes, solas.

¿Quién vió ese mundo sólido,
quién batió con sus plumas
ese viento radiante
que en unos labios muere
dando vida a los hombres?
¿Qué legión misteriosa,
ángeles en destierro,
continuamente llega,
invisible a los ojos?
No, no preguntes; calla.
La ciudad, sus espejos,
su voz blanca, su fría
crueldad sin sepulcro,
desconoce esas alas.

Tú preguntas, preguntas...

LUNA DEL PARAÍSO

Símbolo de la luz tú fuiste,
oh luna, en las nocturnas horas coronadas.
Tu pálido destello,
con el mismo fulgor que una muda inocencia,
aparecía cada noche presidiendo mi dicha,
callando tiernamente sobre mis frescas horas.

Un azul grave, pleno, serenísimo,
te ofrecía su seno generoso
para tu alegre luz, oh luna joven,
y tú tranquila, esbelta, resbalabas
con un apenas insinuado ademán de silencio.

¡Plenitud de tu estancia en los cielos completos!
No partida por la tristeza,
sino suavemente rotunda, liminar, perfectísima,
yo te sentía en breve como dos labios dulces
y sobre mi frente oreada de los vientos clementes
sentía tu llamamiento juvenil, tu posada ternura.

No era dura la tierra. Mis pasos resbalaban
como mudas palabras sobre un césped amoroso.

Y en la noche estelar, por los aires, tus ondas
volaban, convocaban, musitaban, querían.

¡Cuánto te amé en las sombras! Cuando aparecías en el
monte,
en aquel monte tibio, carnal bajo tu celo,
tu ojo lleno de sapiencia velaba
sobre mi ingenua sangre tendida en las laderas.
Y cuando de mi aliento ascendía el más gozoso cántico
hasta mí el río encendido me acercaba tus gracias.

Entre las frondas de los pinos oscuros
mudamente vertías tu tibieza invisible,
y el ruiseñor silencioso sentía su garganta desatarse de amor
si en sus plumas un beso de tus labios dejabas.

Tendido sobre el césped vibrante,
¡cuántas noches cerré mis ojos bajo tus dedos blandos,
mientras en mis oídos el mágico pájaro nocturno
se derretía en el más dulce frenesí musical!

Toda tu luz velaba sobre aquella cálida bola de pluma
que te cantaba a ti, luna bellísima,
enterneciendo a la noche con su ardiente entusiasmo,
mientras tú siempre dulce, siempre viva, enviabas
pálidamente tus luces sin sonido.

En otras noches, cuando el amor presidía mi dicha,
un bulto claro de una muchacha apacible,
desnudo sobre el césped era hermoso paisaje.
Y sobre su carne celeste, sobre su fulgor rameado
besé tu luz, blanca luna ciñéndola.

Mis labios en su garganta bebían tu brillo, agua pura, luz
pura;
en su cintura estreché tu espuma fugitiva,
y en sus senos sentí tu nacimiento tras el monte incendiado,
pulidamente bella sobre su piel erguida.

510

Besé sobre su cuerpo tu rubor, y en los labios,
oja luna, naciste, redonda, iluminada,
ına estrellada, por mi beso, luna húmeda
ue una secreta luz interior me cediste.

Yo no tuve palabras para el amor. Los cabellos
cogieron mi boca como los rayos tuyos.
.n ellos yo me hundí, yo me hundí preguntando
i eras tú ya mi amor, si me oías besándote.

Cerré los ojos una vez más y tu luz límpida,
u luz inmaculada me penetró nocturna.
3esando el puro rostro, yo te oí ardientes voces,
lulces palabras que tus rayos cedían,
 sentí que mi sangre, en tu luz convertida,
ecorría mis venas destellando en la noche.

Noches tuyas, luna total: ¡oh luna, luna entera!
'o te amé en los felices días coronados.
Y tú, secreta luna, luna mía,
'uiste presente en la tierra, en mis brazos humanos.

HIJO DEL SOL

La luz, la hermosa luz del Sol,
cruel envío de un imposible,
dorado anuncio de un fuego hurtado al hombre,
envía su fulgurante promesa arrebatada,
siempre, siempre en el cielo, serenamente estático.

Tú serías, tu lumbre empírea,
carbón para el destino quemador de unos labios,
sello indeleble a una inmortalidad convocada,
sonando en los oídos de un hombre alzado a un mito.

¡Oh estrellas, oh luceros! Constelación eterna
salvada al fin de un sufrimiento terreno,
bañándose en un mar constante y puro.
Tan infinitamente,
sobrevivirías, tan alto,
hijo del Sol, hombre al fin rescatado,
sublime luz creadora, hijo del universo,
derramando tu sonido estelar, tu sangre mundos.

¡Oh Sol, Sol mío!

Pero el Sol no reparte
sus dones:
da sólo sombras,
sombras, espaldas de una luz engañosa,
sombras frías, dolientes muros para unos labios
hechos para ti, Sol, para tu lumbre en tacto.

Yo te veo, hermosísimo,
amanecer cada día,
sueño de una mente implacable,
dorado Sol para el que yo nací como todos los hombres,
para abrasarme en tu lumbre corpórea,
combustible de carne hecho ya luz, luz sólo, en tu pira de
    fuego.

Sólo así viviría...

Pero te miro ascender lentamente,
fulgurando tu mentida promesa,
convocando tan dulce sobre mi carne el tibio
calor, tu hálito mágico,
mientras mis brazos alzo tendidos en el aire.

Pero nunca te alcanzo, boca ardiente,
pecho de luz contra mi pecho todo,
destino mío inmortal donde entregarme
a la muerte abrasante hecho chispas perdidas.

Devuelto así por tu beso a los espacios,
a las estrellas, oh sueño primaveral de un fuego célico.
Devuelto en brillos dulces, en veladora promesa,
en ya eterna belleza del amor, con descanso.

COMO SERPIENTE

Miré tus ojos sombríos bajo el cielo apagado.
Tu frente mate con palidez de escama.
Tu boca, donde un borde morado me estremece.
Tu corazón inmóvil como una piedra oscura.

Te estreché la cintura, fría culebra gruesa que en mis dedos
    resbala.
Contra mi pecho cálido sentí tu paso lento.
Viscosamente fuiste sólo un instante mía,
y pasaste, pasaste, inexorable y larga.

Te vi después, tus dos ojos brillando
tercamente, tendida sobre el arroyo puro,
beber un cielo inerme, tranquilo, que ofrecía
para tu lengua bífida su virginal destello.

Aún recuerdo ese brillo de tu testa sombría,
negra magia que oculta bajo su crespo acero
la luz nefasta y fría de tus pupilas hondas,
donde un hielo en abismos sin luz subyuga a nadie.

¡A nadie! Sola, aguardas un rostro, otra pupila,
azul, verde, en colores felices que rielen
claramente amorosos bajo la luz del día,
o que revelen dulces la boca para un beso.

Pero no. En ese monte pelado, en esa cumbre
pelada, están los árboles pelados que tú ciñes.
¿Silba tu boca cruda, o silba el viento roto?
¿Ese rayo es la ira de la maldad, o es sólo
el cielo que desposa su fuego con la cima?

¿Esa sombra es tu cuerpo que en la tormenta escapa,
herido de la cólera nocturna, en el relámpago,
o es el grito pelado de la montaña libre,
libre sin ti y ya monda, que fulminada exulta?

MAR DEL PARAÍSO

Heme aquí frente a ti, mar, todavía...
Con el polvo de la tierra en mis hombros,
impregnado todavía del efímero deseo apagado del hombre,
heme aquí, luz eterna,
vasto mar sin cansancio,
última expresión de un amor que no acaba,
rosa del mundo ardiente.

Eras tú, cuando niño,
la sandalia fresquísima para mi pie desnudo.
Un albo crecimiento de espumas por mi pierna
me engañara en aquella remota infancia de delicias.
Un sol, una promesa
de dicha, una felicidad humana, una cándida correlación de luz
con mis ojos nativos, de ti, mar, de ti, cielo,
imperaba generosa sobre mi frente deslumbrada
y extendía sobre mis ojos su inmaterial palma alcanzable,
abanico de amor o resplandor continuo
que imitaba unos labios para mi piel sin nubes.

Lejos el rumor pedregoso de los caminos oscuros
donde hombres ignoraban su fulgor aún virgíneo.

Niño grácil, para mí la sombra de la nube en la playa
no era el torvo presentimiento de mi vida en su polvo,
no era el contorno bien preciso donde la sangre un día
acabaría coagulada, sin destello y sin numen.
Más bien, como mi dedo pequeño, mientras la nube detenía
su paso,
yo tracé sobre la fina arena dorada su perfil estremecido,
y apliqué mi mejilla sobre su tierna luz transitoria,
mientras mis labios decían los primeros nombres amorosos:
cielo, arena, mar...

El lejano crujir de los aceros, el eco al fondo de los bosques
partidos por los hombres,
era allí para mí un monte oscuro pero también hermoso.
Y mis oídos confundían el contacto heridor del labio crudo
del hacha en las encinas
con un beso implacable, cierto de amor, en ramas.

La presencia de peces por las orillas, su plata núbil,
el oro no manchado por los dedos de nadie,
la resbalosa escama de la luz, era un brillo en los míos.
No apresé nunca esa forma huidiza de un pez en su hermo
sura,
la esplendente libertad de los seres,
ni amenacé una vida, porque amé mucho: amaba
sin conocer el amor; sólo vivía...

Las barcas que a lo lejos
confundían sus velas con las crujientes alas
de las gaviotas o dejaban espuma como suspiros leves,
hallaban en mi pecho confiado un envío,
un grito, un nombre de amor, un deseo para mis labios húmedos,
y si las vi pasar, mis manos menudas se alzaron
y gimieron de dicha a su secreta presencia,
ante el azul telón que mis ojos adivinaron,
viaje hacia un mundo prometido, entrevisto,
al que mi destino me convocaba con muy dulce certeza.

Por mis labios de niño cantó la tierra; el mar
cantaba dulcemente azotado por mis manos inocentes.
La luz, tenuamente mordida por mis dientes blanquísimos,
cantó; cantó la sangre de la aurora en mi lengua.

Tiernamente en mi boca, la luz del mundo me iluminaba
    por dentro.
Toda la asunción de la vida embriagó mis sentidos.
Y los rumorosos bosques me desearon entre sus verdes frondas,
porque la luz rosada era en mi cuerpo dicha.

Por eso hoy, mar,
con el polvo de la tierra en mis hombros,
impregnado todavía del efímero deseo apagado del hombre,
heme aquí, luz eterna,
vasto mar sin cansancio,
rosa del mundo ardiente.
Heme aquí frente a ti, mar, todavía...

PLENITUD DEL AMOR

Qué fresco y nuevo encanto,
qué dulce perfil rubio emerge
de la tarde sin nieblas?
Cuando creí que la esperanza, la ilusión, la vida,
derivaba hacia oriente
en triste y vana busca del placer.
Cuando yo había visto bogar por los cielos
imágenes sonrientes, dulces corazones cansados,
espinas que atravesaban bellos labios,
y un humo casi doliente
donde palabras amantes se deshacían como el aliento del amor
    sin destino...

Apareciste tú ligera como el árbol,
como la brisa cálida que un oleaje envía del mediodía, envuelta
en las sales febriles, como en las frescas aguas del azul.

Un árbol joven, sobre un limitado horizonte,
horizonte tangible para besos amantes;
un árbol nuevo y verde que melodiosamente mueve sus hojas
    altaneras
alabando la dicha de su viento en los brazos.

Un pecho alegre, un corazón sencillo como la pleamar remota
que hereda sangre, espuma, de otras regiones vivas.
Un oleaje lúcido bajo el gran sol abierto,
desplegando las plumas de una mar inspirada;
plumas, aves, espumas, mares verdes o cálidas:
todo el mensaje vivo de un pecho rumoroso.

Yo sé que tu perfil sobre el azul tierno del crepúsculo entero,
no finge vaga nube que un ensueño ha creado.
¡Qué dura frente dulce, qué piedra hermosa y viva,
encendida de besos bajo el sol melodioso,
es tu frente besada por unos labios libres,
rama joven bellísima que un ocaso arrebata!

¡Ah la verdad tangible de un cuerpo estremecido
entre los brazos vivos de tu amante furioso,
que besa vivos labios, blancos dientes, ardores
y un cuello como un agua cálidamente alerta!

Por un torso desnudo tibios hilillos ruedan.
¡Qué gran risa de lluvia sobre tu pecho ardiente!
Qué fresco vientre terso, donde su curva oculta
leve musgo de sombra rumoroso de peces!

Muslos de tierra, barcas donde bogar un día
por el músico mar del amor enturbiado,
donde escapar libérrimos rumbo a los cielos altos
en que la espuma nace de dos cuerpos volantes.

¡Ah, maravilla lúcida de tu cuerpo cantando,
destellando de besos sobre tu piel despierta:
bóveda centelleante, nocturnamente hermosa,
que humedece mi pecho de estrellas o de espumas!

Lejos ya la agonía, la soledad gimiente,
las torpes aves bajas que gravemente rozaron mi frente en los
oscuros días del dolor.

Lejos los mares ocultos que enviaban sus aguas,
pesadas, gruesas, lentas, bajo la extinguida zona de la luz.

Ahora, vuelto a tu claridad no es difícil
reconocer a los pájaros matinales que pían,
ni percibir en las mejillas los impalpables velos de la Aurora,
como es posible sobre los suaves pliegues de la tierra
divisar el duro, vivo, generoso desnudo del día,
que hunde sus pies ligeros en unas aguas transparentes.

Dejadme entonces, vagas preocupaciones de ayer,
abandonar mis lentos trajes sin música,
como un árbol que depone su luto rumoroso,
su mate adiós a la tristeza,
para exhalar feliz sus hojas verdes, sus azules campánulas
y esa gozosa espuma que cabrillea en su copa
cuando por primera vez le invade la riente Primavera.

Después del amor, de la felicidad, activa del amor, reposado,
tendido, imitando descuidadamente un arroyo,
yo reflejo las nubes, los pájaros, las futuras estrellas,
a tu lado, oh reciente, oh viva, oh entregada;
y me miro en tu cuerpo, en forma blanda, dulcísima, apagada,
como se contempla la tarde que colmadamente termina.

LOS DORMIDOS

¿Qué voz entre los pájaros de esta noche de ensueño
dulcemente modula los nombres en el aire?
¡Despertad! Una luna redonda gime o canta
entre velos, sin sombra, sin destino, invocándoos.
Un cielo herido a luces, a hachazos, llueve el oro
sin estrellas, con sangre, que en un torso resbala:
revelador envío de un destino llamando
a los dormidos siempre bajo los cielos vívidos.

¡Despertad! Es el mundo, es su música. ¡Oídla!
La tierra vuela alerta, embriagada de visos,
de deseos, desnuda, sin túnica, radiante,
bacante en los espacios que un seno muestra hermoso,
azulado de venas, de brillos, de turgencia.

¡Mirad! ¿No veis un muslo deslumbrador que avanza?
¿Un bulto victorioso, un ropaje estrellado
que retrasadamente revuela, cruje, azota
los siderales vientos azules, empapados?

¿No sentís en la noche un clamor? ¡Ah dormidos,
sordos sois a los cánticos! Dulces copas se alzan:

¡Oh estrellas mías, vino celeste, dadme toda
vuestra locura, dadme vuestros bordes lucientes!
Mis labios saben siempre sorberos, mi garganta
se enciende de sapiencia, mis ojos brillan dulces.
Toda la noche en mí destellando, ilumina
vuestro sueño, oh dormidos, oh muertos, oh acabados.

Pero no; muertamente callados, como lunas
de piedra, en tierra, sordos permanecéis, sin tumba.
Una noche de velos, de plumas, de miradas,
vuela por los espacios llevándoos, insepultos.

MUERTE EN EL PARAÍSO

¿ERA acaso a mis ojos el clamor de la selva,
selva de amor resonando en los fuegos
del crepúsculo
lo que a mí se dolía con su voz casi humana?

¡Ah, no! ¿Qué pecho desnudo, qué tibia carne casi celeste
qué luz herida por la sangre emitía
su cristalino arrullo de una boca entreabierta,
trémula todavía de un gran beso intocado?

Un suave resplandor entre las ramas latía
como perdiendo luz, y sus dulces quejidos
tenuamente surtían de un pecho transparente.
¿Qué leve forma agotada, qué ardido calor humano
me dió su turbia confusión de colores
para mis ojos, en un póstumo resplandor intangible,
gema de luz perdiendo sus palabras de dicha?

Inclinado sobre aquel cuerpo desnudo,
sin osar adorar con mi boca su esencia,
cerré mis ojos deslumbrados por un ocaso de sangre,
de luz, de amor, de soledad, de fuego.

Rendidamente tenté su frente de mármol
oloreado, como un cielo extinguiéndose.
Apliqué mis dedos sobre sus ojos abatidos
    aún acerqué a su rostro mi boca, porque acaso
de unos labios brillantes aún otra luz bebiese.

Sólo un sueño de vida sentí contra los labios
ya ponientes, un sueño de luz crepitante,
un amor que, aún caliente,
en mi boca abrasaba mi sed, sin darme vida.

Bebí, chupé, clamé. Un pecho exhausto,
quieto cofre de sol, desvariaba
interiormente sólo de resplandores dulces.
Y puesto mi pecho sobre el suyo, grité, llamé, deliré,
agité mi cuerpo, estrechando en mi seno sólo un cielo estre-
    llado.

¡Oh dura noche fría! El cuerpo de mi amante,
rendido, parpadeaba, titilaba en mis brazos.
Avaramente contra mí ceñido todo,
sentí la gran bóveda oscura de su forma luciente,
y si besé su muerto azul, su esquivo amor,
sentí su cabeza estrellada sobre mi hombro aún fulgir
y darme su reciente, encendida soledad de la noche.

MENSAJE

Amigos, no preguntéis a la gozosa mañana
por qué el sol intangible da su fuerza a los hombres.
Bebed su claro don, su lucidez en la sombra,
en los brazos amantes de ese azul inspirado,
y abrid los ojos sobre la belleza del mar, como del amor,
ebrios de luz sobre la hermosa vida,
mientras cantan los pájaros su mensaje infinito
y hay un presentimiento de espuma en vuestras frentes
y un rapto de deseo en los aires dichosos,
que como labios dulces trémulamente asedian.

Vosotros venís de la remota montaña,
quieta montaña de majestad velada,
pero no ignoráis la luz, porque en los ojos nace
cada mañana el mar con su azul intocable,
su inmarcesible brío luminoso y clamante,
palabra entera que un universo grita
mientras besa a la tierra con perdidas espumas.

Recogiendo del aire una voz, un deseo,
un misterio que una mano quizá asiera un día entre un vuelo
    de pájaros,

contempláis el amor, cósmico afán del hombre,
y esa fragante plenitud de la tierra
donde árboles colmados de primavera urgente
dan su luz o sus pomas a unos labios sedientos.

Mirad el vasto coro de las nubes,
alertas sobre el mar,
enardecidas reflejar el mensaje
de un sol de junio que abrasado convoca
a una sangre común con su luz despiadada.
Embebed en vuestra cabellera el rojo ardor de los besos inmensos
que se deshacen salpicados de brillos,
y destelle otra vez, y siempre, en vuestros ojos el verde piafador
de las playas,
donde un galope oculto de mar rompe en espumas.
Besad la arena, acaso eco del sol, caliente a vino, a celeste mensaje,
licor de luz que en los labios chorrea
y trastorna en la ebria lucidez a las almas,
veladoras después en la noche de estrellas.

¡Ah! Amigos, arrojad lejos, sin mirar, los artefactos tristes,
tristes ropas, palabras, palos ciegos, metales,
y desnudos de majestad y pureza frente al grito del mundo,
lanzad el cuerpo al abismo de la mar, de la luz, de la dicha
inviolada,
mientras el universo, ascua pura y final, se consume.

4

LOS INMORTALES

I

LA LLUVIA

La cintura no es rosa.
No es ave. No son plumas.
La cintura es la lluvia,
fragilidad, gemido
que a ti se entrega. Ciñe,
mortal, tú con tu brazo
un agua dulce, queja
de amor. Estrecha, estréchala.
Toda la lluvia un junco
parece. ¡Cómo ondula,
si hay viento, si hay tu brazo,
mortal que, hoy sí, la adoras!

II

EL SOL

Leve, ingrávida, apenas,
la sandalia. Pisadas
sin carne. Diosa sola,
demanda a un mundo planta
para su cuerpo, arriba
solar. No cabellera
digáis; cabello ardiente.
Decid sandalia, leve
pisada; decid sólo,
no tierra, grama dulce
que cruje a ese destello,
tan suave que la adora
cuando la pisa. ¡Oh, siente
tu luz, tu grave tacto
solar! Aquí, sintiéndote,
la tierra es cielo. Y brilla.

III

LA PALABRA

La palabra fué un día
calor: un labio humano.
Era la luz como mañana joven; más: relámpago
en esta eternidad desnuda. Amaba
alguien. Sin antes ni después. Y el verbo
brotó. ¡Palabra sola y pura
por siempre—Amor—en el espacio bello!

IV

LA TIERRA

La tierra conmovida
exhala vegetal
su gozo. ¡Hela: ha nacido!
Verde rubor, hoy boga
por un espacio aún nuevo.
¿Qué encierra? Sola, pura
de sí, nadie la habita.
Sólo la gracia muda,
primigenia, del mundo
va en astros, leve, virgen,
entre la luz dorada.

V

EL FUEGO

Todo el fuego suspende
la pasión. ¡Luz es sola!
Mirad cuán puro se alza
hasta lamer los cielos,
mientras las aves todas
por él vuelan. ¡No abrasa!
¿Y el hombre? Nunca. Libre
todavía de ti,
humano, está ese fuego.
Luz es, luz inocente.
¡Humano: nunca nazcas!

VI

EL AIRE

Aún más que el mar, el aire,
más inmenso que el mar, está tranquilo.
Alto velar de lucidez sin nadie.
Acaso la corteza pudo un día,
de la tierra, sentirte, humano. Invicto,
el aire ignora que habitó en tu pecho.
Sin memoria, inmortal, el aire esplende.

VII

EL MAR

¿Quién dijo acaso que la mar suspira,
labio de amor hacia las playas, triste?
Dejad que envuelta por la luz campee.
¡Gloria, gloria en la altura, y en la mar, el oro!
¡Ah soberana luz que envuelve, canta
la inmarcesible edad del mar gozante!
Allá, reverberando
sin tiempo, el mar existe.
¡Un corazón de dios sin muerte, late!

5

A UNA MUCHACHA DESNUDA

Cuán delicada muchacha,
tú que me miras con tus ojos oscuros.
Desde el borde de ese río, con las ondas por medio,
veo tu dibujo preciso sobre un verde armonioso.
No es el desnudo como llama que agostara la hierba,
o como brasa súbita que cenizas presagia,
sino que quieta, derramada, fresquísima,
eres tú primavera matinal que en un soplo llegaste.

Imagen fresca de la primavera que blandamente se posa.
Un lecho de césped virgen recogido ha tu cuerpo,
cuyos bordes descansan como un río aplacado.
Tendida estás, preciosa, y tu desnudo canta
suavemente oreado por las brisas de un valle.
Ah, musical muchacha que graciosamente ofrecida
te rehusas, allá en la orilla remota.
Median las ondas raudas que de ti me separan,
eterno deseo dulce, cuerpo, nudo de dicha,
que en la hierba reposas como un astro celeste.

DESTERRADO DE TU CUERPO

L IGERA, graciosamente leve, aún me sonríes. ¿Besas?
De ti despierto, amada, de tus brazos me alzo
y veo como un río que en soledad se canta.
Hermoso cuerpo extenso, ¿me he mirado sólo en tus ondas
o ha sido sangre mía la que en tus ondas llevas?

Pero de ti me alzo. De ti surto. ¿Era un nudo
de amor? ¿Era un silencio poseso? No lo sabremos nunca.
Mutilación me llamo. No tengo nombre; sólo
memoria soy quebrada de ti misma. Oh mi patria,
oh cuerpo de donde vivo desterrado,
oh tierra mía,
reclámame.
Súmame yo en tu seno feraz. Completo viva,
con un nombre, una sangre, que nuestra unión se llame.

EL PIE EN LA ARENA

EL pie desnudo. Sólo
su huella, sólo el leve
trasunto. Aquí el perfume
estuvo. ¡Quién pudiera
seguirte, aire que un día
arrebataste la última
sospecha de una carne!
Huella desnuda, intacta.
Plinto de mi deseo,
donde hoy se yergue entera
la irrenunciable estatua.

NOCHE CERRADA

Ah, triste, ah inmensamente triste
que en la noche oscurísima buscas ojos oscuros,
ve sólo el terciopelo de la sombra
donde resbalan leves las silenciosas aves.
Apenas si una pluma espectral rozará tu frente,
como un presagio del vacío inmediato.

Inmensamente triste tú miras la impenetrable sombra en que
respiras.
Álzala con tu pecho penoso; un oleaje
de negror invencible, como columna altísima
gravita en el esclavo corazón oprimido.
Ah, cuán hermosas allá arriba en los cielos
sobre la columnaria noche arden las luces,
los libertados luceros que ligeros circulan,
mientras tú los sostienes con tu pequeño pecho,
donde un árbol de piedra nocturna te somete.

CUERPO DE AMOR

Volcado sobre ti,
volcado sobre tu imagen derramada bajo los altos álamos ino-
    centes,
tu desnudez se ofrece como un río escapando,
espuma dulce de tu cuerpo crujiente,
frío y fuego de amor que en mis brazos salpica.

Por eso, si acerco mi boca a tu corriente prodigiosa,
si miro tu azul soledad, donde un cielo aún me teme,
veo una nube que arrebata mis besos
y huye y clama mi nombre, y en mis brazos se esfuma.

Por eso, si beso tu pecho solitario,
si al poner mis labios tristísimos sobre tu piel incendiada
siento en la mejilla el labio dulce del poniente apagándose,
oigo una voz que gime, un corazón brillando,
un bulto hermoso que en mi boca palpita,
seno de amor, rotunda morbidez de la tarde.

Sobre tu piel palabras o besos cubren, ciegan,
apagan su rosado resplandor erguidísimo,

y allí mis labios oscuros celan, dan, hacen noche,
avaramente ardientes: ¡pecho hermoso de estrellas!

Tu vientre níveo no teme el frío de esos primeros vientos,
helados, duros como manos ingratas,
que rozan y estremecen esa tibia magnolia,
pálida luz que en la noche fulgura.

Déjame así, sobre tu cuerpo libre,
bajo la luz castísima de la luna intocada,
aposentar los rayos de otra luz que te besa,
boca de amor que crepita en las sombras
y recorre tu virgen revelación de espuma.

Apenas río, apenas labio, apenas seda azul eres tú, margen
dulce,
que te entregas riendo, amarilla en la noche,
mientras mi sombra finge el claroscuro de plata
de unas hojas felices que en la brisa cantasen.

Abierta, penetrada de la noche, el silencio
de la tierra eres tú: ¡oh mía, como un mundo en los brazos!
No pronuncies mi nombre: brilla sólo en lo oscuro.
Y ámame, poseída de mí, cuerpo a cuerpo en la dicha,
beso puro que estela deja eterna en los aires.

CABELLERA NEGRA

¿Por qué te miro, con tus ojos oscuros,
terciopelo viviente en que mi vida lastimo?
Cabello negro, luto donde entierro mi boca,
oleaje doloroso donde mueren mis besos,
orilla en fin donde mi voz al cabo se extingue y moja
tu majestad, oh cabellera que en una almohada derramada
    reinas.

En tu borde se rompen,
como en una playa oscura, mis deseos continuos.
¡Oh inundada: aún existes, sobrevives, imperas!
Toda tú victoriosa como un pico en los mares.

CUERPO SIN AMOR

Pero no son tus ojos, tranquilos;
pero no serán nunca tus ojos los que yo ame.
Derribada, soberbia, centrada por el fuego nocturno de tus pu-
    pilas,
tú me contemplas, quieto río que un astro lunar frío devuelves.
Toda la noche hermosa sobre tu cuerpo brilla
y tú la escupes, oh superficie que un resplandor gélido otorgas.
La noche se desliza sobre tu forma (¡Ah, frío del mundo,
quién mirará tu quieto, tu sideral transcurso sobre un cuerpo
    estrellado!)
No améis esa presencia que entre los verdes quietos oscuramente
    pasa.
Cuerpo o río que helado hacia la mar se escurre,
donde nunca el humano beberá con su boca,
aunque un ojo caliente de su hermosura sufra.

EL PERFUME

Chupar tu vida sobre tus labios,
no es quererte en la muerte.
Chupar tu vida, amante,
para que lenta mueras
de mí, de mí que mato.
Para agotar tu vida
como una rosa exhausta.
Color, olor: mis venas
saben a ti: allí te abres.
Ebriamente encendido,
tú me recorres. Toda,
toda mi sangre es sólo
perfume. Tú me habitas,
aroma arrebatado
que por mí te despliegas,
que como sangre corres
por mí: ¡que a mí me pueblas!

6

PADRE MÍO

A mi hermana.

L ejos estás, padre mío, allá en tu reino de las sombras.
Mira a tu hijo, oscuro en esta tiniebla huérfana,
lejos de la benévola luz de tus ojos continuos.
Allí nací, crecí; de aquella luz pura
tomé vida, y aquel fulgor sereno
se embebió en esta forma, que todavía despide,
como un eco apagado, tu luz resplandeciente.

Bajo la frente poderosa, mundo entero de vida,
mente completa que un humano alcanzara,
sentí la sombra que protegió mi infancia. Leve, leve,
resbaló así la niñez como alígero pie sobre una hierba noble,
y si besé a los pájaros, si pude posar mis labios
sobre tantas alas fugaces que una aurora empujara,
fué por ti, por tus benévolos ojos que presidieron mi nacimiento
y fueron como brazos que por encima de mi testa cernían
la luz, la luz tranquila, no heridora a mis ojos de niño.

Alto, padre, como una montaña que pudiera inclinarse,
que pudiera vencerse sobre mi propia frente descuidada

y besarme tan luminosamente, tan silenciosa y puramente
como la luz que pasa por las crestas radiantes
donde reina el azul de los cielos purísimos.

Por tu pecho bajaba una cascada luminosa de bondad, que
  tocaba
luego mi rostro y bañaba mi cuerpo aún infantil, que emergía
de tu fuerza tranquila como desnudo, reciente,
nacido cada día de ti, porque tú fuiste padre
diario, y cada día yo nací de tu pecho, exhalado
de tu amor, como acaso mensaje de tu seno purísimo.
Porque yo nací entero cada día, entero y tierno siempre,
y débil y gozoso cada día hollé naciendo
la hierba misma intacta: pisé leve, estrené brisas,
henchí también mi seno, y miré el mundo
y lo vi bueno. Bueno tú, padre mío, mundo mío, tú sólo.

Hasta la orilla del mar condujiste mi mano.
Benévolo y potente tú como un bosque en la orilla,
yo sentí mis espaldas guardadas contra el viento estrellado.
Pude sumergir mi cuerpo reciente cada aurora en la espuma,
y besar a la mar candorosa en el día,
siempre olvidada, siempre, de su noche de lutos.

Padre, tú me besaste con labios de azul sereno.
Limpios de nubes veía yo tus ojos,
aunque a veces un velo de tristeza eclipsaba a mi frente
esa luz que sin duda de los cielos tomabas.
Oh padre altísimo, oh tierno padre gigantesco
que así, en los brazos, desvalido, me hubiste.

Huérfano de ti, menudo como entonces, caído sobre una
  hierba triste,
heme hoy aquí, padre, sobre el mundo en tu ausencia,
mientras pienso en tu forma sagrada, habitadora acaso de una
  sombra amorosa,
por la que nunca, nunca tu corazón me olvida.

Oh padre mío, seguro estoy que en la tiniebla fuerte
tú vives y me amas. Que un vigor poderoso,
un latir, aún revienta en la tierra.
Y que unas ondas de pronto, desde un fondo, sacuden
a la tierra y la ondulan, y a mis pies se estremece.

Pero yo soy de carne todavía. Y mi vida
es de carne, padre, padre mío. Y aquí estoy,
solo, sobre la tierra quieta, menudo como entonces, sin verte,
derribado sobre los inmensos brazos que horriblemente te imitan.

AL HOMBRE

¿Por qué protestas, hijo de la luz,
humano que transitorio en la tierra,
redimes por un instante tu materia sin vida?
¿De dónde vienes, mortal, que del barro has llegado
para un momento brillar y regresar después a tu apagada patria?
Si un soplo, arcilla finita, erige tu vacilante forma y calidad
    de dios tomas en préstamo,
no, no desafíes cara a cara a ese sol poderoso que fulge
y compasivo te presta cabellera de fuego.
Por un soplo celeste redimido un instante,
alzas tu incandescencia temporal a los seres.
Hete aquí luminoso, juvenil, perennal a los aires.
Tu planta pisa el barro de que ya eres distinto.
¡Oh, cuán engañoso, hermoso humano que con testa de oro
el sol piadoso coronado ha tu frente!
¡Cuán soberbia tu masa corporal, diferente sobre la tierra madre,
que cual perla te brinda!
Mas mira, mira que hoy, ahora mismo, el sol declina triste-
    mente en los montes.
Míralo rematar ya de pálidas luces,
de tristes besos cenizosos de ocaso

tu frente oscura. Mira tu cuerpo extinto cómo acaba en la noche.
Regresa tú, mortal, humilde, pura arcilla apagada,
a tu certera patria que tu pie sometía.
He aquí la inmensa madre que de ti no es distinta.
Y, barro tú en el barro, totalmente perdura.

ADIÓS A LOS CAMPOS

No he de volver, amados cerros, elevadas montañas,
gráciles ríos fugitivos que sin adiós os vais.
Desde esta suma de piedra temerosa diviso el valle.
Lejos el sol poniente, hermoso y robusto todavía, colma de
   amarillo esplendor
la cañada tranquila.
Y allá remota la llanura dorada donde verdea siempre el in-
   marchito día,
muestra su plenitud sin fatiga bajo un cielo completo.
¡Todo es hermoso y grande! El mundo está sin límites.
Y sólo mi ojo humano adivina allá lejos la linde, fugitiva
mas terca en sus espumas,
de un mar de día espléndido que de un fondo de nácares torna-
   solado irrumpe.

Erguido en esta cima, montañas repetidas, yo os contemplo,
   sangre de mi vivir que amasó vuestra piedra.
No soy distinto, y os amo. Inútilmente esas plumas de los ligeros vientos pertinaces,
alas de cóndor o, en lo bajo,
diminutas alillas de graciosos jilgueros,
brillan al sol con suavidad: la piedra
por mí tranquila os habla, mariposas sin duelo.

Por mí la hierba tiembla hacia la altura, más celeste que el ave.
Y todo ese gemido de la tierra, ese grito que siento
propagándose loco de su raíz al fuego
de mi cuerpo, ilumina los aires,
no con palabras: vida, vida, llama, tortura,
o gloria soberana que sin saberlo escupo.

Aquí en esta montaña, quieto como la nube,
como la torva nube que aborrasca mi frente,
o dulce como el pájaro que en mi pupila escapa,
miro el inmenso día que inmensamente cede.
Oigo un rumor de foscas tempestades remotas
y penetro y distingo el vuelo tenue, en truenos,
de unas alas de polvo transparente que brillan.

Para mis labios quiero la piel terrible y dura
de ti, encina tremenda que solitaria abarcas
un firmamento verde de resonantes hojas.
Y aquí en mi boca quiero, pido amor, leve seda
de ti, rosa inviolada que como luz transcurres.

Sobre esta cima solitaria os miro,
campos que nunca volveréis por mis ojos.
Piedra de sol inmensa: entero mundo,
y el ruiseñor tan débil que en su borde lo hechiza.

DESTINO DE LA CARNE

No, no es eso. No miro
del otro lado del horizonte un cielo.
No contemplo unos ojos tranquilos, poderosos,
que aquietan a las aguas feroces que aquí braman.
No miro esa cascada de luces que descienden
de una boca hasta un pecho, hasta unas manos blandas,
finitas, que a este mundo contienen, atesoran.

Por todas partes veo cuerpos desnudos, fieles
al cansancio del mundo. Carne fugaz que acaso
nació para ser chispa de luz, para abrasarse
de amor y ser la nada sin memoria, la hermosa
redondez de la luz.
Y que aquí está, aquí está, marchitamente eterna,
sucesiva, constante, siempre, siempre cansada.

Es inútil que un viento remoto, con forma vegetal, o una
    lengua,
lama despacio y largo su volumen, lo afile,
lo pula, lo acaricie, lo exalte.
Cuerpos humanos, rocas cansadas, grises bultos

562

que a la orilla del mar conciencia siempre
tenéis de que la vida no acaba, no, heredándose.
Cuerpos que mañana repetidos, infinitos, rodáis
como una espuma lenta, desengañada, siempre.
¡Siempre carne del hombre, sin luz! Siempre rodados
desde allá, de un océano sin origen que envía
ondas, ondas, espumas, cuerpos cansados, bordes
de un mar que no se acaba y que siempre jadea en sus orillas.

Todos, multiplicados, repetidos, sucesivos, amontonáis la carne,
la vida, sin esperanza, monótonamente iguales bajo los cielos
    hoscos que impasibles se heredan.
Sobre ese mar de cuerpos que aquí vierten sin tregua, que aquí
    rompen
redondamente y quedan mortales en las playas,
no se ve, no, ese rápido esquife, ágil velero
que con quilla de acero, rasgue, sesgue,
abra sangre de luz y raudo escape
hacia el hondo horizonte, hacia el origen
último de la vida, al confín del océano eterno
que humanos desparrama
sus grises cuerpos. Hacia la luz, hacia esa escala ascendente
    de brillos
que de un pecho benigno hacia una boca sube,
hacia unos ojos grandes, totales que contemplan,
hacia unas manos mudas, finitas, que aprisionan,
donde cansados siempre, vitales, aún nacemos.

CIUDAD DEL PARAÍSO

A mi ciudad de Málaga.

Siempre te ven mis ojos, ciudad de mis días marinos.
Colgada del imponente monte, apenas detenida
en tu vertical caída a las ondas azules,
pareces reinar bajo el cielo, sobre las aguas,
intermedia en los aires, como si una mano dichosa
te hubiera retenido, un momento de gloria, antes de hundirte
   para siempre en las olas amantes.

Pero tú duras, nunca desciendes, y el mar suspira
o brama por ti, ciudad de mis días alegres,
ciudad madre y blanquísima donde viví y recuerdo,
angélica ciudad que, más alta que el mar, presides sus espumas.

Calles apenas, leves, musicales. Jardines
donde flores tropicales elevan sus juveniles palmas gruesas.
Palmas de luz que sobre las cabezas, aladas,
mecen el brillo de la brisa y suspenden
por un instante labios celestiales que cruzan
con destino a las islas remotísimas, mágicas,
que allá en el azul índigo, libertadas, navegan.

Allí también viví, allí, ciudad graciosa, ciudad honda.
Allí, donde los jóvenes resbalan sobre la piedra amable,
y donde las rutilantes paredes besan siempre
a quienes siempre cruzan, hervidores, en brillos.

Allí fuí conducido por una mano materna.
Acaso de una reja florida una guitarra triste
cantaba la súbita canción suspendida en el tiempo;
quieta la noche, más quieto el amante,
bajo la luna eterna que instantánea transcurre.

Un soplo de eternidad pudo destruirte,
ciudad prodigiosa, momento que en la mente de un Dios emer-
    giste.
Los hombres por un sueño vivieron, no vivieron,
eternamente fúlgidos como un soplo divino.

Jardines, flores. Mar alentando como un brazo que anhela
a la ciudad voladora entre monte y abismo,
blanca en los aires, con calidad de pájaro suspenso
que nunca arriba. ¡Oh ciudad no en la tierra!

Por aquella mano materna fuí llevado ligero
por tus calles ingrávidas. Pie desnudo en el día.
Pie desnudo en la noche. Luna grande. Sol puro.
Allí el cielo eras tú, ciudad que en él morabas.
Ciudad que en él volabas con tus alas abiertas.

HIJOS DE LOS CAMPOS

Vosotros los que consumís vuestras horas
en el trabajo gozoso y amor tranquilo pedís al mundo,
día a día gastáis vuestras fuerzas, y la noche benévola
os vela nutricia y en el alba otra vez brotáis enteros.

Verdes fértiles. Hijos vuestros, menudas sombras humanas:
   cadenas
que desde vuestra limitada existencia arrojáis
—acaso puros y desnudos en el borde de un monte invisible—al
   mañana.
¡Oh ignorantes, sabios del vivir, que como hijos del sol pobláis
   el día!

Musculares, vegetales, pesados como el roble, tenaces como
   el arado que vuestra mano conduce,
arañáis a la tierra, no cruel, amorosa, que allí en su delicada
   piel os sustenta.
Y en vuestra frente tenéis la huella intensa y cruda del beso
   diario
del sol, que día a día os madura, hasta haceros oscuros y dulces
como la tierra misma, en la que, ya colmados, una noche uniforme vuestro cuerpo tendéis.

Yo os veo como la verdad más profunda,
modestos y únicos habitantes del mundo,
última expresión de noble corteza,
por la que todavía la tierra puede hablar con palabras.

Contra el monte que un lujo primaveral hoy lanza, cubrién-
    dose de temporal alegría,
destaca el ocre áspero de vuestro cuerpo cierto,
oh permanentes hijos de la tierra crasa,
donde lentos os movéis, seguros como la roca misma de la
    gleba.

Dejad que, también, un hijo de la espuma que bate el tran-
    quilo espesor del mundo firme,
pase por vuestro lado, ligero como ese río
que nace de la nieve instantánea y va a morir al mar,
al mar perpetuo, padre de vida, muerte sola
que esta espumeante voz sin figura cierta espera.

¡Oh destino sagrado! Acaso todavía
el río atraviese ciudades solas,
o ciudades pobladas. Aldeas laboriosas,
o vacíos fantasmas de habitaciones muertas:
tierra, tierra por siempre.

Pero vosotros sois, continuos,
esa certeza única de unos ojos fugaces.

ÚLTIMO AMOR

¿Quién eres, dime? ¿Amarga sombra
o imagen de la luz? ¿Brilla en tus ojos
una espada nocturna,
cuchilla temerosa donde está mi destino,
o miro dulce en tu mirada el claro
azul del agua en las montañas puras,
lago feliz sin nubes en el seno
que un águila solar copia extendida?

¿Quién eres, quién? Te amé, te amé naciendo.
Para tu lumbre estoy, para ti vivo.
Miro tu frente sosegada, excelsa.
Abre tus ojos, dame, dame vida.
Sorba en su llama tenebrosa el sino
que me devora, el hambre de tus venas.
Sorba su fuego derretido y sufra,
sufra por ti, por tu carbón prendiéndome.
Sólo soy tuyo si en mis venas corre
tu lumbre sola, si en mis pulsos late
un ascua, otra ascua: sucesión de besos.
Amor, amor, tu ciega pesadumbre,
tu fulgurante gloria me destruye,

lucero solo, cuerpo inscrito arriba,
que ardiendo puro se consume a solas.

Pero besarte, niña mía, ¿es muerte?
¿Es sólo muerte tu mirada? ¿Es ángel?
O es una espada larga que me clava
contra los cielos, mientras fuljo sangres
y acabo en luz, en titilante estrella?

Niña de amor, tus rayos inocentes,
tu pelo terso, tus paganos brillos,
tu carne dulce que a mi lado vive,
no sé, no sé, no sabré nunca, nunca,
si es sólo amor, si es crimen, si es mi muerte.

Golfo sombrío, vórtice, te supe,
te supe siempre. En lágrimas te beso,
paloma niña, cándida tibieza,
pluma feliz: tus ojos me aseguran
que el cielo sigue azul, que existe el agua,
y en tus labios la pura luz crepita
toda contra mi boca amaneciendo.

¿Entonces? Hoy, frente a tus ojos miro,
miro mi enigma. Acerco ahora a tus labios
estos labios pasados por el mundo,
y temo, y sufro, y beso. Tibios se abren
los tuyos, y su brillo sabe a soles
jóvenes, a reciente luz, a auroras.

¿Entonces? Negro brilla aquí tu pelo,
onda de noche. En él hundo mi boca.
¡Qué sabor a tristeza, qué presagio
infinito de soledad! Lo sé: algún día
estaré solo. Su perfume embriaga
de sombría certeza, lumbre pura,
tenebrosa belleza inmarcesible,

noche cerrada y tensa en que mis labios
fulgen como una luna ensangrentada.

¡Pero no importa! Gire el mundo y dame,
dame tu amor, y muera yo en la ciencia
fútil, mientras besándote rodamos
por el espacio y una estrella se alza.

AL CIELO

El puro azul ennoblece
mi corazón. Sólo tú, ámbito altísimo
inaccesible a mis labios, das paz y calma plenas
al agitado corazón con que estos años vivo.
Reciente la historia de mi juventud, alegre todavía
y dolorosa ya, mi sangre se agita, recorre su cárcel
y, roja de oscura hermosura, asalta el muro
débil del pecho, pidiendo tu vista,
cielo feliz que en la mañana rutilas,
que asciendes entero y majestuoso presides
mi frente clara, donde mis ojos te besan.
Luego declinas, oh sereno, oh puro don de la altura,
cielo intocable que siempre me pides, sin cansancio, mis besos,
como de cada mortal, virginal, solicitas.
Sólo por ti mi frente pervive al sucio embate de la sangre.
Interiormente combatido de la presencia dolorida y feroz,
recuerdo impío de tanto amor y de tanta belleza,
una larga espada tendida como sangre recorre
mis venas, y sólo tú, cielo agreste, intocado,
das calma a este acero sin tregua que me yergue en el mundo.

Baja, baja dulce para mí y da paz a mi vida.
Hazte blando a mi frente como una mano tangible
y oiga yo como un trueno que sea dulce una voz
que, azul, sin celajes, clame largamente en mi cabellera.
Hundido en ti, besado del azul poderoso y materno,
mis labios sumidos en tu celeste luz apurada
sientan tu roce meridiano, y mis ojos
ebrios de tu estelar pensamiento te amen,
mientras así peinado suavemente por el soplo de los astros,
mis oídos escuchan al único amor que no muere.

LA ISLA

Isla gozosa que lentamente posada
sobre la mar instable
navegas silenciosa por un mundo ofrecido.
En tu seno me llevas, ¿rumbo al amor? No hay sombras.
¿En qué entrevista playa un fantasma querido
me espera siempre a solas, tenaz, tenaz, sin dueño?
Olas sin paz que eternamente jóvenes
aquí rodáis hasta mis pies intactos.
Miradme vuestro, mientras gritáis hermosas
con espumosa lengua que eterna resucita.
Yo os amo. Allá una vela no es un suspiro leve.
Oh, no mintáis, dejadme en vuestros gozos.
Alzad un cuerpo riente, una amenaza
de amor, que se deshaga rompiente entre mis brazos.
Cantad tendidamente sobre la arena vívida
y ofrezca el sol su duro beso ardiente
sobre los cuerpos jóvenes, continuos, derramados.

Mi cuerpo está desnudo entre desnudos. Grito
con vuestra desnudez no humana entre mis labios.
Recorra yo la espuma con insaciable boca,
mientras las rocas duran, hermosas allá al fondo.

573

No son barcos humanos los humos pensativos
que una sospecha triste del hombre allá descubren.
¡Oh, no!: ¡el cielo te acepta, trazo ligero y bueno
que un ave nunca herida sobre el azul dejara!

Fantasma, dueño mío, si un viento hinche tus sábanas,
tu nube en la rompiente febril, sabe que existen
cuerpos de amor que eternos irrumpen..., se deshacen,
acaban..., resucitan. Yo canto con sus lenguas.

NO BASTA

Pero no basta, no, no basta
la luz del sol, ni su cálido aliento.
No basta el misterio oscuro de una mirada.
Apenas bastó un día el rumoroso fuego de los bosques.
Supe del mar. Pero tampoco basta.

En medio de la vida, al filo de las mismas estrellas,
mordientes, siempre dulces en sus bordes inquietos,
sentí iluminarse mi frente.
No era tristeza, no. Triste es el mundo;
pero la inmensa alegría invasora del universo
reinó también en los pálidos días.

No era tristeza. Un mensaje remoto
de una invisible luz modulaba unos labios
aéreamente, sobre pálidas ondas,
ondas de un mar intangible a mis manos.

Una nube con peso, nube cargada acaso de pensamiento
estelar,
se detenía sobre las aguas, pasajera en la tierra,

577

quizá envío celeste de universos lejanos
que un momento detiene su paso por el éter.

Yo vi dibujarse una frente,
frente divina: hendida de una arruga luminosa,
atravesó un instante preñada de un pensamiento sombrío.
Vi por ella cruzar un relámpago morado, vi unos ojos
cargados de infinita pesadumbre brillar,
y vi a la nube alejarse, densa, oscura, cerrada,
silenciosa, hacia el meditabundo ocaso sin barreras.

El cielo alto quedó como vacío.
Mi grito resonó en la oquedad sin bóveda
y se perdió, como mi pensamiento que voló deshaciéndose,
como un llanto hacia arriba, al vacío desolador, al hueco.

Sobre la tierra mi bulto cayó. Los cielos eran
sólo conciencia mía, soledad absoluta.
Un vacío de Dios sentí sobre mi carne,
y sin mirar arriba nunca, nunca, hundí mi frente en la arena
y besé sólo a la tierra, a la oscura, sola,
desesperada tierra que me acogía.

Así sollocé sobre el mundo.
¿Qué luz lívida, qué espectral vacío velador,
qué ausencia de Dios sobre mi cabeza derribada
vigilaba sin límites mi cuerpo convulso?
¡Oh madre, madre, sólo en tus brazos siento
mi miseria! Sólo en tu seno martirizado por mi llanto
rindo mi bulto, sólo en ti me deshago.

Estos límites que me oprimen,
esta arcilla que de la mar naciera,
que aquí quedó en tus playas,
hija tuya, obra tuya, luz tuya,
extinguida te pide su confusión gloriosa,
te pide sólo a ti, madre inviolada,
madre mía de tinieblas calientes,

seno sólo donde el vacío reina,
mi amor, mi amor, hecho ya tú, hecho tú sólo.

Todavía quisiera, madre,
con mi cabeza apoyada en tu regazo,
volver mi frente hacia el cielo
y mirar hacia arriba, hacia la luz, hacia la luz pura,
y sintiendo tu calor, echado dulcemente sobre tu falda,
contemplar el azul, la esperanza risueña,
la promesa de Dios, la presentida frente amorosa.
¡Qué bien desde ti, sobre tu caliente carne robusta,
mirar las ondas puras de la divinidad bienhechora!
¡Ver la luz amanecer por oriente, y entre la aborrascada nube
        preñada
contemplar un instante la purísima frente divina destellar,
y esos inmensos ojos bienhechores
donde el mundo alzado quiere entero copiarse
y mecerse en un vaivén de mar, de estelar mar entero,
compendiador de estrellas, de luceros, de soles,
mientras suena la música universal, hecha ya frente pura,
radioso amor, luz bella, felicidad sin bordes!

Así, madre querida,
tú puedes saber bien—lo sabes, siento tu beso secreto de sabi-
        duría—
que el mar no baste, que no basten los bosques,
que una mirada oscura llena de humano misterio,
no baste; que no baste, madre, el amor,
como no baste el mundo.

Madre, madre, sobre tu seno hermoso
echado tiernamente, déjame así decirte
mi secreto; mira mi lágrima
besarte; madre que todavía me sustentas,
madre cuya profunda sabiduría me sostiene ofrecido.

FIN DE
"SOMBRA DEL PARAÍSO"

NACIMIENTO ÚLTIMO

1927-1952

NOTA A LA PRIMERA EDICIÓN

Iay libros que se desarrollan alrededor de un tema central,
dquiriendo por trabado crecimiento la contextura y el límite
e un verdadero organismo cerrado. Pero hay solicitaciones, ex-
resiones en el trabajo del poeta (poemas o series) que sin llegar
cobrar cada una cuerpo bastante para constituir un volumen,
o son tampoco asimilables en otros libros del autor, si éstos
an crecido desde un núcleo originario, por definido, exclu-
ente.

Un volumen entonces puede de tarde en tarde recoger al-
unos de estos más breves organismos e ingresarlos correcta-
ente en la corriente general a que pertenecen.

El presente libro se abre con un primer conjunto solidario:
Nacimiento Último—muerte, es decir, en la visión del poeta,
acimiento definitivo a la tierra unitaria—. Esta serie da su título
l volumen porque ella lo sitúa, cronológicamente y acaso tam-
ién con su sentido, en el lugar que le corresponde dentro del
rabajo general de su autor. Le sigue otra serie, Retratos y De-
icatorias, donde se reúnen algunas expresiones que a lo largo
e los años han inspirado al poeta movimientos de admiración
de amistad. Más otro conjunto, manifestador de algunos poe-
as escritos sin solución de continuidad con Sombra del Pa-
aíso, todavía en su ámbito, pero cuando tal libro ya se impri-

585

mía, y sin que alcanzaran a incorporarse a su rúbrica. Y hay en fin, algunas piezas distintas, de cuerpo separado, que e cada una empezaba y terminaba, y que aquí se recogen en l que pudiera llamarse unidad de tiempo, unidad de poeta.

Falta la indicación, para el que le interese, de que la mayorí de los poemas incluídos, y no sólo la serie Nacimiento Último están escritos—aparte algunos retratos y dedicatorias—entre l terminación de Sombra del Paraíso y el comienzo de Historia del Corazón, el último libro, recién acabado e inédito.

NACIMIENTO ÚLTIMO

El texto de *Nacimiento Último,* en la presente edición de *Poesías completas,* está aumentado con un poema, *Acabó el amor,* inédito e incorporado ahora al libro a que pertenece.

¿Qué nubes o qué palmas, qué besos o siemprevivas
buscan esa frente, esos ojos, ese sueño,
ese crecimiento que acabará como una muerte recién nacida?

V. A.

EL MORIBUNDO

A Alfonso Costafreda.

I

PALABRAS

Él decía palabras.
Quiero decir palabras, todavía palabras.
Esperanza. El Amor. La Tristeza. Los Ojos.
Y decía palabras,
mientras su mano ligeramente débil sobre el lienzo aún vivía.
Palabras que fueron alegres, que fueron tristes, que fueron so-
    beranas.
Decía moviendo los labios, quería decir el signo aquél,
el olvidado, ése que saben decir mejor dos labios,
no, dos bocas que fundidas en soledad pronuncian.
Decía apenas un signo leve como un suspiro, decía un aliento,
una burbuja; decía un gemido y enmudecían los labios,
mientras las letras teñidas de un carmín en su boca
destellaban muy débiles, hasta que al fin cesaban.

Entonces alguien, no sé, alguien no humano,
alguien puso unos labios en los suyos.
Y alzó una boca donde sólo quedó el calor prestado,
las letras tristes de un beso nunca dicho.

II

SILENCIO

Miró, miró por último y quiso hablar.
Unas borrosas letras sobre sus labios aparecieron.
Amor. Sí, amé. He amado. Amé, amé mucho.
Alzó su mano débil, su mano sagaz, y un pájaro
voló súbito en la alcoba. Amé mucho, el aliento aún decía.
Por la ventana negra de la noche las luces daban su claridad
sobre una boca, que no bebía ya de un sentido agotado.
Abrió los ojos. Llevó su mano al pecho y dijo:
Oídme.
Nadie oyó nada. Una sonrisa oscura veladamente puso su dulce
     máscara
sobre el rostro, borrándolo.
Un soplo sonó. Oídme. Todos, todos pusieron su delicado oído
Oídme. Y se oyó puro, cristalino, el silencio.

EL ENTERRADO

A Carlos Bousoño.

Eː muerto alienta. Terco
el cuerpo permanece. Hermosa vida,
sobrevivida vida que reúne
pájaros pertinaces, hojas claras
y luz, luz fija para el térreo labio.
¡Quién un beso pusiera en esa piedra,
piedra tranquila que espesor de siglos
es a una boca! ¡Besa, besa! ¡Absorbe!
Vida tremenda que la tierra arroja
por una piedra quieta hasta un aliento
que sorbe entero el terrenal quejido.

Hombre que, muerto o vivo, vida hallares
respirando la tierra. Solo, puro,
quebrantados tus límites, estallas,
resucitas. ¡Ya tierra, tierra hermosa!
Hombre: tierra perenne, gloria, vida.

VIENTO DEL ESTE

A Rafael Santos Torroella.

Yo os tuve, amantes delicadas que como gráciles criaturas
vinisteis ligeras traídas por la brisa del Este.
No descendisteis de las rocosas montañas de mi vida,
de allí donde subí y sufrí, donde logré un cenit de alcanzado
    desnudo.
Sino que bajasteis traídas por el viento del Este
de las ligeras colinas, de los bultos hermosos
donde la tierra entera como un amor respira.

   Ligeras muchachas rubias o muchachas morenas,
hojas del viento que dulcemente entregasteis
vuestros cuerpos hermosos como verde caricia
que repasa unos hombros cuando el viento se extingue.

   La vida como una tarde de primavera fué sólo un soplo de
    viento del Este.
Y en él llegasteis poblándolo de vuestros cuerpos frescos,
oh claras hojas vivas que coronasteis mis horas,
como un rumor que la brisa arrastraba.

594

La juventud como una espuma era amable.
Sonó el lejano mar donde en copos nacisteis,
y aquí en mi boca, gotas puras, besabais,
dulce sabor que era el mundo a mis labios.

Ese ligero viento del Este os llevaba,
y un instante vinisteis como amor, hojas puras,
oh cuerpos leves del amor, verdes besos,
oh lejanísimos cuerpos dulces de un soplo.

LOS AMANTES ENTERRADOS

Aún tengo
aquí mis labios sobre los tuyos. Muerta,
acabada, ¡acábate!
¡Oh libertad! Aquí oscuramente apretados,
bajo la tierra, revueltos con las densas raíces,
vivimos, sobrevivimos, muertos, ahogados, nunca libres.
Siempre atados de amor, sin amor, muertos,
respirando ese barro cansado, ciegos, torpes,
prolongamos nuestra existencia, hechos ya tierra extinta,
confusa tierra pesada, mientras arriba libres
cantan su matinal libertad vivas hojas,
transcurridoras nubes
y un viento claro que otros labios besa
de los desnudos, puros, exentos amadores.

LA ESTAMPA ANTIGUA

Vagamente cansado el día insiste.
La misma flor, la misma fuente,
la misma, la misma sombra del cerezo.
¿Qué preguntas? El mar tan lejos gesticula
inútilmente. Sus espumas ruedan,
ansia de amor proclaman sin sonido,
lejos, lejos, lejísimos, sin bulto,
vago telón de sedas amarillas.

ETERNAMENTE

A Ricardo Blasco.

Desde esta quieta estancia sin pasión yo contemplo
ese paisaje lento donde las nubes quedan.
Ese azul fué el imperio temporal, colorido,
de unos ojos. Ese verdor perenne
fué juventud, primavera. Tranquilo, aquí, tranquilo,
miro los suaves bordes de los montes enhiestos.
¿Qué redondez nativa, tibiamente desnuda?...
Esa llanura tersa sin álamos, respira.
Mano mía que supo de la corteza suave
de la tierra, hoy sostiene mi cabeza, acodada.
Inmarcesible un río levemente espejea
dientes de amor, cantando, riendo, hacia otra espuma.
Voces, remotas voces son el aviso dulce
de que siempre velando las remotas muchachas
entre el boscaje aguardan fuertes varones raudos
que arrebatadamente desemboquen con ellas
en el mar. ¡Oh ríos juveniles—auroras
permanentes—que alegremente vierten,
nunca finales, nunca!

...Con mis ojos abiertos.

ACABA

A Eugenio de Nora.

No son tus ojos esas dos rosas que, tranquilas,
me están cediendo en calma su perfume.
La tarde muere. Acaban los soles, lunas duras
bajo la tierra pugnan, piafantes. Cielo raso
donde nunca una luna tranquila se inscribiera.
Cielo de piedra dura, nefando ojo completo
que sobre el mundo, fiero, vigila sin velarse.
Nunca una lluvia blanda (oh, lágrima) ha mojado
desde tu altura infame mi frente trastornada
—dulce pasión, neblina, húmedo ensueño
que descendiera acaso como piedad, al hombre.

Mas no. Sobre esta roca luciente—tierra, tierra—
presente miro inmóvil ese ojo siempre en seco.
Cielo de luz, acaba, destruye al hombre solo
que dura eternamente para tu sola vista.

ACABÓ EL AMOR

¿Por qué, por qué llorar? Acabó el amor.
Dime tendida tu secreto. Ya no amas.
Miré en tus ojos los lucientes jardines,
luna tremenda que encadenó mi vida,
mientras las hojas dulces sonaban y un gemido
largo, largo, me ataba firmemente a tu boca.

Con mano lenta, más lenta que la misma muerte,
toqué tu pelo.
Eternidad. Un brillo del cabello en mis labios,
duró. Duró la vida en las venas besándote.

Pero el amor, si fué puñal instantáneo que desangró mi
  pecho,
si incendió el aire y sus súbitos pájaros,
si fué un beso, un destino, una luz labio a labio apresada,
finó. Finó el beso. Finamos.

Calla. Tendida constas como un río parado.
Azul, tranquilo, el cielo sobre tus ojos consta.
Consta el aire elevado, sus templados destellos.
La vida quieta consta tranquilamente exacta.

Yo reclinado en tierra de un verdor sin espuma,
transcurro, leve, apenas, como la hierba misma.
Nada llena los aires; las nubes con sus límites
derivan. Con sus límites los pájaros se alejan.

SIN AMOR

Fin de una vida, fin de un amor. La noche aguarda.
Oh noche dura, silenciosa, inminente.
Oh soledad de un cuerpo que no ama a nadie.
Con un puño se arranca sombra, sólo sombra del pecho.
Aquí hubo sangre, aquí en este hueco inmenso latió una vida;
aquí en esta húmeda soledad hubo voces, dulces voces lla-
    mando.
¿Recuerdas? Hubo un aliento que ascendía, exhalaba
un nombre y daba lumbre, lumbre y vida a una boca.
Hubo una queja, un grito, una súplica hermosa,
hubo en el pecho el mismo viento dulce que allí en los labios
modeló luego el aliento de un beso.

Tienta, tienta, mano, esta madera fría
y torpe de una tabla sin venas.
Recorre esa forma sorda. Ya la noche amenaza.
Un sudario sin vida de tiniebla uniforme
te helará, larga tabla sin pesar que aún insiste.

CANTAD, PÁJAROS

A María Teresa Prieto.

Pájaros, las caricias de vuestras alas puras
no me podrán quitar la entristecida
memoria. ¡Qué clara pasión de un labio
dice el gorjeo de vuestro pecho puro!
Cantad por mí, pájaros centelleantes
que en el ardiente bosque convocáis alegría
y ebrios de luz os alzáis como lenguas
hacia el azul que inspirado os adopta.
Cantad por mí, pájaros que nacéis cada día
y en vuestro grito expresáis la inocencia
del mundo. Cantad, cantad, y elevaos con el alma
que me arrancáis, y no vuelva a la tierra.

LA SIMA

A Carlos R. Spiteri.

A la orilla el abismo sin figura ensordece
mis voces. No, no llamo a nadie.
Mis ojos no penetran sordamente esas sombras.
¡Oh el abisal silencio que me absorbe! ¿Quién llama?
¿Quién me pide mi vida? Una vida sin amor sólo ofrezco.
¿Qué tristes poderosos aullidos deletrean
mi humano nombre? ¿Quién me quiere en las sombras?
Heladas aguas crudas, pesadamente negras,
o un vapor, un aliento fuliginoso y largo.
¿Quién sois? No sois ojos hermosos fulgurando un deseo,
una pasión hondísima desde el fondo insondable;
no sois sed de mi vida, llama, lengua que alcanza
con su cúspide cierta mi desnudo anhelante.

Inmensa boca oscura, abismático enigma,
fondo del mundo, cierto torcedor de mi vida.

AMOR DEL CIELO

A Julio Maruri.

No sé. Por esos aires ligeros, por esas ligeras manos,
por esos ojos que todavía bajo el celaje aún brillan.
Por ti, verdor perenne, incipiente hermosura, juventud de estos
    valles.
Por esa que adivino canción entre unos labios,
que muy lejos aún se oye, y lentamente fina.

Por todo, temerosa piedad que como mano, para mi frente
    quieta,
desciendes y me aduermes, y, tierna, me murmuras.
¡Oh soledad! Si cierro mis ojos, aún te escucho,
mano de Dios piadosa que tibia me regalas.

Música a los oídos cansados. Luz cernida
para los turbios ojos. Piel graciosa
todavía para mi frente cruda, que largamente acepta.

¡Ah, qué descanso, Vida! Blandos árboles
no insisten. Quietos alzan su copa en pos de un cielo
que grave condesciende. Ah, no, mis labios nunca,

605

nunca te huyeron, tibia turgencia dadivosa
de un cielo pleno y puro que hasta mis labios baja.

Hermosa luz tus besos, tangible. Hermoso cielo, carne
sutil, tan lenta, intacta que arrullas hoy mi vida.
Tú rozas, rozas dulce... Te siento. Nunca acabes...

EL MUERTO

A Rafael Morales.

Bajo la tierra el día
oscurece. Ave rara,
ave arriba en el árbol que cantas para un muerto.
Bajo la tierra duermo
como otra raíz de ese árbol que a solas en mí nutro.
No pesas, árbol poderoso y terrible que emerges a los aires,
que de mi pecho naces con un verdor urgente
para asomar y abrirte en rientes ramajes
donde un ave ahora canta, vivaz sobre mi pecho.

Hermosa vida clara de un árbol sostenido
sobre la tierra misma que un hombre ha sido un día.
Cuerpo cabal que aún vive, no duerme, nunca duerme.
Hoy vela en árbol lúcido que un sol traspasa ardiendo.

No soy memoria, amigos, ni olvido. Alegre subo,
ligero, rumoroso por un tronco a la vida.
Amigos, olvidadme. Mi copa canta siempre,
ligera, en el espacio, bajo un cielo continuo.

EPITAFIO

Para borrar tu nombre,
ardiente cuerpo que en la tierra aguardas
como un dios el olvido, aquí te nombro,
límite de una vida, aquí, preciso
cuerpo que ardió. No tumba: tierra libre.

Dejad al paso la mirada lenta,
la que una piedra dura os reclamara,
o la que pide un árbol sin sus pájaros,
casto en la noche, en su velar desnudo.

Nunca el rumor de un río aquí se escuche.
En la profunda tierra el muerto vive
como absoluta tierra.
                    Pasa, humano:
no sonarán tus pasos en un pecho.

RETRATOS Y DEDICATORIAS

A FRAY LUIS DE LEÓN

¿Qué linfa esbelta, de los altos hielos
hija y sepulcro, sobre el haz silente
rompe sus fríos, vierte su corriente,
luces llevando, derramando cielos?

¿Qué agua orquestal bajo los mansos celos
del aire, muda, funde su crujiente
espuma en anchas copias y consiente,
terso el diálogo, signo y luz gemelos?

La alta noche su copa sustantiva
—árbol ilustre—yergue a la bonanza,
total su crecimiento y ramas bellas.

Brisa joven de cielo, persuasiva,
su pompa abierta, desplegada, alcanza
largamente, y resuenan las estrellas.

1928.

A DON LUIS DE GÓNGORA

¿Qué firme arquitectura se levanta
del paisaje, si urgente de belleza,
ordenada, y penetra en la certeza
del aire, sin furor y la suplanta?

Las líneas graves van. Mas de su planta
brota la curva, comba su justeza
en la cima, y respeta la corteza
intacta, cárcel para pompa tanta.

El alto cielo luces meditadas
reparte en ritmos de ponientes cultos,
que sumos logran su mandato recto.

Sus matices sin iris las moradas
del aire rinden al vibrar, ocultos,
y el acorde total clama perfecto.

1927.

EMILIO PRADOS

(RETRATO EN REDONDO)

1

Una sombra. Sólo una
sombra justa. Sin penumbra.

2

Un perfil. Tan sólo un crudo
perfil sobre el cielo puro.

3

Un torso. Un torso de pluma
quieto, peinado de espumas.

4

(No hay que tocarlo. Una herida,
sin saberse, quedaría.)

5

Una mano. ¿Blanca? ¿Negra?
Sus dos manos verdaderas.

6

Una frente. ¿Y los luceros?
Una frente hasta vencerlos.

7

(La noche, en comba, cerrada
sobre su negra mirada.)

8

El aire en su brazo. ¿El aire?
(Una sierpe se contrae.)

9

Gime la luz. De su boca
surte, dolida, la aurora.

10

Inagotable la vierte.
Cierra los ojos, y siente.

11

Se ha hecho ya el día. Completo
se le lanza contra el pecho.

12

Pero en el suelo, tendido,
su pie lo pisa, infinito.

1927.

LAS BARANDAS

Homenaje a Julio Herrera y Reissig,
poeta "modernista".

Un hombre largo, enlevitado y solo
mira brillar su anillo complicado.
Su mano exangüe pende en las barandas,
mano que amaron vírgenes dormidas.

Miradle, sí. Los lagos brillan yertos.
Pero los astros, sí, ruedan sin música.
Constelaciones en la frente mueren,
mueren mintiendo su palor cansado.
Casi no alumbran unos labios fríos,
labios que amaron cajas musicales.
Pero las lunas, lunas de oro, envían
"supramundanamente" sus encantos
y hay un batir de besos gemebundos
que entre jacintos mueren como pluma.

Un fantasma azulenco no se inclina.
Fósforos lucen. Polvos fatuos, trémulos.
Suena un violín de hueso y una rosa.
Un proyecto de sombra se deshace.

Una garganta silenciosa emite
un clamor de azucenas deshojándose,
y un vals, un giro o vals toma, arrebata
esa ilusión de sábanas vacías.

Lejos un mar encerrado entre dardos
suspira o canta como un pecho oprimido,
y unos labios de seda besan, y alzan
una sonrisa pálida de sangre.

Dulces mujeres como barcas huyen.
Largos adioses suenan como llamas.
Mar encerrado, corazón o urna,
lágrima que no asumen las arenas.

Duramente vestido el hombre mira
por las barandas una lluvia mágica.
Suena una selva, un huracán, un cosmos.
Pálido lleva su mano hasta el pecho.

1936.

MIRASTE AMOR Y VISTE MUERTE

José Luis Cano, en su libro "Voz de la Muerte".

Miraste amor y viste muerte,
amor o muerte fugitiva.
Miraste el mundo y viste huyendo
la rubia sombra tornadiza.

Amaste su cuerpo encendido.
Lo deseaste con tus labios.
Mas, solitario sobre el mundo,
era en tus ojos triste el campo.

Sé que en tu frente centellea
la leve chispa del misterio.
Veo en tus ojos vagas lunas
perseguidas entre luceros.

El resplandor de las estrellas
está en las palmas de tus manos.
Pero en tus venas bate, oscuro,
eco de un denso mar cerrado.

Miras el campo largo, abierto.
Es un desnudo allá extendido.
Tú lo acaricias con los ojos.
¡Latiente cuerpo lejanísimo!

La luz se ciñe a las colinas,
los dulces valles, suaves flancos.
Un ave blanca de deseo
pica entre los abiertos labios.

Brisa de oriente, rosa y vaga,
rodea el cálido presente.
Un cuerpo hermoso casi pesa
envuelto en luces de poniente.

Veo tu brazo alzar, tenderse;
tu pecho arder. Tus ojos brillan.
Pero el desnudo lejos yace
en soledades amarillas.

La tarde cae. El cielo se hace
azul, profundo, casi un agua.
Sobre ese extenso mar tranquilo
boga la luna plateada.

El aire inquieto te circunda.
Nunca más vivo vi al poeta.
Sobre su frente clavan todas
sus vivas puntas las estrellas.

Un corazón, un mar, un pecho.
¿Qué es el deseo cuando late?
Sombra de sombra, luz tangible,
rayo de luna hecho de carne.

Música entera te hace el mundo.
Vuela la tierra en su canción.

En los espacios infinitos
un astro imita un corazón.

El mundo es tuyo. Entre tus brazos
un cuerpo entero está presente.
Sobre tus labios, quietos, fijos,
están los labios de la muerte.

1940.

OFRECIMIENTO

(Habla la diminuta muñeca que en
la noche de Reyes traía una barra
de carmín y unos pañuelos para
Amanda y Carmen.)

A Carmen Conde e "Isabel de Ambía".

No sé si soy bella,
pero soy chiquita.
Llego del oriente
casi en una brisa
y toco en los vidrios
de esta casa. ¡Abridla!
Abridla, que llego
casi desnudilla,
con mi cuerpo leve,
con mi cara fina.
Traigo un crespo lazo
grande, que no abriga,
un vestido o ala
y una carne niña.
¿Quién me quiere? Abridme.
La noche está fría.

621

Yo os querré. Soy dulce,
soy modosa, tímida.
Soy inmóvil. Callo
sólo en mi sonrisa.
Cuán ricos presentes
de oriente os traía:
soplos de otras lunas,
de otras albas brisas,
de otros sueños auras,
besos de otras risas.
Pero hoy llego a veros
casi desnudilla.
Llegué por milagro.
Triste está la niña.
Tomadme, queredme.
Sólo en luz soy rica.
Para Amanda traigo,
no sé si tardía,
el carmín de oriente
hecho barra viva.
¿Llego tarde? Acaso.
¡Ay, no lo querría!
Tal vez dejo a Carmen,
por eso, este día,
unos pañuelicos
de esa holanda tímida
que sólo han tocado
las lágrimas mías.

1946.

RETRATO A FONDO ABIERTO

Una luz, una sombra
volaban como un ave.
Pero tú te reías,
muchacha. Era una tarde
de abril, un inspirado
atardecer volante,
con luces disparadas
risueñas por el aire.
Recuerdo. Un agua firme
lejana en los estanques
copiaba un cielo joven,
donde la nube grácil
era ya azul, ya blanca...
Era otra vez el aire.
¿Qué vientos se encendían
contra tu sien, fugaces,
mientras tu frente ardía
feliz ante los mares?
En tu boca, risueñas
las ansias, los instables
deseos se rompían
en luces cambiantes.

Pero en tus pies espumas
eran de pronto haces
de plumas, alas, vientos,
los derramados cauces
de un infinito breve
que a tu pasión tentase.
Fresca la luz, gozoso,
sin torbellino el aire,
un claro espejo el mundo,
qué dulce signo te hacen
para los ricos vuelos,
para el amor volante,
para la risa pura,
para el azul amante.

Pero tú miras, ríes.
Los soberanos mares
en tu mano se rinden
secretos, palpitantes.
Las trémulas montañas
deponen majestades
de nieves, y desnudas
como puros diamantes
hasta tus claros ojos
envían su mensaje.
Pero tú juegas, cantas.
¡Oh juventud, oh cárcel!
Súbitamente antigua,
miras el mundo, que hace
sus fatigados giros
ante tus ojos grandes.
¡Oh soledad, oh pena!
Pero los potros ágiles
pasan de nuevo, saltan,
huyen veloces, abren
bocas de amor en selvas,
que, trastornadas, arden.

Una paloma lucha
con un león. Un aire
débil derriba un monte,
que una ilusión deshace.

Ríos, canciones, almas,
cuerpos, silencios, mares,
todo se empuja y rueda
sobre la playa amante.

Mientras tus ojos miran
agua en el hoyo. Un ave
brilla en el aire quieto,
pura, total, constante.
Y oyes, sin ver, un mundo
que apasionado te hace
signos de adiós, sonando
largo al pasar, borrándose.

A GABRIELA MISTRAL

Lago transparente
donde un puro rostro
sólo se refleja.

Grandes ojos veo,
frente clara, luces,
boca de tristeza.

Viento largo pasa
que riza y deshace
la suave belleza.

Allá arriba hay águilas
caudales, y crujen
las alas serenas.

Hermosa es la vida
potente: en la mano
de Dios se ve plena.

¡Qué azul acabado,
cuajado! No hay nubes.
¡La luz es benévola!

Pero abajo hay voces,
hay roces. ¿Quién llama?
Hay sombras y piedras.

Hay trochas, caminos,
desiertos, paredes,
ciudades espesas.

El sol. Su esperanza...
Las lluvias continuas.
Las muertas tormentas.

La luz. Su consuelo...
Las manos que tocan
las frentes en niebla.

Todo está en el nítido
temblor de la lágrima
que brilla en tus ojos, Gabriela.

1946.

EN LA MUERTE DE PEDRO SALINAS

Él perfilaba despacio sus versos.
Aquí una cabeza delicada. Aquí apenas una penumbra.
Le veíamos a veces dibujar minuciosamente una sombra.
Retrataba con imposible mano la caída muy lenta de un sonido
    esfumándose.
Y le veíamos encarnizarse, disponerse a apresar, absorberse en
    su detenidísima tarea,
hasta que al fin levantaba sus grandes ojos humanos,
su empeñado rostro sonriente, donde el transcurrir de la vida,
la generosidad, su pasión, su obstinado creer, su invencible
    verdad, su fiel luz se entregaban.

Entre sus compañeros él supo reconocerse en todos y en todos
    supo encontrar alegría.
Todos partieron, todos juntos en un momento, para muy dife-
    rentes caminos.
Como todos él acaso partiera; pero todos pudieron decir
que en la fatigosa carrera, cuando con el pecho desnudo y la
    luz remotísima
todos corrían con esperanza, con fatalidad, hacia el viento,
él, que también corriera, que como los demás corría con su
    frenética labor,

él para cada uno algún instante aparecía sonriente en la ladera
    al paso,
como el espectador que le ve, como el espectador que le mira
y que confía más que nadie, y que le grita una palabra, y que
    con los ojos le empuja, y que con él corre y llega.

Él llegaba como todos, como cada uno, allí donde nadie
    esperaba,
allí con la sensación de entregar el aliento para cumplir su vida.
Pero de su llegada decía poco, y mezclado con el público general
    de la carrera esforzada,
lo comentaba como casi nadie, apasionándose por cada uno,
y cada uno podía creer que allí entre el público bullidero y
    anónimo
él tenía por lo menos un feroz partidario.

Su corazón fué entender, y presenciar, y esfumarse.
Comentaba la vida con precisa palabra
y la hacía líneas sutiles, sin maraña, en su orden,
y él tenía el secreto (oh, el abierto secreto) de la raya que
    tiembla,
dirigida, continua, sobre el mapa entregado.

Vivió lejos, partido: corazón agrupado
pero no dividido. Trazó vidas, minutos.
Entendió vida siempre, y amó vida, transcurso.
Al final, ya maduro, descorrió los telones
y armó historias o sueños, irguió vidas o voces.

Hoy nos mira de lejos, y cada uno ahora sabe
que le mira, y a él solo. Entendiendo, esperando,
es Salinas, su nombre, su delgado sonido.
Sí, se escucha su nombre, se pronuncia despacio:
"Sí, Salinas...", y sientes que un rumor, unos ojos...

1952.

LA COGIDA

(PLAZA DE TOROS)

LA COGIDA

(PLAZA DE TOROS)

EL beso
con su testuz de sueño
y seda, insiste,
oscuro, negro.

Se adensa
caliente, concreto,
herida adentro,
como un cuerpo de amor
entero
que arrasase y alzase
violento
su maravilloso
trofeo.

Sí, una masa de polvo
ciego,
y allí el secreto
beso,
sin que nadie lo vea,

envuelto
en el maravilloso velo
que la tarde de oro
enciende inmóvil en el estruendo.

¡Oh perfectísimo silencio!

Beso ciego,
tremendo,
que la vida potente
enrisca contra el pequeño cuerpo,
mientras ella indemne en su terciopelo
salta de la nube de oro,
bulto poderoso de negro,
imponente majestad que ha emergido
elevando la testuz hacia un reino.

Hermosa, luna, toro
del amor ciego
que ensalza como contra el cielo
el cuerpo del amor diestro,
tendido en la cuna radiante,
delicado entre los dos cuernos.

ELEGÍA

ELEGÍA

I

No lo sé. Fué sin música.
Tus grandes ojos azules
abiertos se quedaron bajo el vacío ignorante,
cielo de losa oscura,
masa total que lenta desciende y te aboveda,
cuerpo tú solo, inmenso,
único hoy en la Tierra,
que contigo apretado por los soles escapa.

Tumba estelar que los espacios ruedas
con sólo él, con su cuerpo acabado.
Tierra caliente que con sus solos huesos
vuelas así, desdeñando a los hombres.
¡Huye! ¡Escapa! No hay nadie;
sólo hoy su inmensa pesantez de sentido,
Tierra, a tu giro por los astros amantes.
Sólo esa Luna que en la noche aún insiste
contemplará la montaña de vida.
Loca, amorosa, en tu seno le llevas,

Tierra, oh Piedad, que sin mantos le ofreces.
Oh soledad de los cielos. Las luces
sólo su cuerpo funeral hoy alumbran.

II

No, ni una sola mirada de un hombre
ponga su vidrio sobre el mármol celeste.
No le toquéis. No podríais. El supo,
sólo él supo. Hombre tú, solo tú, padre todo
de dolor. Carne sólo para amor. Vida sólo
por amor. Sí. Que los ríos
apresuren su curso: que el agua
se haga sangre: que la orilla
su verdor acumule: que el empuje
hacia el mar sea hacia ti, cuerpo augusto,
cuerpo noble de luz que te diste crujiendo
con amor, como tierra, como roca, cual grito
de fusión, como rayo repentino que a un pecho
total único del vivir acertase.

Nadie, nadie. Ni un hombre. Esas manos
apretaron día a día su garganta estelar. Sofocaron
ese caño de luz que a los hombres bañaba.
Esa gloria rompiente, generosa que un día
revelara a los hombres su destino; que habló
como flor, como mar, como pluma, cual astro.
Sí, esconded, esconded la cabeza. Ahora hundidla
entre tierra, una tumba para el negro pensamiento cavaos,
y morded entre tierra las manos, las uñas, los dedos
con que todos ahogasteis su fragante vivir.

III

Nadie gemirá nunca bastante.
Tu hermoso corazón nacido para amar
murió, fué muerto, muerto, acabado, cruelmente acuchillado
de odio.

¡Ah! ¿Quién dijo que el hombre ama?
¿Quién hizo esperar un día amor sobre la tierra?
¿Quién dijo que las almas esperan el amor y a su sombra flo-
    recen?
¿Que su melodioso canto existe para los oídos de los hombres?

Tierra ligera, ¡vuela!
Vuela tú sola y huye.
Huye así de los hombres, despeñados, perdidos,
ciegos restos del odio, catarata de cuerpos
crueles que tú, bella, desdeñando hoy arrojas.

Huye hermosa, lograda,
por el celeste espacio con tu tesoro a solas.
Su pesantez, al seno de tu vivir sidéreo
da sentido, y sus bellos miembros lúcidos para siempre
inmortales sostienes para la luz sin hombres.

AL SUEÑO

AL SUEÑO

A Gerardo Diego.

I

IMAGEN dulce de la esperanza,
centella perdurable de la eterna alegría,
diosa tranquila que como luz combates
con el oscuro dolor del hombre.

Te conozco. Eres blanca y propagas
entre los brazos de tu dueño instantáneo
la eternidad, tan breve,
tan infinitamente hermosa bajo tus alas dulces.

II

La noche comba enteramente
su sima sinuosa sobre los ojos grandes,
abiertos, sin estrellas, que un mundo oscuro imitan.
¿Quién contempla, en los ojos del despierto, presentes
sombras, aves volando con sordas plumas y ecos

643

de unos remotos ayes que largamente gimen,
que oscuramente gimen por ese cielo inmóvil?
¿Qué grito último, qué cuchillo final rasga esa altura,
chorro de sangre de qué mundo o destino,
de qué perdido crisma remotísimo que se alza
y estrella su torrente sobre la frente en vela?

El cuerpo del insomne deriva
por las oscuras aguas veladoras,
espesas ondas dulces que lastiman los bordes
de este vaso doliente de vigilante grito.

Yo sé quién canta oscuro ribereño del sueño,
intacta margen límpida donde flores inmensas
abren labios y envían silenciosas canciones,
mientras la luna apunta su magia ensordecida.

Decidme, ebrios mortales de un sueño vaporoso
que os finge nube sobre las frentes claras,
describidme ese pájaro volador que os conduce
sobre las plumas blandas, entre las alas puras.

Imaginadme ese tacto vivísimo,
esa faz de lucero que al pasar os contempla,
ese beso de luna, de pasión, de quietud,
que entre un sordo murmullo de estrellas os consagra.

¡Amantes sois! La luz generosa se os rinde.
Cántico son los cielos, y una mano reparte
una promesa lúcida, constelación reciente
para los ojos dulces cerrados por el sueño.

Ebrios quizá de vino, de ciencia, de universo,
sois dueños de un secreto que el velador anhela.
Un firmamento vibra, hermético en la frente,
con todas sus estrellas pujantes encendidas.

Qué deleznables suenan los murmullos del mundo,
allá residuos tristes, residuos aún despiertos.
¡Todo es sueño! Todo es pájaro. ¡Todo, oh, ya todo es cielo

III

Pero tú, blanca diosa propicia,
ersa imagen de vida perdurable,
nmenso y dulce cuerpo que entre los brazos clamas
oor mis besos. ¡Beleño, alegría!

Tú, generosa de una verdad instantánea
que robas el corazón del hombre
para hundirlo en la luz tenebrosa donde sólo se escuchan
tus palabras, que nadie recordamos despiertos.

Tú, imagen del amor que destruye a la muerte,
tú, reluciente nácar de mis mares continuos;
bella esposa del aire, de la luz, de la sombra;
tú, efímera espuma.

Cede, oh, cede un instante
en tus bellos jardines la misteriosa flor que tu brazo me alarga.
Adelanta tu planta, donde el desnudo muslo todo luz me des-
    lumbra,
y ofrece ese perfume robador de tu cuerpo
que enhechiza a los hombres fatigados del día.

Bebe, bebe del amor que propagas;
dame, dame tu sueño, soñadora que velas.
Yace junto a mí en este lecho, no de espinas, de cánticos,
y fundido en tu seno sea yo el mundo en la noche.

CINCO POEMAS PARADISIACOS

JUNIO DEL PARAÍSO

A José Suárez Carreño.

Sois los mismos que cantasteis
cogidos de la mano, hombres alegres, niños,
mujeres hermosas, leves muchachas.
Los mismos que en el mediodía de Junio,
dorada plenitud de una primavera estallada,
corristeis, arrasasteis de vuestra hermosura los silenciosos prados,
los festivales bosques
y las umbrías florestas donde el sol se aplastaba con un frenético
        beso prematuro de estío.

Toda la superficie del planeta se henchía
precisamente allí bajo vuestras plantas desnudas.
Hombres plenos, muchachas de insinuado escorzo lúcido, niños
        como vilanos leves,
mujeres cuya hermosa rotundidad solar
pesaba gravemente sobre la tarde augusta.

Las muchachas más jóvenes, bajo las hojas de los álamos
        agitados,
sentían la planta vegetal como risa impaciente,

ramas gayas y frescas de un amor que oreaba
su ternura a la brisa de los ríos cantantes.

Los niños, oro rubio, creciente hacia el puro carmín de la
aurora,
tendían sus brazos a los primeros rayos solares.
Y unos pájaros leves instantáneos brotaban,
hacia el aire hechizado, desde sus manos tiernas.

¡Inocencia del día! Cuerpos robustos, cálidos,
se amaban plenamente bajo los cielos libres.
Todo el azul vibraba de estremecida espuma
y la tierra se alzaba con esperanza hermosa.

El mar... No es que naciese el mar. Intacto, eterno,
el mar sólo era el mar. Cada mañana, estaba.
Hijo del mar, el mundo nacía siempre arrojado
nocturnamente de su brillante espuma.

Ebrios de luz los seres mojaban sus pies
en aquel hirviente resplandor, y sentían sus cuerpos destellar,
y tendidos se amaban sobre las playas vívidas.

Hasta la orilla misma descendían los tigres,
que llevaban en su pupila el fuego elástico de los bosques,
y con su lengua bebían luz, y su larga cola arrastraba
sobre un pecho desnudo de mujer que dormía.

Esa corza esbeltísima sobre la que todavía ninguna mano
puso su amor tranquilo,
miraba el mar, radiosa de estremecidas fugas,
y de un salto se deshacía en la blanda floresta,
y en el aire había sólo un bramido de dicha.

Si brotaba la noche, los hombres, sobre las lomas estremecidas
bajo el súbito beso lunar, derramaban sus cuerpos
y alzaban a los cielos sus encendidos brazos,
hijos también de la dulce sorpresa.

Vosotras, trémulas apariencias del amor, mujeres lúcidas
que brillabais amontonadas bajo la suave lumbre,
embriagabais a la tierra con vuestra carne agolpada,
cúmulo del amor, muda pirámide de temblor hacia el cielo.

¿Qué rayo súbito, qué grito celeste descendía a la tierra
desde los cielos mágicos, donde un brazo desnudo
ceñía repentino vuestras cinturas ardientes,
mientras el mundo se deshacía como en un beso del amor en-
    tregándose?

El nacimiento de la aurora era el imperio del niño.
Su pura mano extendía sagradamente su palma
y allí todo el fuego nocturno se vertía en sosiego,
en fervor, en mudas luces límpidas
de otros labios rientes que la vida aclarasen.

Todavía os contemplo, hálito permanente de la tierra be-
    llísima,
os diviso en el aliento de las muchachas fugaces,
en el brillo menudo de los inocentes bucles ligeros
y en la sombra tangible de las mujeres que aman como montes
    tranquilos.

Y puedo tocar la invicta onda, brillo inestable de un eterno
    pie fugitivo,
y acercar mis labios pasados por la vida
y sentir el fuego sin edad de lo que nunca naciera,
a cuya orilla vida y muerte son un beso, una espuma.

651

PRIMERA APARICIÓN

Allí surtiendo de lo oscuro,
rompiendo de lo oscuro,
serena, pero casi cruel, como una leve diosa recobrada,
hete aquí que ella emerge, sagradamente su ademán extendiendo,
para que la luz del día, la ya gozosa luz que la asalta,
se vierta doradamente viva sobre su palma núbil.

¿Es la sombra o la luz lo que su luciente cabello
arroja a los hombres, cuando cruza mortal un instante,
como un íntimo favor que la vida dejara?

¿O es sólo su graciosa cintura, donde la luz se acumula,
se agolpa, se enreda, como la largamente desterrada
que, devuelta a su reino, jubilar se amontona?

No sé si es ella o su sueño. Pájaros inocentes
todavía se escapan de sus crespos cabellos,
prolongando ese mundo sin edad de que emerge,
chorreando de sus luces secretas, sonriente, clemente,
bajo ese cielo propio que su frente imitase.

Oh tú, delicada muchacha que desnuda en el día,
que vestida en el día de las luces primeras,
detuviste un momento tu graciosa figura
para mirarme largo como un viento encendido
que al pasar arrastrase dulcemente mi vida.

Si pasaste te quedas. Hoy te veo. Tú pasas.
Tú te alejas. Tú quedas... Como luz en los labios.
Como fiel resplandor en los labios. Miradme.
Otros brillos me duran en la voz que ahora canta.

BAJO LA LUZ PRIMERA

A Leopoldo de Luis.

Porque naciste en la aurora
y porque con tu mano mortal acariciaste suavemente la tenaz
    piel del tigre,
y porque no sabes si las aves cruzan hoy por los cielos o vuelan
    solamente en el azul de tus ojos,
tú, no más ligero que el aire,
pero tan fugaz en la tierra,
naces, mortal, y miras
y entre solares luces pisando hacia un soto desciendes.

Aposentado estás en el valle. Dichoso
miras la casi imagen de ti que, más blanda, encontraste.
Ámala prontamente. Todo el azul es suyo,
cuando en sus ojos brilla el envío dorado
de un sol de amor que vuela con alas en el fondo
de sus pupilas. Bebe, bebe amor. ¡Es el día!

¡Oh instante supremo del vivir! ¡Mediodía completo!
Enlazando una cintura rosada, cazando con tus manos
el palpitar de unas aves calientes en el seno,
sorprendes entre labios amantes el fugitivo soplo de la vida.

Y mientras sientes sobre tu nuca lentamente girar la bóveda
   celeste
tú estrechas un universo que de ti no es distinto.

Apoyado suavemente sobre el soto ligero,
ese cuerpo es mortal, pero acaso lo ignoras.
Roba al día su céfiro: ¡no es visible, mas mira
cómo vuela el cabello de esa testa adorada!

Si sobre un tigre hermoso, apoyada, te contempla,
y una leve gacela más allá devora el luminoso césped,
tú derramado también, como remanso bordeas
esa carne celeste que algún dios te otorgara.

Águilas libres, cóndores soberanos,
altos cielos sin dueño que en plenitud deslumbran,
brillad, batid sobre la fértil tierra sin malicia.
¿Quién eres tú, mortal, humano, que desnudo en el día
amas serenamente sobre la hierba noble?
Olvida esa futura soledad, muerte sola,
cuando una mano divina cubra con nube gris el mundo nuevo.

LOS BESOS

No te olvides, temprana, de los besos un día.
De los besos alados que a tu boca llegaron.
Un instante pusieron su plumaje encendido
sobre el puro dibujo que se rinde entreabierto.

Te rozaron los dientes. Tú sentiste su bulto.
En tu boca latiendo su celeste plumaje.
Ah, redondo tu labio palpitaba de dicha.
¿Quién no besa esos pájaros cuando llegan, escapan?

Entreabierta tu boca vi tus dientes blanquísimos.
Ah, los picos delgados entre labios se hunden.
Ah, picaron celestes, mientras dulce sentiste
que tu cuerpo ligero, muy ligero, se erguía.

¡Cuán graciosa, cuán fina, cuán esbelta reinabas!
Luz o pájaros llegan, besos puros, plumajes.
Y oscurecen tu rostro con sus alas calientes,
que te rozan, revuelan, mientras ciega tú brillas.

No lo olvides. Felices, mira, van, ahora escapan.
Mira: vuelan, ascienden, el azul los adopta.
Suben altos, dorados. Van calientes, ardiendo.
Gimen, cantan, esplenden. En el cielo deliran.

CÁNTICO AMANTE
PARA DESPUÉS DE MI MUERTE

O<small>H</small> diosa, ligera eras tú, como un cuerpo desnudo
que levantado en medio de un bosque brilla a solas.
Desnuda como una piedra dulce para el beso.
Asaeteada por el sol, esbelta en tu baño de luz que hierve de
    tu belleza,
iluminabas en redondo los laureles, los arces, los juveniles robles,
    los álamos ofrecidos,
sus lianas amantes
y ese rumor de hojas doradas que bajo tu inmóvil pie crujían
    como un beso continuo.

Ah, cuán poco duraste, tú eterna, para mis ojos pasajeros.
Yo un hombre, yo sólo un hombre que atravesó por mi exis-
    tencia habitadora de mi cuerpo,
espíritu rapidísimo que cobró forma en el mundo,
mientras tú perdurabas esbelta, poderosa en tu delicada figura
    casi de piedra,
de carne vivacísima habitadora de los fulgores últimos.
Porque yo te vi alta y juvenil refulgir en el bosque,
con fuego por tus venas, llameando como un sol para la selva
    ofrecida.

Pero tú no quemabas. Toda la lumbre del mundo por tus
    venas bajaba
y pasaba delgada como una lengua única
por el estrecho cauce de tu cintura fulgurante,
mientras los pájaros encendidos desliaban sus lenguas
y las fieras hermosas a tus pies se tendían y un palio celeste
    de aves resplandecientes
daba aplauso de vuelos como una selva elevándose.

¡Ah, cuerpo desnudo, diosa justa, cifra de mi minuto,
cuerpo de amor que besé sólo un día,
vida entera de amor que acabó porque he muerto,
mientras tú resplandeces inmarchita a los hombres!

EL POETA NIÑO

EL POETA NIÑO

A Jalín Prieto.

Niño en ciudad, niño dormido en la primera cuna flotante sobre los hoscos ruidos, niño nacido naturalmente en una ciudad inmensa, donde las calles se repiten, golpean, despiertan al dormido en su cielo, y arañan y lastiman y duelen, mientras el Ángel llora, en su rincón oscuro, una lágrima clara, pronto rodada hasta los cascos sucios de unos caballos grises.

Crece el niño y asomado a su balcón extiende su manecita larga. Desde allí acaricia ahora acaso, en lo hondo, los peludos lomos de esos mismos caballos fatigados de día. Y la extiende más y se moja en la oprimida fuente de la ciudad, remotísima, que sus ojos contemplan. Y más todavía: y la mano pequeña sube hasta que ese vidrio de color de esa calle, de aquélla, de aquella otra, de todas donde, amarilleante, el sol repiquetea su vibrante crepúsculo. ¡Oh dulce luz pasajera que en los dientes te brilla, niño de amor que con tus manos llegas a los remotos, no vistos, mas recordados altozanos de un verde campo de perpetua alegría!

Oyes en tu corazón diminuto el rumor de los ríos donde viviste siempre, desde la primera creación del mundo. Ahora, aquí, pasajeramente, un minuto, entre los hombres tristes, miras atónito su cansado voltear sin sentido entre las calles muertas. En tu pequeña pupila verde tiembla fresca la realidad que amamos. Pero nadie te mira, nadie mira tus ojos, por cuyo fondo huir, ascender, regresar íntegros al devuelto destino. Oh, niño transitorio que como desde el fondo de un espejo nos miras, pronto a escaparte como una niebla dulce.

Más los hombres te tocan al pasar con descuidada mano. Niño pequeño, tu cabellera invita a enredar distraídamente un instante los dedos en su luz apacible. Pequeño, más pequeño todavía, se acariciaría al pasar la ligera mejilla, mientras nadie conoce el mar imperioso, furioso que para los hombres brama con amorosa voz desde el fondo de tus ojos perpetuos. ¡Ah, acaba! Acaba tu misteriosa visita y escapa como luz, como muerte temprana. Nunca el hombre que tú eres te herede, padre tú de dolor en la vida madura. Y huye ligero, con tu talón precioso despegándose, rayo de luz arriba, hacia el hondo horizonte, hacia el cenit; más alto: al innombrable reino sin meta donde tú residías, eternamente naciente, con la edad de los siglos.

FIN DE
"NACIMIENTO ÚLTIMO"

HISTORIA
DEL CORAZÓN

1945-1953

A

DÁMASO ALONSO,

AMIGO DE TODAS LAS HORAS, SEGURO
EN TODA LA VICISITUD,
DESDE LA REMOTA ADOLESCENCIA,
DEDICO HOY ESTE LIBRO,
CUMPLIDO Y REBASADO UN TERCIO DE SIGLO
DE FRATERNAL AMISTAD

1

COMO EL VILANO

I

COMO EL VILANO

Hᴇʀᴍᴏsᴏ es el reino del amor,
pero triste es también.
Porque el corazón del amante
triste es en las horas de la soledad,
cuando a su lado mira los ojos queridos
que inaccesibles se posan en las nubes ligeras.

Nació el amante para la dicha,
para la eterna propagación del amor,
que de su corazón se expande
para verterse sin término
en el puro corazón de la amada entregada.

Pero la realidad de la vida,
la solicitación de las diarias horas,
la misma nube lejana, los sueños, el corto vuelo inspirado del
    juvenil corazón que él ama,
todo conspira contra la perduración sin descanso de la llama
    imposible.

Aquí el amante contempla
el rostro joven,
el adorado perfil rubio,
el gracioso cuerpo que reposado un instante en sus brazos descansa.
Viene de lejos y pasa,
y pasa siempre.
Y mientras ese cuerpo duerme o gime de amor en los brazos
amados,
el amante sabe que pasa,
que el amor mismo pasa,
y que este fuego generoso que en él no pasa,
presencia puro el tránsito dulcísimo de lo que eternamente
pasa.

Por eso el amante sabe
que su amada le ama
una hora, mientras otra hora sus ojos
leves discurren
en la nube falaz que pasa y se aleja.
Y sabe que todo el fuego que común se ha elevado,
sólo en él dura. Porque ligera y transitoria es la muchacha
que se entrega y se rehusa,
que gime y sonríe.
Y el amante la mira
con el infinito amor de lo que se sabe instantáneo.
Dulce es, acaso más dulce, más tristísimamente dulce,
verla en los brazos
en su efímera entrega.
"Tuyo soy—dice el cuerpo armonioso—,
pero sólo un instante.
Mañana,
ahora mismo,
despierto de este beso y contemplo
el país, este río, esa rama, aquel pájaro..."

Y el amante la mira
infinitamente pesaroso—glorioso y cargado—.

Mientras ella ligera se exime,
adorada y dorada,
y leve discurre.
Y pasa, y se queda. Y se alza, y vuelve.
Siempre leve, siempre aquí, siempre allí; siempre.
Como el vilano.

MANO ENTREGADA

Pᴇʀᴏ otro día toco tu mano. Mano tibia.
Tu delicada mano silente. A veces cierro
mis ojos y toco leve tu mano, leve toque
que comprueba su forma, que tienta
su estructura, sintiendo bajo la piel alada el duro hueso
insobornable, el triste hueso adonde no llega nunca
el amor. Oh carne dulce, que sí se empapa del amor hermoso.

  Es por la piel secreta, secretamente abierta, invisiblemente
    entreabierta,
por donde el calor tibio propaga su voz, su afán dulce;
por donde mi voz penetra hasta tus venas tibias,
para rodar por ellas en tu escondida sangre,
como otra sangre que sonara oscura, que dulcemente oscura
    te besara
por dentro, recorriendo despacio como sonido puro
ese cuerpo, que ahora resuena mío, mío poblado de mis voces
    profundas,
oh resonado cuerpo de mi amor, oh poseído cuerpo, oh cuerpo
    sólo sonido de mi voz poseyéndole.

Por eso, cuando acaricio tu mano, sé que sólo el hueso rehusa
mi amor—el nunca incandescente hueso del hombre—.
Y que una zona triste de tu ser se rehusa,
mientras tu carne entera llega un instante lúcido
en que total flamea, por virtud de ese lento contacto de tu
    mano,
de tu porosa mano suavísima que gime,
tu delicada mano silente, por donde entro
despacio, despacísimo, secretamente en tu vida,
hasta tus venas hondas totales donde bogo,
donde te pueblo y canto completo entre tu carne.

LA FRONTERA

Sɪ miro tus ojos,
si acerco a tus ojos los míos,
¡oh, cómo leo en ellos retratado todo el pensamiento de n
soledad!
Ah, mi desconocida amante a quien día a día estrecho en l
brazos.
Cuán delicadamente beso despacio, despacísimo, secretamen
en tu piel
la delicada frontera que de mí te separa.
Piel preciosa, tibia, presentemente dulce, invisiblemente cerrad
que tiene la contextura suave, el color, la entrega de la fi
magnolia.
Su mismo perfume, que parece decir: "Tuya soy, heme entr
gada al ser que adoro
como una hoja leve, apenas resistente, toda aroma bajo s
labios frescos."
Pero no. Yo la beso, a tu piel, finísima, sutil, casi irreal ba
el rozar de mi boca,
y te siento del otro lado, inasible, imposible, rehusada,
detrás de tu frontera preciosa, de tu mágica piel inviolable,
separada de mí por tu superficie delicada, por tu severa ma
nolia,

cuerpo encerrado débilmente en perfume
que me enloquece de distancia y que, envuelto rigurosamente,
        como una diosa de mí te aparta, bajo mis labios mortales.

   Déjame entonces con mi beso recorrer la secreta cárcel de mi
        vivir,
piel pálida y olorosa, carnalidad de flor, ramo o perfume,
suave carnación que delicadamente te niega,
mientras cierro los ojos, en la tarde extinguiéndose,
ebrio de tus aromas remotos, inalcanzables,
dueño de ese pétalo entero que tu esencia me niega.

OTRA NO AMO

Tú, en cambio, sí que podrías quererme;
tú, a quien no amo.
A veces me quedo mirando tus ojos, ojos grandes, oscuros
tu frente pálida, tu cabello sombrío,
tu espigada presencia que delicadamente se acerca en la tarde
    sonríe,
se aquieta y espera con humildad que mi palabra le aliente.
Desde mi cansancio de otro amor padecido
te miro, oh pura muchacha pálida que yo podría amar y no amo
Me asomo entonces a tu fina piel, al secreto visible de tu frente
    donde yo sé que habito,
y espío muy levemente, muy continuadamente, el brillo rehu
    sado de tus ojos,
adivinando la diminuta imagen palpitante que de mí sé que
    llevan.
Hablo entonces de ti, de la vida, de tristeza, de tiempo...,
mientras mi pensamiento vaga lejos, penando allá donde vive
la otra descuidada existencia por quien sufro a tu lado.

Al lado de esta muchacha veo la injusticia del amor.
A veces, con estos labios fríos te beso en la frente, en súplica
helada, que tú ignoras, a tu amor: que me encienda.

Labios fríos en la tarde apagada. Labios convulsos, yertos, que
    tenazmente ahondan
la frente cálida, pidiéndole entero su cabal fuego perdido.
Labios que se hunden en tu cabellera negrísima,
mientras cierro los ojos,
mientras siento a mis besos como un resplandeciente cabello
    rubio donde quemo mi boca.
Un gemido, y despierto, heladamente cálido, febril, sobre el
    brusco negror, que de pronto, en tristeza a mis labios sor-
    prende.

    Otras veces, cerrados los ojos, desciende mi boca triste sobre
    la frente tersa,
oh pálido campo de besos sin destino,
anónima piel donde ofrendo mis labios como a un aire sin
    vida,
mientras gimo, mientras secretamente gimo de otra piel que
    quemara.

    Oh pálida joven sin amor de mi vida,
joven tenaz para amarme sin súplica,
recorren mis labios tu mejilla sin flor,
sin aroma, tu boca sin luz,
tu apagado cuello que dulce se inclina,
mientras yo me separo, oh inmediata que yo no pido,
oh cuerpo que no deseo,
oh cintura quebrada pero nunca en mi abrazo.

    Echate aquí y descansa de tu pálida fiebre.
Desnudo el pecho, un momento te miro.
Pálidamente hermosa, con ojos oscuros,
semidesnuda y quieta, muda y mirándome.
¡Cómo te olvido mientras te beso! El pecho
tuyo mi labio acepta, con amor, con tristeza.
Oh, tú no sabes... Y doliente sonríes.
Oh, cuánto pido que otra luz me alcanzase.

DESPUÉS DEL AMOR

Tendida tú aquí, en la penumbra del cuarto,
como el silencio que queda después del amor,
yo asciendo levemente desde el fondo de mi reposo
hasta tus bordes, tenues, apagados, que dulces existen.
Y con mi mano repaso las lindes delicadas de tu vivir retraído
y siento la musical, callada verdad de tu cuerpo, que hace un
    instante, en desorden, como lumbre cantaba.
El reposo consiente a la masa que perdió por el amor su forma
    continua,
para despegar hacia arriba con la voraz irregularidad de la
    llama,
convertirse otra vez en el cuerpo veraz que en sus límites se
    rehace.

Tocando esos bordes, sedosos, indemnes, tibios, delicadamente
    desnudos,
se sabe que la amada persiste en su vida.
Momentánea destrucción el amor, combustión que amenaza
al puro ser que amamos, al que nuestro fuego vulnera,
sólo cuando desprendidos de sus lumbres deshechas
la miramos, reconocemos perfecta, cuajada, reciente la vida,

la silenciosa y cálida vida que desde su dulce exterioridad nos
  llamaba.
He aquí el perfecto vaso del amor que, colmado,
opulento de su sangre serena, dorado reluce.
He aquí los senos, el vientre, su redondo muslo,
su acabado pie,
y arriba los hombros, el cuello de suave pluma reciente,
la mejilla no quemada, no ardida, cándida en su rosa nacido,
y la frente donde habita el pensamiento diario de nuestro amor,
  que allí lúcido vela.
En medio, sellando el rostro nítido que la tarde amarilla caldea
  sin celo,
está la boca fina, rasgada, pura en las luces.
Oh temerosa llave del recinto del fuego.
Rozo tu delicada piel con estos dedos que temen y saben,
mientras pongo mi boca sobre tu cabellera apagada.

NOMBRE

Mía eres. Pero otro
es aparentemente tu dueño. Por eso,
cuando digo tu nombre,
algo oculto se agita en mi alma.
Tu nombre suave, apenas pasado delicadamente por mi labio.
Pasa, se detiene, en el borde un instante se queda,
y luego vuela ligero, ¿quién lo creyera?: hecho puro sonido.
Me duele tu nombre como tu misma dolorosa carne en mis
    labios.
No sé si él emerge de mi pecho. Allí estaba
dormido, celeste, acaso luminoso. Recorría mi sangre
su sabido dominio, pero llegaba un instante
en que pasaba por la secreta yema donde tú residías,
secreto nombre, nunca sabido, por nadie aprendido,
doradamente quieto, cubierto sólo, sin ruido, por mi leve sangre.
Ella luego te traía a mis labios. Mi sangre pasaba
con su luz todavía por mi boca. Y yo entonces estaba hablando
    con alguien
y arribaba el momento en que tu nombre con mi sangre pasaba
    por mi labio.
Un instante mi labio, por virtud de su sangre sabía

a ti, y se ponía dorado, luminoso: brillaba de tu sabor sin que
    nadie lo viera.
Oh, cuán dulce era callar entonces, un momento. Tu nombre,
¿decirlo? ¿Dejarlo que brillara, secreto, revelado a los otros?
Oh, callarlo, más secretamente que nunca, tenerlo en la boca,
    sentirlo
continuo, dulce, lento, sensible sobre la lengua, y luego, cerrando
    los ojos,
dejarlo pasar al pecho
de nuevo, en su paz querida, en la visita callada
que se alberga, se aposenta y delicadamente se efunde.

Hoy tu nombre está aquí. No decirlo, no decirlo jamás, como
    un beso
que nadie daría, como nadie daría los labios a otro amor sino
    al suyo.

CORONACIÓN DEL AMOR

Mirad a los amantes
Quieta la amada descansa muy leve,
como a su lado reposa el corazón del amante.
Es al poniente hermoso. Han pasado los besos
como la cálida propagación de la luz.
Ondas hubo encendidas que agitadas cruzaron,
coloreadas como las mismas nubes que una dicha envolvieron.
Luz confusa, son de los árboles conmovidos por el furioso y
    dulce soplo del amor,
que agitó sus ramajes, mientras un instante, absorbido, su verdor
    se endulzaba.
Para quedar sereno y claro el día, puro el azul,
sosegada la bóveda que las felices frentes coronara.

Miradles ahora dueños de su sangre, vencido
el tumultuoso ardor que flamígera puso
su corporal unidad, hecha luz trastornada.
Los dorados amantes, rubios ya, permanecen
sobre un lecho de verde novedad que ha nacido
bajo el fuego. ¡Oh, cuán claros al día!

Helos bajo los aires que los besan
mientras la mañana crece sobre su tenue molicie,
sin pesar nunca, con vocación de rapto leve,
porque la luz quiere como pluma elevarles,
mientras ellos sonríen a su amor, sosegados,
coronados del fuego que no quema,
pasados por las alas altísimas que ellos sienten cual besos
para sus puros labios que el amor no destruye.

II

DESDE LA LARGA DUDA

1

Te quiere?
¿No te quiere?
¡Dichoso el tiempo del saberlo siempre!
Dichoso el que besa fuerte
y besa cierto. Y dice: "Tente",
y enreda en la cintura tenue
un brazo robusto
y suficiente.
Y siente la boca segura
bajo su boca caliente,
y el pecho extenso y siervo
como la tierra bajo el sol ardiente.

2

SIN ESPERANZA

Oh odio que no se redime,
que no se engaña
con la palabra;

ALEIXANDRE.—44

que no charla,
que no se desparrama,
que no se pierde
y agua.

Odio concreto
que no es amor confuso,
amor turbio,
amor oscuro
y sucio.

EL ÚLTIMO AMOR

I

Amor mío, amor mío.
Y la palabra suena en el vacío. Y se está solo.
Y acaba de irse aquella que nos quería. Acaba de salir. Acaba-
    mos de oír cerrarse la puerta.
Todavía nuestros brazos están tendidos. Y la voz se queja en
    la garganta.
Amor mío...

    Cállate. Vuelve sobre tus pasos. Cierra despacio la puerta, si
    es que no quedó bien cerrada.
Regrésate.
Siéntate ahí, y descansa.
No, no oigas el ruido de la calle. No vuelve. No puede volver.
Se ha marchado, y estás solo.
No levantes los ojos para mirarlo todo, como si en todo aún
    estuviera.
Se está haciendo de noche.
Ponte así: tu rostro en tu mano.
Apóyate. Descansa.
Te envuelve dulcemente la oscuridad, y lentamente te borra.

Todavía respiras. Duerme.
Duerme si puedes. Duerme poquito a poco, deshaciéndote, des-
liéndote en la noche que poco a poco te anega.

¿No oyes? No, ya no oyes. El puro
silencio eres tú, oh dormido, oh abandonado,
oh solitario.
            ¡Oh, si yo pudiera hacer
que nunca más despertases!

II

Las palabras del abandono. Las de la amargura.

Yo mismo, sí, yo y no otro.
Yo las oí. Sonaban como las demás. Daban el mismo sonido.
Las decían los mismos labios, que hacían el mismo movimiento.
Pero no se las podía oír igual. Porque significan: las palabras
significan. Ay, si las palabras fuesen sólo un suave sonido,
y cerrando los ojos se las pudiese escuchar en el sueño...

Yo las oí. Y su sonido final fué como el de una llave que
    se cierra.
Como un portazo.
Las oí, y quedé mudo.
Y oí los pasos que se alejaron.
Volví, y me senté.
Silenciosamente cerré la puerta yo mismo.
Sin ruido. Y me senté. Sin sollozo.
Sereno, mientras la noche empezaba.
La noche larga. Y apoyé mi cabeza en mi mano.
Y dije...

Pero no dije nada. Moví mis labios. Suavemente, suavísima-
    mente.
Y dibujé todavía
el último gesto, ese
que yo ya nunca repetiría.

III

Porque era el último amor. ¿No lo sabes?
Era el último. Duérmete. Calla.
Era el último amor...
Y es de noche.

SOMBRA FINAL

SOMBRA FINAL

Pᴇɴsᴀᴍɪᴇɴᴛᴏ apagado, alma sombría,
¿quién aquí tú, que largamente beso?
Alma o bulto sin luz, o letal hueso
que inmóvil consumió la fiebre mía.

Aquí ciega pasión se estrelló fría,
aquí mi corazón golpeó obseso,
tercamente insistió, palpitó opreso.
Aquí perdió mi boca su alegría.

Entre mis brazos ciega te he tenido,
bajo mi pecho respiraste amada
y en ti vivió mi sangre su latido.

Oh noche oscura. Ya no espero nada.
La soledad no miente a mi sentido.
Reina la pura sombra sosegada.

2

LA MIRADA EXTENDIDA

TEN ESPERANZA

¿Lo comprendes? Lo has comprendido.
¿Lo repites? Y lo vuelves a repetir.
Siéntate. No mires hacia atrás. ¡Adelante!
Adelante. Levántate. Un poco más. Es la vida.
Es el camino. ¿Que llevas la frente cubierta de sudores, con
    espinas, con polvo, con amargura, sin amor, sin mañana?...
Sigue, sigue subiendo. Falta poco. Oh, qué joven eres.
Qué joven, qué jovencísimo, qué recién nacido. Qué ignorante.
Entre tus pelos grises caídos sobre la frente brillan tus claros
    ojos azules,
tus vividos, tus lentos ojos puros, allí quedados bajo algún velo.
Oh, no vaciles y álzate. Alzate todavía. ¿Qué quieres?
Coge tu palo de fresno blanco y apóyate. Un brazo a tu lado
    quisieras. Míralo.
Míralo, ¿no lo sientes? Allí, súbitamente, está quieto. Es un
    bulto silente.
Apenas si el color de su túnica lo denuncia. Y en tu oído una
    palabra no pronunciada.
Una palabra sin música, aunque tú la estés escuchando.
Una palabra con viento, con brisa fresca. La que mueve tus
    vestidos gastados.

701

La que suavemente orea tu frente. La que seca tu rostro,
la que enjuga el rastro de aquellas lágrimas.
La que atusa, apenas roza tu cabello gris ahora en la inmedia-
ción de la noche.
Cógete a ese brazo blanco. A ese que apenas conoces, pero que
reconoces.
Yérguete y mira la raya azul del increíble crepúsculo,
la raya de la esperanza en el límite de la tierra.
Y con grandes pasos seguros, enderézate, y allí apoyado, confiado, solo,
échate rápidamente a andar...

EN LA PLAZA

Hermoso es, hermosamente humilde y confiante, vivificador
    y profundo,
sentirse bajo el sol, entre los demás, impelido,
llevado, conducido, mezclado, rumorosamente arrastrado.

No es bueno
quedarse en la orilla
como el malecón o como el molusco que quiere calcáreamente
    imitar a la roca.
Sino que es puro y sereno arrasarse en la dicha
de fluir y perderse,
encontrándose en el movimiento con que el gran corazón de
    los hombres palpita extendido.

Como ése que vive ahí, ignoro en qué piso,
y le he visto bajar por unas escaleras
y adentrarse valientemente entre la multitud y perderse.
La gran masa pasaba. Pero era reconocible el diminuto cora-
    zón afluído.
Allí, ¿quién lo reconocería? Allí con esperanza, con resolución
    o con fe, con temeroso denuedo,

703

con silenciosa humildad, allí él también
transcurría.

Era una gran plaza abierta, y había olor de existencia.
Un olor a gran sol descubierto, a viento rizándolo,
un gran viento que sobre las cabezas pasaba su mano,
su gran mano que rozaba las frentes unidas y las reconfortaba.

Y era el serpear que se movía
como un único ser, no sé si desvalido, no sé si poderoso,
pero existente y perceptible, pero cubridor de la tierra.

Allí cada uno puede mirarse y puede alegrarse y puede reconocerse.
Cuando, en la tarde caldeada, solo en tu gabinete,
con los ojos extraños y la interrogación en la boca,
quisieras algo preguntar a tu imagen,

no te busques en el espejo,
en un extinto diálogo en que no te oyes.
Baja, baja despacio y búscate entre los otros.
Allí están todos, y tú entre ellos.
Oh, desnúdate y fúndete, y reconócete.

Entra despacio, como el bañista que, temeroso, con mucho
amor y recelo al agua,
introduce primero sus pies en la espuma,
y siente el agua subirle, y ya se atreve, y casi ya se decide.
Y ahora con el agua en la cintura todavía no se confía.
Pero él extiende sus brazos, abre al fin sus dos brazos y se
entrega completo.
Y allí fuerte se reconoce, y crece y se lanza,
y avanza y levanta espumas, y salta y confía,
y hiende y late en las aguas vivas, y canta, y es joven.

Así, entra con pies desnudos. Entra en el hervor, en la plaza.
Entra en el torrente que te reclama y allí sé tú mismo.
¡Oh pequeño corazón diminuto, corazón que quiere latir
para ser él también el unánime corazón que le alcanza!

704

A LA SALIDA DEL PUEBLO

Todos ellos eran hermosos, tristes, silenciosos, viejísimos.
Tomaban el sol y hablaban muy raramente.
Ah, el sol aquel, dulce, que parecía cargado de la misma viejísi-
    ma vida que ellos.
Un sol casi melodioso, irisado, benévolo,
en aquellas lentas tardes de marzo.

No había que hablar con ellos, sino ingresar, demorarse.
El ideal allí parecía ser dormir suavemente
bajo aquel mismo sol y en aquella densísima compañía.
A veces mirándolos se pensaba
en una piedra dorada, arcillosa, quizá pulida por el paso de las
    lluvias y de los soles.
Allí puesta la piedra repetida,
allí templada y existida, padecida,
victoriosa y comunicada bajo aquella piadosa luz solar.
Otros quedaban fuera del palio de las ramas
y estaban sentados, acurrucados y meditaban exactamente como
    la piedra.
Otros dormían como rodados del monte hace siglos, allí, en el
    borde de la inmóvil falda majestuosa.

Pero todos agrupados, diseminados en el corto trecho,
callados y vegetativos, profundos y abandonados a la benigna
mano que los unía.

Mucho allí se podría aprender. De tristeza, de vida, de pa-
ciencia, de limitación, de verdad.
Pasaban los jóvenes alborotando.
Cantaban las muchachas y se atropellaban riendo los niños.
Y nadie miraba.
A un lado del camino solían reunirse los viejos.
Próximo estaba el pueblo, y allí los domingos
era el tránsito y la vida, y la persecución y la agitada inocencia.
Pero ellos dormían, o ajenos miraban.
Sólo con una casi metafísica presencia ya para el sol.
Viendo el vaporoso transcurso de los que pasaban.
Sí, como un vapor increíble,
como un vago sueño en que a veces filosóficamente se distraían.

EL POETA CANTA POR TODOS

I

Allí están todos, y tú los estás mirando pasar.
¡Ah, sí, allí, cómo quisieras mezclarte y reconocerte!

El furioso torbellino dentro del corazón te enloquece.
Masa frenética de dolor, salpicada
contra aquellas mudas paredes interiores de carne.
Y entonces en un último esfuerzo te decides. Sí, pasan.
Todos están pasando. Hay niños, mujeres. Hombres serios. Luto
    cierto, miradas.
Y una masa sola, un único ser, reconcentradamente desfila.
Y tú, con el corazón apretado, convulso de tu solitario dolor,
    en un último esfuerzo te sumes.
Sí, al fin, ¡cómo te encuentras y hallas!
Allí serenamente en la ola te entregas. Quedamente derivas.
Y vas acunadamente empujado, como mecido, ablandado.
Y oyes un rumor denso, como un cántico ensordecido.
Son miles de corazones que hacen un único corazón que te
    lleva.

II

Un único corazón que te lleva.

Abdica de tu propio dolor. Distiende tu propio corazón contraído.

Un único corazón te recorre, un único latido sube a tus ojos,
poderosamente invade tu cuerpo, levanta tu pecho, te hace agitar las manos cuando ahora avanzas.

Y si te yergues un instante, si un instante levantas la voz,
yo sé bien lo que cantas.

Eso que desde todos los oscuros cuerpos casi infinitos se ha
unido y relampagueado,
que a través de cuerpos y almas se liberta de pronto en tu
grito,
es la voz de los que te llevan, la voz verdadera y alzada
donde tú puedes escucharte, donde tú, con asombro, te reconoces.

La voz que por tu garganta, desde todos los corazones esparcidos,
se alza limpiamente en el aire.

III

Y para todos los oídos. Sí. Mírales cómo te oyen.

Se están escuchando a sí mismos. Están escuchando una única
voz que los canta.

Masa misma del canto, se mueven como una onda.

Y tú sumido, casi disuelto, como un nudo de su ser te conoces.

Suena la voz que los lleva. Se acuesta como un camino.

Todas las plantas están pisándola.

Están pisándola hermosamente, están grabándola con su carne.

Y ella se despliega y ofrece, y toda la masa gravemente desfila.

Como una montaña sube. Es la senda de los que marchan.

Y asciende hasta el pico claro. Y el sol se abre sobre las frentes.

Y en la cumbre, con su grandeza, están todos ya cantando.

Y es tu voz la que les expresa. Tu voz colectiva y alzada.

Y un cielo de poderío, completamente existente,
hace ahora con majestad el eco entero del hombre.

VAGABUNDO CONTINUO

Hemos andado despacio, sin acabar nunca.
Salimos una madrugada, hace mucho, oh, sí, hace muchísimo.
Hemos andado caminos, estepas, trochas, llanazos.
Las sienes grises azotadas por vientos largos. Los cabellos enre-
    dados en polvo, en espinas, en ramas, a veces en flores.
Oímos el bramar de las fieras, en las noches, cuando dormíamos
    junto a un fuego serenador.
Y en los amaneceres goteantes oímos a los pájaros gritadores.
Y vimos gruesas serpientes dibujar su pregunta, arrastrándose
    sobre el polvo.
Y la larga y lejana respuesta de la manada de los elefantes.
Búfalos y bisontes, anchos, estúpidos hipopótamos, coriáceos
    caimanes, débiles colibríes.
Y las enormes cataratas donde un cuerpo humano caería como
    una hoja.
Y el orear de una brisa increíble.
Y el cuchillo en la selva, y los blancos colmillos, y la enorme
    avenida de las fieras y de sus víctimas huyendo de las
    enllamecidas devastaciones.

    Y hemos llegado al poblado. Negros o blancos, tristes. Hom-
    bres, mujeres.

Niños como una pluma. Una plumilla oscura, un gemido, quizá
una sombra, algún junco.
Y una penumbra grande, redonda, en el cielo, sobre las chozas.
Y el brujo. Y sus dientes hueros.

Y el tam-tam en la oscuridad. Y la llama, y el canto. Oh,
¿quién se queja?
No es la selva la que se queja. Son sólo sombras, son hombres.
Es una vasta criatura sólo, olvidada, desnuda.
Es un inmenso niño de oscuridad que yo he visto, y temblado.

Y luego seguir. La salida, la estepa. Otro cielo, otros climas.

Hombre de caminar que en tus ojos lo llevas.
Hombre que de madrugada, hace mucho, hace casi infinito,
saliste.
Adelantaste tu pie, pie primero, pie desnudo. ¿Te acuerdas?
Y, ahora un momento inmóvil, parece que remememoras.
Mas sigue...

EL NIÑO MURIÓ

(NANA EN LA SELVA)

¿Quién sufre? Pasé de prisa.
¿Quién se queja? Y me detuve.
La choza estaba oscura. Y la voz: "¿Quién te quiere a ti, corzo
    mío?" Pero el niño no se callaba.
"Rey de la selva viva, rey mío." Y el niño seguía llorando.
El amuleto; el lamento: la madre canta. Canta muy dulcemente.
    El niñito llora.
Huele a sándalo triste. Mano que mece a un niño. Canta.
    ¿Quién sueña?
El lamento largo no cesa. Dura más que la vida. El niñito calla.
    Canta la madre.
Más allá de la vida canta la madre. Duerme la selva.

EL VISITANTE

Aquí también entré, en esta casa.
Aquí vi a la madre cómo cosía.
Una niña, casi una mujer (alguien diría: qué alta, qué guapa
    se está poniendo),
alzó sus grandes ojos oscuros, que no me miraban.
Otro chiquillo, una menuda sombra, apenas un grito, un rui-
    dillo por el suelo,
tocó mis piernas suavemente, sin verme.
Fuera, a la entrada, un hombre golpeaba, confiado, en un hierro.

    Y entré, y no me vieron.
Entré por una puerta, para salir por otra.

Un viento pareció mover aquellos vestidos.

Y la hija alzó su cara, sus grandes ojos vagos y llevó a su
    frente sus dedos.

Un suspiro profundo y silencioso exhaló el pecho de la madre.

El niño se sintió cansado y dulcemente cerró los ojos.

El padre detuvo su maza y dejó su mirada en la raya azul del
    crepúsculo.

EL OTRO DOLOR

A veces, sentado, después de la larguísima jornada, en el largo
 camino, me tiento y casi te reconozco.
Dentro estás, dormida allí, madre mía, desde hace tantos años,
tendida, amorosamente sepultada, intacta en tus bordes.
Y ando, y no se me nota. Y digo, y tampoco.
Como el casco de una metralla que incrustado en el ser allí
 vive y, quedado, no se conoce,
así a veces tú, queda en mí, dentro de mi vivir me acompañas.
Pero muevo esta mano, y no te recuerdo.
Y pronuncio unas palabras de amor para alguien, y parece
 que lo que allí dentro está no las roza cuando las exhalo.
Y sigo y camino, y padezco y me afano,
siempre yo estuche vivo, caja viva de tu dormir, que mudo en
 mí llevo.

Pero a veces he sufrido y camino de prisa, y he tropezado
 y rodado, y algo me duele.
Algo que llevo dentro, aquí, ¿dónde?, en tu sereno vivir en
 mi alma, que blando se queja.
Oh, sí, cómo te reconozco. Aquí estás. ¿Te he dolido?
Hemos caído, hemos rodado juntos, madre mía serena, y sólo
 te siento porque me dueles.

Me dueles tú como una pena que mitigase otra pena,
como una pena que al aflorar anegase.
Y tu blando dolor, como una existencia que me hiciese bajar la
  cabeza hacia tu sentimiento,
se reparte por todo yo y me consuela, oh madre mía, oh mi
  antigua y mi permanente, oh tú que me alcanzas.
Y el otro dolor agudo, el del camino, el lacerante que me
  aturdía,
blandamente se suaviza como si una mano lo apaciguase,
mientras todo el ser anegado de tu blanda caricia de pena
es conciencia de ti, caja suave de ti, que me habitas.

EL VIEJO Y EL SOL

Había vivido mucho.
Se apoyaba allí, viejo, en un tronco, en un gruesísimo tronco,
   muchas tardes cuando el sol caía.
Yo pasaba por allí a aquellas horas y me detenía a observarle.
Era viejo y tenía la faz arrugada, apagados, más que tristes,
   los ojos.
Se apoyaba en el tronco, y el sol se le acercaba primero, le
   mordía suavemente los pies
y allí se quedaba unos momentos como acurrucado.
Después ascendía e iba sumergiéndole, anegándole,
tirando suavemente de él, unificándole en su dulce luz.
¡Oh el viejo vivir, el viejo quedar, cómo se desleía!
Toda la quemazón, la historia de la tristeza, el resto de las
   arrugas, la miseria de la piel roída,
¡cómo iba lentamente limándose, deshaciéndose!
Como una roca que en el torrente devastador se va dulcemente
   desmoronando,
rindiéndose a un amor sonorísimo,
así, en aquel silencio, el viejo se iba lentamente anulando, lentamente entregando.
Y yo veía el poderoso sol lentamente morderle con mucho amor
   y adormirle

715

para así poco a poco tomarle, para así poquito a poco disolverle
en su luz,
como una madre que a su niño suavísimamente en su seno lo
reinstalase.

Yo pasaba y lo veía. Pero a veces no veía sino un sutilísimo
resto. Apenas un levísimo encaje del ser.
Lo que quedaba después que el viejo amoroso, el viejo dulce,
había pasado ya a ser la luz
y despaciosísimamente era arrastrado en los rayos postreros del
sol,
como tantas otras invisibles cosas del mundo.

LA OSCURIDAD

No pretendas encontrar una solución. ¡Has mantenido tanto
    tiempo abiertos los ojos!
Conocer, penetrar, indagar: una pasión que dura lo que la
    vida.
Desde que el niño furioso abre los ojos. Desde que rompe su
    primer juguete.
Desde que quiebra la cabeza de aquel muñeco y ve, mira el
    inexplicable vapor que no ven los otros ojos humanos.
Los que le regañan, los que le dicen: "¿Ves? ¿Y te lo aca-
    bábamos de regalar!..."
Y el niño no les oye porque está mirando, quizá está oyendo
    el inexplicable sonido.

Después cuando muchacho, cuando joven.
El primer desengaño. El primer beso no correspondido.

Y luego de hombre, cuando ve sudores y penas, y tráfago, y
    muchedumbre.
Y con generoso corazón se siente arrastrado
y es una sola oleada con la multitud, con la de los que van
    como él.

Porque todos ellos son uno, uno solo: él; como él es todos.
Una sola criatura viviente, padecida, de la que cada uno, sin
saberlo, es totalmente solidario.

Y luego, separado un instante, pero con la mano tentando el
extremo vivo donde se siente y hasta donde llega el latir
de las otras manos,
escribir aquello o indagar esto, o estudiar en larga vigilia,
ahora con las primeras turbias gafas ante los ojos, ante los cansados y esperanzados y dulces ojos que siempre preguntan.

Y luego encenderse una luz. Es por la tarde. Ha caído lentamente el sol y se dora el ocaso.
Y hay unos salpicados cabellos blancos, y la lenta cabeza suave
se inclina sobre una página.

Y la noche ha llegado. Es la noche larga.
Acéptala. Acéptala blandamente. Es la hora del sueño.
Tiéndete lentamente y déjate lentamente dormir.
Oh, sí. Todo está oscuro y no sabes. Pero ¿qué importa?
Nunca has sabido, ni has podido saber.
Pero ya has cerrado blandamente los ojos
y ahora como aquel niño,
como el niño que ya no puede romper el juguete,
estás tendido en la oscuridad y sientes la suave mano quietísima,
la grande y sedosa mano que cierra tus cansados ojos vividos,
y tú aceptas la oscuridad y compasivamente te rindes.

EL NIÑO Y EL HOMBRE

A José A. Muñoz Rojas.

I

Eʟ niño comprende al hombre que va a ser,
y callándose, por indicios, nos muestra, como un padre, al
   hombre que apenas todavía se puede adivinar.
Pero él lo lleva, y lo conduce, y a veces lo desmiente en sí
   mismo, valientemente, como defendiéndolo.
Si mirásemos hondamente en los ojos del niño, en su rostro
   inocente y dulce,
veríamos allí, quieto, ligado, silencioso,
al hombre que después va a estallar, al rostro experimentado
   y duro, al rostro espeso y oscuro
que con una mirada de desesperación nos contempla.

   Y nada podemos hacer por él. Está reducido, maniatado,
   tremendo.
Y detrás de los barrotes, a través de la pura luz de la tranquila
   pupila dulcísima,
vemos la desesperación y el violento callar, el cuerpo crudo y la
   mirada feroz,

y un momento nos asomamos con sobrecogimiento
para mirar el cargado y tapiado silencio que nos contempla.

Sí. Por eso vemos al niño con descuidada risa perseguir por
el parque el aro gayo de rodantes colores.
Y le vemos despedir de sus manos los pájaros inocentes.
Y pisar unas flores tímidas tan levemente que nunca estruja
su viviente aromar.
Y dar gritos alegres y venir corriendo a nosotros, y sonreírnos
con aquellos ojos felices donde sólo apresuradamente miramos,
oh ignorantes, oh ligeros, la ilusión de vivir y la confiada
llamada a los corazones.

II

Oh, niño, que acabaste antes de lo que nadie esperaba,
niño que, con una tristeza infinita de los que te rodeaban,
acabaste en la risa.
Estás tendido, blanco en tu dulzura póstuma,
y un rayo de luz continuamente se abate sobre tu cabeza dorada.

En un momento de soledad yo me acerco.
Rubio el bucle inocente, externa y tersa aún
la aterciopelada mejilla inmóvil,
un halo de quietud pensativa y vigilante
en toda tu actitud de pronto se me revela.

Yo me acerco y te miro. Me acerco más y me asomo.
Oh, sí, yo sé bien lo que tú vigilas.
Niño grande, inmenso, que cuidas celosamente al que del todo
ha muerto.
Allí está oculto, detrás de tus grandes ojos,
allí en la otra pieza callada. Allí, dormido, desligado, presente.
Distendido el revuelto ceño, caída la innecesaria mordaza rota.
Aflojado en su secreto sueño, casi dulce en su terrible cara en
reposo.

Y al verdadero muerto, al hombre que definitivamente no nació,
el niño vigilante calladamente bajo su apariencia lo vela.
Y todos pasan, y nadie sabe que junto a la definitiva soledad
    del hondo muerto en su seno,
un niño pide silencio con un dedo en los labios.

ALEIXANDRE.—46

3

LA REALIDAD

LA REALIDAD

Sí, detenida;
nunca como desamor,
nunca huída, jamás como sueño, nunca sólo como el deseo.
En esta hora
del mediodía, blanca, preciosa, pura, limpísima;
en esta transparente hora del día completo.

Lo mismo que podría ser por la noche.
Porque siempre existes.
He soñado mucho. Toda mi vida soñando. Toda mi vida ten-
    tando bultos, confesando bultos.
Toda mi vida ciego dibujando personas.

Recuerdo aquel amor: ¿era amor?
Recuerdo aquel corazón. ¿Tenía la forma del corazón?
Recuerdo aquella música que yo pretendía escuchar en un
    pecho.
Me quedaba dormido sobre un pecho cerrado. Y soñaba el
    hermoso color del amor en el corazón latidero.

Tenté bultos, indagué cuidados:
escuché el sonido del viento,

nocturnamente azotando, fingiendo, tomando de pronto la forma de un cuerpo,
adelantando una mano; y oía su voz. Y mi nombre. Y se oía...

Pero no oía nada.
Así, por la vida;
por todos los libros;
por las arenas; entre la mar; en las cuevas; debajo del tiempo...

Siempre soñando, o callado.
Destrozado de ropas. O vestido de nuevo.
O agolpado de pronto sobre una roca, desnudo, insumiso.

Pero engañándome.

Y hoy,
aquí, en este cuarto con sol,
con delicado sol casi doméstico;
hoy, detenido,
aquí, con la ventana abierta, esperando.
Pero no esperando lo que nunca llega.
Porque tú sí que llegas. Porque un instante te has ido y vuelves.
Vuelves, y te veo llegar sobre un fondo de pared blanca.
En un jardín. Y te veo llegar entre acacias muy verdes,
con olor vivo, y sonidos...

Nunca como desamor,
nunca como el afán,
jamás sólo como el deseo.
Sino con tu dibujo preciso
que yo no tengo
que trazar
con mi sueño...

EL ALMA

El día ha amanecido.
Anoche te he tenido en mis brazos.
Qué misterioso es el color de la carne.
Anoche, más suave que nunca:
Carne casi soñada.
Lo mismo que si el alma al fin fuera tangible.
Alma mía, tus bordes,
tu casi luz, tu tibieza conforme...
Repasaba tu pecho, tu garganta,
tu cintura: lo terso,
lo misterioso, lo maravillosamente expresado.
Tocaba despacio, despacísimo, lento,
el inoíble rumor del alma pura, del alma manifestada.
Esa noche, abarcable; cada día, cada minuto, abarcable.
El alma, con su olor a azucena.
Oh, no: con su sima,
con su irrupción misteriosa de bulto vivo.
El alma por donde navegar no es preciso
porque a mi lado extendida, arribada, se muestra
como una inmensa flor; oh, no: como un cuerpo maravillosa-
    mente investido.

Ondas de alma... alma reconocible.
Mirando, tentando su brillo conforme,
su limitado brillo que mi mano somete,
su limitado brillo que mi mano somete,
creo,
creo, amor mío, realidad, mi destino,
alma olorosa, espíritu que se realiza,
maravilloso misterio que lentamente se teje,
hasta hacerse ya como un cuerpo,
comunicación que bajo mis ojos miro formarse,
organizarse,
y conformemente brillar,
trasminar,
trascender,
en su dibujo bellísimo,
en su sola verdad de cuerpo advenido,
oh dulce realidad que yo aprieto, con mi mano, que por una
    manifestada suavidad se desliza.

Así, amada mía,
cuando desnuda te rozo,
cuando muy lento, despacísimo, regaladamente te toco.
En la maravillosa noche de nuestro amor.
Con luz, para mirarte.
Con bella luz porque es para ti.
Para engolfarme en mi dicha.
Para olerte, adorarte,
para, ceñida, trastornarme con tu emanación.
Para amasarte con estos brazos que sin cansancio se ahorman.
Para sentir contra mi pecho todos los brillos,
contagiándome de ti,
que, alma, como una niña sonríes
cuando te digo: "Alma mía..."

TIERRA DEL MAR

Habitaba conmigo allí en la colina espaciosa.
Vivíamos sobre el mar.
Y muchas veces me había dicho:
"¡Oh, vivir allí los dos solos,
con riscos, cielo desnudo, verdad del sol!"
Y pude llevármela. Una casita colgaba
como despeñada, suspensa
en algunos poderosos brazos que nos amasen.

Allí habitábamos. Veíamos en la distancia
trepar a las cabras salvajes, dibujadas contra los cielos.
El rumor de la trompa lejana
parecía un trueno que se adurmiese.
Todo era vida pelada y completa.
Allí, sobre la piedra dorada por el sol bondadoso,
su forma se me aquietaba, permanecía.
Siempre temía verla desvanecerse.
Cuando la estrechaba en mis brazos
parecía que era sobre todo por retenerla.
¡Ah, cómo la comprobaba, suavidad a suavidad,
en aquel su tersísimo cuerpo que la ofrecía!

Lo que más me sorprendía era su dulce calor.
Y el sonido de su voz,
cuando yo no la veía,
me parecía siempre que podía ser el viento contra las rocas.
No había árboles. Apenas algún arce, algún pino.
A veces se templaba una loma con un ahogado sofoco.
Pero el cielo poderoso vertía luz dorada, color fuerte, templado
    hálito.

Lejos estaba el mar: añil puro.
Los cantiles tajantes parecían cuajados, petrificados de res-
    plandor.
En la amarilla luz todo semejaba despedazado,
rodado, quedado,
desde un violento cielo de júpiter.

Pero en la cumbre todo poseía templanza. Y ella
hablaba con dulzura, y había suavidad,
y toda la exaltación terrestre se aquietaba en aquel diminuto
    nudo de dicha.

Había días que yo estaba solo.
Se levantaba antes que yo, y cuando yo me despertaba,
sólo un viento puro y templado penetraba mudo por la ven-
    tana.
Todo el día era así silencioso,
eterno día con la luz quedada.
Vagaba quizá por la altura, y cuando regresaba había como
    una larga fatiga en sus ojos.
Como un ocaso caído,
como una noche que yo no conociese.
Como si sus ojos no viesen toda aquella luz que nos rodeaba.

Por la noche dormía largamente, mientras yo vigilaba,
mientras yo me detenía sobre su velo intacto,
mientras su pecho no se movía.

Pero amanecer era dulce. ¡Con qué impaciencia lo deseaba!
Ojos claros abiertos, sonrientes vivían.
Y besos dulces parecían nacer, y un sofocado sol de lirio puro
penetraba por la ventana.

Siempre ida, venida, llegada, retenida,
siempre infinitamente espiada,
vivíamos sobre la colina sola.
Y yo sólo descansaba cuando la veía dormir dichosa en mis
brazos,
en algunas largas noches de seda.

Tierra del mar que giraba sin peso,
llevando un infinito miedo del amor
y una apurada dicha hasta sus bordes.

TENDIDOS, DE NOCHE

Por eso tú,
quieta así, contemplándote,
casi escrutándote, queriendo en la noche mirar muy despacio
el color de tus ojos.
Cogiendo tu cara con mis dos manos mientras tendida aquí
yaces,
a mi lado, despierta, despertada, muda, mirándome.

Hundirme en tus ojos. Has dormido. Mirarte,
contemplarte sin adoración, con seca mirada. Como no puedo
mirarte.
Porque no puedo mirarte sin amor.
Lo sé. Sin amor no te he visto.
¿Cómo serás tú sin amor?
A veces lo pienso. Mirarte sin amor. Verte como serás tú del
otro lado.
Del otro lado de mis ojos. Allí donde pasas,
donde pasarías con otra luz, con otro pie,
con otro ruido de pasos. Con otro viento que movería tus
vestidos.
Y llegarías. Sonrisa... Llegarías. Mirarte,
y verte como eres. Como no sé que eres.

Como no eres... Porque eres aquí la que duerme.
La que despierto, la que te tengo.
La que en voz baja dice: "Hace frío." La que cuando te beso
    murmura
casi cristalinamente, y con su olor me enloquece.
La que huele a vida,
a presente, a tiempo dulce,
a tiempo oloroso.
La que señalo si extiendo mi brazo, la que recojo y acerco.
La que siento como tibieza estable,
mientras yo me siento como precipitación que huye,
que pasa, que se destruye y se quema.
La que permanece como una hoja de rosa que no se hace
    pálida.
La que me da vida sin pasar, presente,
presente inmóvil como amor, en mi dicha,
en este despertar y dormirse, en este amanecer,
en este apagar la luz y decir... Y callarse,
y quedarse dormido del lado del continuo olor que es la vida.

MI ROSTRO EN TUS MANOS

Cuando me miras,
cuando a mi lado, sin moverte, sentada, suave te inclinas;
cuando alargas tus dos manos, suavísima, porque quieres, por
    que quisieras ahora, tocar, sí, mi cara.
Tus dos manos como de sueño,
que casi como una sombra me alcanzan.
Miro tu rostro. Un soplo de ternura te ha echado como una
    luz por tus rasgos.
Qué hermosa pareces. Más niña pareces. Y me miras.
Y me estás sonriendo.
¿Qué suplicas cuando alargando tus dos manos, muda, m
    tocas?
Siento el fervor de la sombra, del humo que vívido llega.
Qué hermosura, alma mía. La habitación, engolfada, quiet
    reposa.
Y tú estás callada, y yo siento mi rostro, suspenso, dulce, en tu
    dedos.
Estás suplicando. Como una niña te haces. Una niña suplica
Estás pidiendo. Se está quebrando una voz que no existe, y que
    pide.

734

Amor demorado. Amor en los dedos que pulsa sin ruido,
sin voces. Y yo te miro a los ojos, y miro y te oigo.
Oigo el alma quietísima, niña, que canta escuchada.
Amor como beso. Amor en los dedos, que escucho, cerrado en
    tus manos.

EN EL BOSQUECILLO

Así la vida es casi fácil. La vida no es tan difícil.
Es día de fiesta, nos levantamos por la mañana, y el mar está
     enfrente.
Pesada plata con luz, con lomo tranquilo.
A veces una barquilla resbala; apenas se mueve. Y estamo
     los dos asomados.
¡Qué hermoso ese cielo!
Cielo grande, rendido, redondo, completo. Cielo todo sobre la
     aguas.
Y salimos. Y la ciudad asciende, y arriba está verde. Ah, tran
     quilo bosque donde a veces moramos.

   Largo es el día en sus troncos. Y allí
la tarde de lo alto adviene. Es la luz. Tamizada
entre los pinos, pura, fresquísima.
Toda la idealidad se presiente invisible, más allá de las copa
     ligeras.
Pero a nosotros nos basta esta pasión serenada en bondad,
este alegrarse a la hora en que mirar el mar alejado que aguarda
es casi inocencia,
es casi alegría continua que, en un instante sin bordes, se diera

736

Aquí en la eminencia, el bosquecillo, y allí abajo el mar
   desplegado, el mar contenido,
el mar en que tantas veces hemos bogado, sumos, en la mañana.

La tarde se cumple, y tú estás tendida, y yo veo las mariposas
   estivales,
los lentos gusanillos de colores, el diminuto insecto rojo que
   sube.
Por tu falda ruedan briznas, parecen rodar, descolgándose para
   ello, los cánticos de los pájaros.
En tu dedo brilla una mota de sangre. Pulcra coccinela que
   ha ido ascendiendo
y sobre tu uña un instante se queda y duda. Elitros leves,
finas alas interiores que sorprendentemente despliega. Vuela y
   se aleja
en el zumbido del bosque, puro, caliente.
Casi hubiera podido mirarla sobre tus ojos. Punto dormido,
punto encendido, allí como la vida toda, dulce en tus ojos.

   Y luego bajamos. Crujen las púas secas de los pinos bajo el
   pie claro.
Tarde encendida y clara. Tarde con humos.
Lejos el mar se calla. Pesa, y aún brilla.

   ¿Oyes? Sí, allá la ciudad parece lentamente encenderse, baja,
   sin ruido.
Y nosotros ya no nos vemos. Ven. ¡Qué ligeros!
En tu talle, la vida misma. Casi volamos.
Casi nos derrumbamos, corriendo, desde aquel monte, rumbo
   a la gloria.
Rumbo al silencio puro de ti,
oh noche.

EL SUEÑO

Hay momentos de soledad
en que el corazón reconoce, atónito, que no ama.
Acabamos de incorporarnos, cansados: el día oscuro.
Alguien duerme, inocente, todavía sobre ese lecho.
Pero quizá nosotros dormimos... Ah, no: nos movemos.
Y estamos tristes, callados. La lluvia, allí insiste.
Mañana de bruma lenta, impiadosa. ¡Cuán solos!
Miramos por los cristales. Las ropas, caídas;
el aire, pesado; el agua, sonando. Y el cuarto,
helado en este duro invierno que, fuera, es distinto.

Así te quedas callado, tu rostro en tu palma.
Tu codo sobre la mesa. La silla, en silencio.
Y sólo suena el pausado respiro de alguien,
de aquella que allí, serena, bellísima, duerme
y sueña que no la quieres, y tú eres su sueño...

EN EL JARDÍN

¡Es tan dulce saber que nunca se enfada!

Y en su torno la vida
es graciosa.
Nunca veo, allá, venir por poniente
la tormenta morada
que estalle en su rostro.
Una sombra de pesar: es bastante.
"Mira: ¡los pájaros!" O: "Esa rama..." O: "¿Qué luce?..."
Sí. Un viento corre,
pasa, sensible,
oloroso.

Flores en el jardín, que ella puebla. Hay un arce.
Alto, aromático, hermoso
en su majestad juvenil. Y ella a veces
está allí paralela, esbeltísima, grácil,
con su templanza fragante, su novedad,
y allí dura.

Otras veces se agita por el jardín, entre luces.
Rubio su pelo: una mano del sol con furia lo mueve...

Pero yo veo sus colores, su movimiento por el sendero, frontera
a las rosas.
Y una infinita tristeza, de pronto, me llena.
Rosas, y su amor. Y sus pétalos. Flores.
Y su rostro que mira, sin tiempo, en aromas.
¡Cómo brilla y se instala, entre olores! Y es joven.

Eternamente juvenil la mañana
la rodea.
Su vestido ligero, traspasado por la luz, ardió. ¡Y es tan puro
mirarla, a ella, mientras ajena a su tenue desnudez va tentando
los claveles carnosos, los aéreos alhelíes, los secretos
ramos de olor invisible que sus pies van pisando!

Desnuda, pudorosa en la luz, el rostro instantáneo, sin tiempo,
me mira,
y desde allá me ama, misterioso, increído.
Y un momento desgarradoramente la llamo.
Con mi voz natural. (Aquí su nombre.)
Y se acerca, se hace tocable, penetra.
En su ruido veraz. Rompiente, fresquísima,
y me entrega su ramo de flores.
Presente, con su olor a esta hora,
con su mano mojada, a esta hora,
con su beso—su calor—,
a esta hora.

LA CERTEZA

No quiero engañarme.
A tu lado, cerrando mis ojos, puedo pensar otras cosas.
Ver la vida; ese cielo... La tierra; aquel hombre...
Y entonces mover esta mano,
y tentar, tentar otra cosa.
Y salir al umbral, y mirar. Mirar, ver, oler, penetrar, comulgar,
    escuchar. Ser, ser, estarme.
Pero aquí, amor, quieta estancia silenciosa, olor detenido;
aquí, por fin, realidad que año tras año he buscado.
Tú, rumor de presente quietísimo, que musicalmente me llena.
Resonado me hallo. ¿Cómo dejarte?
¿Cómo abandonarte, quietud de mi vida que engolfada se
    abre,
se recrea, espejea, se vive? Cielo, cielo en su hondura.

   Por eso tú, aquí con tu nombre, con tu pelo gracioso, con
    tus ojos tranquilos,
con tu fina forma de viento,
con tu golpe de estar, con tu súbita realidad realizada en mi
    hora.
Aquí, acariciada, tentada, reída, escuchada,
misteriosamente aspirada.

Aquí, en la noche: en el día; en el minuto: en el siglo.
Jugando un instante con tu cabello de oro,
o tentando con mis dedos la piel delicada,
la del labio, la que levísima vive.

Así, marchando por la ciudad: "¡Ten cuidado: ese coche!..."
O saliendo a los campos: "No es la alondra: es un mirlo..."
Penetrando en una habitación, agolpada de sombras, hombres,
   vestidos.
Riéndonos gozosamente entre rostros borrados.
Encendiendo una luz mientras tu carcajada se escucha,
tu retiñir cristalino.
O saliendo a la noche: "Mira: estrellas." O: "¿Qué brilla?"
"Sí; caminemos."

Todo en su hora, diario, misterioso, creído.
Como una luz, como un silencio, como un fervor
que apenas se mueve. Como un estar donde llegas.

Por eso... Por eso callo cuando te acaricio,
cuando te compruebo y no sueño.
Cuando me sonrío con los dientes más blancos, más limpios,
   que besas.
Tú, mi inocencia,
mi dicha apurada,
mi dicha no consumida.

Por eso no cierro los ojos.
Y si los cierro es dormido,
dormido a tu lado, tendido, sonreído, escuchado, más besado,
   en tu sueño.

4

LA MIRADA INFANTIL

AL COLEGIO

Yo iba en bicicleta al colegio.
Por una apacible calle muy céntrica de la noble ciudad mis-
    teriosa.
Pasaba ceñido de luces, y los carruajes no hacían ruido.
Pasaban majestuosos, llevados por nobles alazanes o bayos que
    caminaban con eminente porte.
¡Cómo alzaban sus manos al avanzar, señoriales, definitivos,
no desdeñando el mundo, pero contemplándolo
desde la soberana majestad de sus crines!
Dentro, ¿qué? Viejas señoras, apenas poco más que de encaje,
chorreras silenciosas, empinados peinados, viejísimos terciopelos:
silencio puro que pasaba arrastrado por el lento tronco brillante.

Yo iba en bicicleta, casi alado, aspirante.
Y había anchas aceras por aquella calle soleada.
En el sol, alguna introducida mariposa volaba sobre los carrua-
    jes y luego por las aceras
sobre los lentos transeúntes de humo.
Pero eran madres que sacaban a sus niños más chicos.
Y padres que en oficinas de cristal y sueño...
Yo al pasar los miraba.

Yo bogaba en el humo dulce, y allí la mariposa no se extra-
ñaba.
Pálida en la irisada tarde de invierno,
se alargaba en la despaciosa calle como por un abrigado valle
lentísimo.
Y la vi alzarse alguna vez para quedar suspendida
sobre aquello que bien podía ser borde ameno de un río.
Ah, nada era terrible.
La céntrica calle tenía una posible cuesta y yo ascendía, im-
pulsado.
Un viento barría los sombreros de las viejas señoras.
No se hería en los apacibles bastones de los caballeros.
Y encendía como una rosa de ilusión, y apenas de beso, en las
mejillas de los inocentes.
Los árboles en hilera era un vapor inmóvil, delicadamente
suspenso bajo el azul. Y yo casi ya por el aire,
yo apresurado pasaba en mi bicicleta y me sonreía...
y recuerdo perfectamente
cómo misteriosamente plegaba mis alas en el umbral mismo del
colegio.

LA CLASE

Como un niño que en la tarde brumosa va diciendo su lección
    y se duerme.
Y allí sobre el magno pupitre está el mudo profesor que no
    escucha.
Y ha entrado en la última hora un vapor leve, porfiado,
pronto espesísimo, y ha ido envolviéndolos a todos.
Todos blandos, tranquilos, serenados, suspiradores,
ah, cuán verdaderamente reconocibles.
Por la mañana han jugado,
han quebrado, proyectado sus límites, sus ángulos, sus risas, sus
    imprecaciones, quizá sus lloros.
Y ahora una brisa inoíble, una bruma, un silencio, casi un
    beso, los une,
los borra, los acaricia, suavísimamente los recompone.
Ahora son como son. Ahora puede reconocérseles.
Y todos en la clase se han ido adurmiendo.
Y se alza la voz todavía, porque la clase dormida se sobrevive.
Una borrosa voz sin destino, que se oye y que no se supiera
    ya de quién fuese.

    Y existe la bruma dulce, casi olorosa, embriagante,
y todos tienen su cabeza sobre la blanda nube que los envuelve.

Y quizá un niño medio se despierta y entreabre los ojos,
y mira y ve también el alto pupitre desdibujado
y sobre él el bulto grueso, casi de trapo, dormido, caído,
del abolido profesor que allí sueña.

LA HERMANILLA

Tenía la naricilla respingona, y era menuda.
¡Cómo le gustaba correr por la arena! Y se metía en el agua,
y nunca se asustaba.
Flotaba allí como si aquél hubiera sido siempre su natural elemento.
Como si las olas la hubieran acercado a la orilla,
trayéndola desde lejos, inocente en la espuma, con los ojos
abiertos bajo la luz.
Rodaba luego con la onda sobre la arena y se reía, risa de niña
en la risa del mar,
y se ponía de pie, mojada, pequeñísima,
como recién salida de las valvas de nácar,
y se adentraba en la tierra,
como en préstamo de las olas.

¿Te acuerdas?
Cuéntame lo que hay allí en el fondo del mar.
Dime, dime, yo le pedía.
No recordaba nada.
Y riendo se metía otra vez en el agua
y se tendía sumisamente sobre las olas.

EL NIÑO RARO

Aquel niño tenía extrañas manías.

Siempre jugábamos a que él era un general
que fusilaba a todos sus prisioneros.

Recuerdo aquella vez que me echó al estanque
porque jugábamos a que yo era un pez colorado.

Qué viva fantasía la de sus juegos.
Él era el lobo, el padre que pega, el león, el hombre del largo
  cuchillo.

Inventó el juego de los tranvías,
y yo era el niño a quien pasaban por encima las ruedas.

Mucho tiempo después supimos que, detrás de unas tapias
  lejanas,
miraba a todos con ojos extraños.

"VIOLETA"

Aquel grandullón retador lo decía.
"Violeta". Y una calleja oscura.
Violeta... Una flor... Pero ¿un nombre?
Y decía, y contaba. Y el niño chico casi no lo entendía.
Cuando él se acercaba, los mayores no se callaban.
Ah, aquella flor oscura, seductora, misteriosa, embriagante,
con un raro nombre de mujer...
"Violeta"... Y en el niño rompía un extraño olor a clavel re-
      ventado.
Y el uno decía: "Fuí..." Y el otro: "Llegaba..."
Y un rumor más bisbiseante. Y la gran carcajada súbita,
la explosión, casi hoguera, de una como indecente alegría su-
      perior
que exultase.
Y el niño, diminuto, escuchaba.
Como si durmiese bajo su inocencia, bajo un río callado.
Y nadie le veía y dormía.
Y era como si durmiese y pasase leve, bajo las aguas buenas
      que le llevaban.

EL MÁS PEQUEÑO

Es el más pequeño de todos, el último.
Pero no le digáis nada; dejadle que juegue.
Es más chico que los demás, y es un niño callado.
Al balón apenas si puede darle con su bota pequeña.
Juega un rato y luego pronto le olvidan.
Todos pasan gritando, sofocados, enormes,
y casi nunca le ven. El golpea una vez,
y después de mucho rato otra vez,
y los otros se afanan, brican, lucen, vocean.
La masa inmensa de los muchachos, agolpada, rojiza.
Y pálidamente el niño chico los mira
y mete diminuto su pie pequeño,
y al balón no lo toca.
Y se retira. Y los ve. Son jadeantes,
son desprendidos quizá de arriba, de una montaña,
son quizá un montón de roquedos que llegó ruidosísimo
de allá, de la cumbre.

Y desde el quieto valle, desde el margen del río,
el niño chico no los contempla.

Ve la montaña lejana. Los picachos, el cántico de los vientos.
Y cierra los ojos, y oye
el enorme resonar de sus propios pasos gigantes por las rocas
    bravías.

LA JOVEN

Tiene ojos grandes, empañados, hondos de dulzura y cariño.
Y una boca fresquísima, tantas veces extensa en su grito claro.
Y me habla. Y de pronto se calla. O comienza a contarme un
    cuento.
Es mucho mayor que yo. Y cuando sale conmigo
—porque algunas tardes, al pasar, dice: "¿Vienes conmigo?"—,
casi nunca me lleva de la mano. "Anda: ¡corre!"
Pero yo no quiero correr.
Dime... Y la mirada espía
aquel silencio en que a veces se queda,
y aquella sonrisa súbita como si de pronto llegase,
como si de pronto mirase y estuviese.
Y siento que sus ojos sonrientes están saludándome.
No, antes no estaba.
Antes iba conmigo, pero no estaba.
Es mayor, es muy alta. Y yo miro su frente,
su erguida cabeza, todo allí, todo alto.
Y desde allí me sonríe. Pero sé está conmigo.
Y nos sentamos en el campo. Ahora sí...
Ah, sí, aquí conmigo.
Jugamos a algo. Mas miro
aquellos ojos que son como el mar. Sin saberlo refresco

allí la gozosa infancia, allí bebo
la brisa pura de la mar. Son azules.
Y el niño siente la brisa salada...
Pero, ¿qué pasa? Sí, llora.
¿Dónde, dónde llora? Porque no aquí conmigo.
Llora en su cabeza erguida, en sus solitarios ojos de mujer.
Y el niño—qué pequeño—la mira,
derribado, lejanísimo, mientras ella se levanta
rehusada en su altura, y cogiéndome
se aleja, sin mí, sí, llevándome
de la mano, y avanza, en su bellísima figura de mujer sola.

EN EL LAGO

Por la ciudad callada el niño pasa.
No hacen ruido las voces, ni los pasos.
Es un niño pequeño en su bicicleta.
Atraviesa la calle majestuosa, enorme, cruzada por los lentos
    tranvías.
Y sortea carruajes, carros finos, cuidados.
Y va suavemente con las manos al aire, casi dichoso.
De pronto, ¿qué? Sí, el gran parque
que se lo traga.
¡Cómo pedalea por la avenida central, rumbo al lago!
Y el niño quisiera entrar en el agua, y por allí deslizarse, ligero
    sobre la espuma.
(¡Qué maravillosa bicicleta sobre las aguas, rauda con su estela
    levísima!
¡Y qué desvariar por las ondas, sin pesar, bajo cielos!...)
Pero el niño se apea junto al lago. Una barca.
Y rema dulcemente, muy despacio, y va solo.
Allí la estatua grande sobre la orilla, y en la otra orilla el sueño
    bajo los árboles.
Suena el viento en las ramas, y el niño se va acercando.
Es el verano puro de la ciudad, y suena el viento allí queda-
    mente.

Sombras, boscaje, oleadas de sueño que cantan dulces.
Y el niño solo se acerca y rema, rema muy quedo.
Está cansado y es leve. Qué bien la sombra bajo los árboles.
Ah, qué seda o rumor... Y los remos penden, meciéndose.
Y el niño está dormido bajo las grandes hojas,
y sus labios frescos sueñan..., como sus ojos.

UNA NIÑA CRUZABA

Éramos aún niños los dos,
y ella se cruzaba conmigo
en aquel monte verde por donde yo pasaba todos los días.
Ni una palabra. Pájaros y rumores. Y el eco de la mar allí cerca.
¡Ah, la mañana como una risa blanca que se extendiese!
Yo pasando, ligerísimo, sumo, casi vibrátil, rumbo al mar de
     allá abajo.
O rumbo a aquel sorprendente nudo de luz que cruzaba.
Un cabello, un rizo puro de resplandor, una idea
limpia: una niña; algo que no se tocara
y que todavía, en mí, sonriera mucho tiempo después de ha-
     berla pasado.

     ¿Cómo te llamas? Nunca lo pregunté. Su gran lazo
eran las recientes alas plegadas. Y nunca
me extrañé de no verla en el instante antes, posándose
generosa a mi lado, aunque sí comprendía
que su ligero cuerpo aún traía el envite del vuelo cuando a pie
     me cruzaba.

     Sí, se perdía, y unos pasos más allá, sí, lo sé, levantaba
su luz, su cuerpo ingrave y tomaba

sesgadamente ahora su vuelo,
en una dulce curva de rumor que rondase
el paso apresurado, estremecido, con que yo descendía
aturdido hacia el mar, despeñado desde el alto monte de mi
    delicia.

5

LOS TÉRMINOS

LA EXPLOSIÓN

Yo sé que todo esto tiene un nombre: existirse.
El amor no es el estallido, aunque también exactamente lo sea.
Es como una explosión que durase toda la vida.
Que arranca en el rompimiento que es conocerse y que se abre,
    se abre,
se colorea como una ráfaga repentina que, trasladada en el
    tiempo,
se alza, se alza y se corona en el transcurrir de la vida,
haciendo que una tarde sea la existencia toda, mejor dicho, que
    toda la existencia sea como una gran tarde,
como una gran tarde toda del amor, donde toda
la luz se diría repentina, repentina en la vida entera,
hasta colmarse en el fin, hasta cumplirse y coronarse en la
    altura
y allí dar la luz completa, la que se despliega y traslada
como una gran onda, como una gran luz en que los dos nos
    reconociéramos.

Toda la minuciosidad del alma la hemos recorrido.
Sí, somos los amantes que nos quisiéramos una tarde.
La hemos recorrido, ese alma, minuciosamente, cada día sor-
    prendiéndonos con un espacio más.

Lo mismo que los enamorados de una tarde, tendidos,
revelados, van recorriendo su cuerpo luminoso, y se absorben,
y en una tarde son y toda la luz se da y estalla, y se hace,
y ha sido una tarde sola del amor, infinita,
y luego en la oscuridad se pierden, y nunca ya se verán, por-
    que nunca se reconocerían...

Pero esto es una gran tarde que durase toda la vida. Como
    tendidos,
nos existimos, amor mío, y tu alma,
trasladada a la dimensión de la vida, es como un gran cuerpo
que en una tarde infinita yo fuera reconociendo.
Toda la tarde entera del vivir te he querido.
Y ahora lo que allí cae no es el poniente, es sólo
la vida toda lo que allí cae; y el ocaso
no es: es el vivir mismo el que termina,
y te quiero. Te quiero y esta tarde se acaba,
tarde dulce, existida, en que nos hemos ido queriendo.
Vida que toda entera como una tarde ha durado.
Años como una hora en que he recorrido tu alma,
descubriéndola despacio, como minuto a minuto.
Porque lo que allí está acabando, quizá, sí, sea la vida.
Pero ahora aquí el estallido que empezó se corona
y en el colmo, en los brillos, toda estás descubierta,
y fué una tarde, un rompiente, y el cenit y las luces
en alto ahora se abren de todo, y aquí estás: ¡nos tenemos!

NO QUEREMOS MORIR

Los amantes no tienen vocación de morir. "¿Moriremos?"
Tú me lo dices, mirándome absorta con ojos grandes: "¡Por
siempre!"
"Por siempre", "nunca": palabras
que los amantes decimos, no por su vano sentido que fluye y
pasa,
sino por su retención al oído, por su brusco tañir y su vibración prolongada,
que acaba ahora, que va cesando..., que dulcemente se apaga
como una extinción en el sueño.

No queremos morir, ¿verdad, amor mío? Queremos vivir
cada día.
Hacemos proyectos vagos para cuando la vejez venga. Y decimos:
"Tú siempre serás hermosa, y tus ojos los mismos;
ah, el alma allí coloreada, en la diminuta pupila,
quizá en la voz... Por sobre la acumulación de la vida,
por sobre todo lo que te vaya ocultando
—si es que eso sea ocultarte, que no lo será, que no puede
serlo—, yo te reconoceré siempre."

Allí saldrás, por el hilo delgado de la voz, por el brillo nunca
del todo extinto de tu diminuto verdor en los ojos,
por el calor de la mano reconocible, por los besos callados.
Por el largo silencio de los dos cuerpos mudos, que se tientan,
conocen.
Por el lento continuo emblanquecimiento de los cabellos, que
uno a uno haré míos.
Lento minuto diario que hecho gota nos une,
nos ata. Gota que cae y nos moja; la sentimos: es una.

Los dos nos hemos mirado lentamente.
¡Cuántas veces me dices: "No me recuerdes los años"!
Pero también me dices, en las horas del recogimiento y murmullo:
"Sí, los años son tú, son tu amor. ¡Existimos!"
Ahora que nada cambia, que nada puede cambiar, como la
vida misma, como yo, como juntos...
Lento crecer de la rama, lento curvarse, lento extenderse; lento,
al fin, allá lejos, lento doblarse. Y densa rama con fruto, tan
cargada, tan rica
—tan continuadamente juntos: como un don, como estarse—,
hasta que otra mano que sea, que será, la recoja,
más todavía que como la tierra, como amor, como beso.

CON LOS DEMÁS

Extraña sensación cuando vemos a nuestra amada
con otras gentes que quizá no lo saben.

Nos mira con ojos grandes, ojos absortos, dulces.
Allí impresos todavía están los besos, los favores, los largos
    silencios.
Están aquellas horas fervientes, cuando inclinados sobre el ten-
    dido dibujo murmuramos apenas.
Las largas navegaciones quietas en el cuarto del amor, los
    envíos,
las altas mareas, las briosas constelaciones fúlgidas que han visto
    al cuarto bogar.
Y están la música de las olas, los lentos arribos, el sueño quieto
    en la costa del alba;
y el despertar en la playa encontrada, y el salto desde el sueño
    a la orilla,
y el salir mucho después juntos por la ciudad, y el llevar todo,
y el escuchar todavía, en el tráfago de las calles, el eco apagado,
    en el oído encendido,
del largo clamor inmóvil de las espumas de la navegación infi-
    nita, en las relucientes noches de altura.

Y el alma, allí rodeada, nos mira como con sólo amor,
y ofrece en los ojos impresos besos largos, designios, silencios
   largos, estelas...

   Y hoy en medio de los otros, nos encontramos. ¿Tú me
   miras? Te veo.
Ellos no te conocen. Hablan. Mueven. Oscilan.
Déjalos. Tú les dices. Pero tu alma cambia
largos besos conmigo, mientras hablas, y escuchan.
No importa. Sí, te tengo, cuerpo hermoso, y besamos
y sonreímos, y: "Toma, amor; toma, dicha." Pronuncian,
insisten, quizá ceden, argumentan, responden. No sé lo que
   les dices.
Pero tú estás besando. Aquí, cara a cara, con hermosos sonidos,
con largos, interminables silencios de beso solo,
con estos abrazos lentos de los dos cuerpos vivos,
de las dos almas mudas que fundidas se cantan
y con murmullos lentos se penetran, se absortan.

Todos callan. Los muertos. Los salvados. Vivimos.

DIFÍCIL

¿Lo sabes? Todo es difícil. Difícil es el amor.
Más difícil su ausencia. Más difícil su presencia o estancia.
Todo difícil... Parece fácil y qué difícil es
repasar el cabello de nuestra amada con estas manos materiales
    que lo estrujan y obtienen.
Difícil, poner en su boca carnosa el beso estrellado que nunca
    se apura.
Difícil, mirar los hondos ojos donde boga la vida,
y allí navegar, y allí remar, y allí esforzarse,
y allí acaso hundirse sintiendo la palpitación en la boca, el
    hálito en esta boca
donde la última precipitación diera un nombre o la vida.

Todo es difícil. El silencio. La majestad. El coraje:
el supremo valor de la vida continua.
Este saber que cada minuto sigue a cada minuto,
y así hasta lo eterno.
Difícil, no creer en la muerte; porque nadie cree en la muerte.
Hablamos de que morimos, pero no lo creemos.
Vemos muertos, pisamos
muertos: separamos
los muertos. ¡Sí, nosotros vivimos!

Muchas veces he visto
esas hormigas, las bestezuelas tenaces viviendo,
y he visto una gran bota caer y salvarse muy pocas.
Y he visto y he contado las que seguían, y su divina indiferencia,
y las he mirado apartar a las muertas y seguir afanosas,
y he comprendido que separaban a sus muertos como a las
demás sobrevenidas piedrecillas del campo.

Y así los hombres cuando ven a sus muertos
y los entierran, y sin conocer a los muertos viven, aman, se
obstinan.

Todo es difícil. El amor. La sonrisa. Los besos de los inocen-
tes que se enlazan y funden.
Los cuerpos, los ascendimientos del amor, los castigos.
Las flores sobre su pelo. Su luto otros días.
El llanto que a veces sacude sus hombros. Su risa o su pena.
Todo: desde la cintura hasta su fe en la divinidad;
desde su compasión hasta esa gran mano enorme y extensa
donde los dos nos amamos.

Ah, rayo súbito y detenido que arriba no veo.
Luz difícil que ignoro, mientras ciego te escucho.

A ti, amada mía difícil que cruelmente, verdaderamente me
apartarás con seguridad del camino
cuando yo haya caído en los bordes, y en verdad no lo creas.

COMEMOS SOMBRA

Todo tú, fuerza desconocida que jamás te explicas.
Fuerza que a veces tentamos por un cabo del amor.
Allí tocamos un nudo. Tanto así es tentar un cuerpo,
un alma, y rodearla y decir: "Aquí está." Y repasamos des-
    paciosamente,
morosamente, complacidamente, los accidentes de una verdad
    que únicamente por ellos se nos denuncia.
Y aquí está la cabeza, y aquí el pecho, y aquí el talle y su
    huída,
y el engolfamiento repentino y la fuga, las dos largas piernas
    dulces que parecen infinitamente fluir, acabarse.
Y estrechamos un momento el bulto vivo.
Y hemos reconocido entonces la verdad en nuestros brazos, el
    cuerpo querido, el alma escuchada,
el alma avariciosamente aspirada.

¿Dónde la fuerza entonces del amor? ¿Dónde la réplica que
    nos diese un Dios respondiente,
un Dios que no se nos negase y que no se limitase a arrojarnos
    un cuerpo, un alma que por él nos acallase?
Lo mismo que un perro con el mendrugo en la boca calla y se
    obstina,

así nosotros, encarnizados con el duro resplandor, absorbidos,
estrechamos aquello que una mano arrojara.
Pero ¿dónde tú, mano sola que haría
el don supremo de suavidad con tu piel infinita,
con tu sola verdad, única caricia que, en el jadeo, sin términos
nos callase?

Alzamos unos ojos casi moribundos. Mendrugos,
panes, azotes, cólera, vida, muerte:
todo lo derramas como una compasión que nos dieras,
como una sombra que nos lanzaras, y entre los dientes nos
brilla
un eco de un resplandor, el eco de un eco de un eco del resplandor,
y comemos.
Comemos sombra, y devoramos el sueño o su sombra, y ca-
llamos.
Y hasta admiramos: cantamos. El amor es su nombre.

Pero luego los grandes ojos húmedos se levantan. La mano
no está. Ni el roce
de una veste se escucha.
Sólo el largo gemido, o el silencio apresado.
El silencio que sólo nos acompaña
cuando, en los dientes la sombra desvanecida, famélicamente
de nuevo echamos a andar.

ENTRE DOS OSCURIDADES,
UN RELÁMPAGO

Y no saber adónde vamos, ni de dónde venimos.

Rubén Darío.

Sabemos adónde vamos y de dónde venimos. Entre dos oscuridades, un relámpago.
Y allí, en la súbita iluminación, un gesto, un único gesto,
una mueca más bien, iluminada por una luz de estertor.

Pero no nos engañemos, no nos crezcamos. Con humildad,
con tristeza, con aceptación, con ternura,
acojamos esto que llega. La conciencia súbita de una compañía,
allí en el desierto.
Bajo una gran luna colgada que dura lo que la vida, el instante
del darse cuenta entre dos infinitas oscuridades,
miremos este rostro triste que alza hacia nosotros sus grandes
ojos humanos,
y que tiene miedo, y que nos ama.
Y pongamos los labios sobre la tibia frente y rodeemos
con nuestros brazos el cuerpo débil, y temblemos,
temblemos sobre la vasta llanura sin término donde sólo brilla
la luna del estertor.

Como en una tienda de campaña
que el viento furioso muerde, viento que viene de las hondas
profundidades de un caos,
aquí la pareja humana, tú y yo, amada, sentimos las arenas
largas que nos esperan.
No acaban nunca, ¿verdad? En una larga noche, sin saberlo,
las hemos recorrido;
quizá juntos, oh, no, quizá solos, seguramente solos, con un
invisible rostro cansado desde el origen, las hemos recorrido.
Y después, cuando esta súbita luna colgada bajo la que nos
hemos reconocido
se apague,
echaremos de nuevo a andar. No sé si solos, no sé si acom-
pañados.
No sé si por estas mismas arenas que en una noche hacia atrás
de nuevo recorreremos.

Pero ahora la luna colgada, la luna como estrangulada, un
momento brilla.
Y te miro. Y déjame que te reconozca.
A ti, mi compañía, mi sola seguridad, mi reposo instantáneo,
mi reconocimiento expreso donde yo me siento y me soy.
Y déjame poner mis labios sobre tu frente tibia—oh, cómo la
siento—.
Y un momento dormir sobre tu pecho, como tú sobre el mío,
mientras la instantánea luna larga nos mira y con piadosa luz
nos cierra los ojos.

ANTE EL ESPEJO

Como un fantasma que de pronto se asoma
y entre las cortinas silenciosas adelanta su rostro y nos mira,
y parece que mudamente nos dijera...

Así tú ahora, mientras sentada ante el vidrio elevas tus brazos,
componiendo el cabello que, sin brillo, organizas.
Desde tu espalda te he mirado en el espejo.
Cansado rostro, cansadas facciones silenciosas
que parecen haberse levantado tristísimas como después de un
    largo esfuerzo que hubiese durado el quedar de los años.
Como un cuerpo que un momento se distendiese
después de haber sufrido el peso de la larguísima vida,
y un instante se mirase en el espejo y allí se reconociera...,

así te he visto a ti, cansada mía, vivida mía,
que día a día has ido llevando todo el peso de tu vivir.
A ti, que sonriente y ligera me mirabas cada mañana como
    reciente, como si la vida de los dos empezase.
Despertabas, y la luz entraba por la ventana, y me mirabas
y no sé qué sería, pero todos los días amanecías joven y dulce.
Y hoy mismo, esta mañana misma, me has mirado riente,

serena y leve, asomándote y haciéndome la mañana graciosamente desconocida.
Todos los días nuevos eran el único día. Y todos
los días sin fatigarte tenías tersa la piel, sorprendidos los ojos,
fresca la boca nueva y mojada de algún rocío la voz que se
levantaba.

Y ahora te miro. De pronto a tu espalda te he mirado.
Qué larga mirada has echado sobre el espejo donde te haces.
Allí no estabas. Y una sola mujer fatigada, cansada como por
una larga vigilia que durase toda la vida,
se ha mirado al espejo y allí se ha reconocido.

ASCENSIÓN DEL VIVIR

Aquí tú, aquí yo: aquí nosotros. Hemos subido despacio esa
  montaña.
¿Cansada estás, fatigada estás? "¡Oh, no!", y me sonríes. Y casi
  con dulzura.
Estoy oyendo tu agitada respiración y miro tus ojos.
Tú estás mirando el larguísimo paisaje profundo allá al fondo.
Todo él lo hemos recorrido. Oh, sí, no te asombres.
Era por la mañana cuando salimos. No nos despedía nadie.
  Salíamos furtivamente,
y hacía un hermoso sol allí por el valle.
El mediodía soleado, la fuente, la vasta llanura, los alcores, los
  médanos;
aquel barranco, como aquella espesura; las alambradas, los es-
  pinos,
las altas águilas vigorosas.
Y luego aquel puerto, la cañada suavísima, la siesta en el frescor
  sedeño.
¿Te acuerdas? Un día largo, larguísimo; a instantes dulces: a
  fatigosos pasos; con pie muy herido:
casi con alas.
Y ahora de pronto, estamos. ¿Dónde? En lo alto de una montaña.

Todo ha sido ascender, hasta las quebradas, hasta los descensos,
    hasta aquel instante que yo dudé y rodé y quedé
con mis ojos abiertos, cara a un cielo que mis pupilas de vidrio
    no reflejaban.

Y todo ha sido subir, lentamente ascender, lentísimamente
    alcanzar,
casi sin darnos cuenta.
Y aquí estamos en lo alto de la montaña, con cabellos blancos
    y puros como la nieve.
Todo es serenidad en la cumbre. Sopla un viento sensible, des-
    nudo de olor, transparente.
Y la silenciosa nieve que nos rodea
augustamente nos sostiene, mientras estrechamente abrazados
miramos al vasto paisaje desplegado, todo él ante nuestra vista.
Todo él iluminado por el permanente sol que aún alumbra
    nuestras cabezas.

MIRADA FINAL

MIRADA FINAL

(MUERTE Y RECONOCIMIENTO)

La soledad, en que hemos abierto los ojos.
La soledad en que una mañana nos hemos despertado, caídos,
derribados de alguna parte, casi no pudiendo reconocernos.
Como un cuerpo que ha rodado por un terraplén
y, revuelto con la tierra súbita, se levanta y casi no puede reco-
    nocerse.
Y se mira y se sacude y ve alzarse la nube de polvo que él no
    es, y ve aparecer sus miembros,
y se palpa: "Aquí yo, aquí mi brazo, y éste mi cuerpo, y ésta
    mi pierna, e intacta está mi cabeza";
y todavía mareado mira arriba y ve por dónde ha rodado,
y ahora el montón de tierra que le cubriera está a sus pies
    y él emerge,
no sé si dolorido, no sé si brillando, y alza los ojos y el cielo
    destella
con un pesaroso resplandor, y en el borde se sienta
y casi siente deseos de llorar. Y nada le duele,
pero le duele todo. Y arriba mira el camino,

y aquí la hondonada, aquí donde sentado se absorbe
y pone la cabeza en las manos; donde nadie le ve, pero un
cielo azul apagado parece lejanamente contemplarle.

Aquí, en el borde del vivir, después de haber rodado toda la
vida como un instante, me miro.
¿Esta tierra fuiste tú, amor de mi vida? ¿Me preguntaré así
cuando en el fin me conozca, cuando me reconozca y des-
pierte,
recién levantado de la tierra, y me tiente, y sentado en la hondonada, en el fin, mire un cielo
piadosamente brillar?

No puedo concebirte a ti, amada de mi existir, como sólo una
tierra que se sacude al levantarse, para acabar,
cuando el largo rodar de la vida ha cesado.
No, polvo mío, tierra súbita que me ha acompañado todo el
vivir.
No, materia adherida y tristísima que una postrer mano, la
mía misma, hubiera al fin de expulsar.
No: alma más bien en que todo yo he vivido, alma por la que
me fué la vida posible
y desde la que también alzaré mis ojos finales
cuando con estos mismos ojos que son los tuyos, con los que
mi alma contigo todo lo mira,
contemple con tus pupilas, con las solas pupilas que siento bajo
los párpados,
en el fin el cielo piadosamente brillar.

FIN DE
"HISTORIA DEL CORAZÓN"

POEMAS VARIOS

1927-1957

POEMAS VARIOS reúne, divididas en tres apartados, algunas poesías escritas a lo largo de los años y no incluídas en ninguno de los libros del autor. Inéditas, unas; otras, aparecidas en revistas y publicaciones diversas.

1

POEMAS SUELTOS

MÁS ALLÁ

Más allá de la vida, mi amor, más allá siempre,
ahora ligeros, únicos, sobre un lecho de estrellas,
poblamos a la noche sin límites, vivimos
sin muerte, oh hermosa mía, una noche infinita.

Sobre un seno azulado reposa blandamente
mi testa fatigada del mundo. Siento sólo
tu sangre ya poblada de luces, de miríadas
de astros, y beso el pulso suave del universo y toco
tu rostro con el leve fulgor de mi mejilla.

Oh triste, oh grave noche completa. Amada, yaces
perfecta y te repaso, te ciño. Mundo solo.
Universal vivir de un cuerpo que, hecho luces,
más allá de la vida de un hombre amor permites.

AL SOL SOBRE LOS HOMBRES

Cayendo está el día. No pido sobrevivir a la luz.
Solemne y quieto, hundiéndose está el poderoso,
aquel que os dió luz mientras la vida dulce vuestros pechos
    henchía.
Hundiéndose está el sol, acabado y robusto.
¡Cuántas mariposas ligeras, como tantos humanos,
acaban con la efímera luz que ilumina de oro sus alas instan-
    táneas!
Pero yo no pido sobrevivirte, hermoso sol que lentamente con-
    sumes para los hombres tristes
tu fuerza poderosa
y apaciguas su inmediato pavor con tu incierta esperanza.
Mañana la luz iluminará su muerte
y abajo, nuevo, increíble, pugnarás por surtir
y traer a la vida a tantos que la segura noche engendrara.

Raza de hombres que diariamente mueren
para nacer sin memoria, virginales, sí, niños,
bajo tu inmensa mano protectora que hecha un cielo desciende.
Ella, bóveda cariciosa, todas las frentes toca,
y las repasa dulce, y frescuras devuelve.

Tu roce que tan quieto, cuando incipiente, alcanza
al humano, atiranta la arruga que el vivir condiciona.
Da un beso (alado tú, inmaterial, purísimo, vivificante, lúcido)
y verás sonreír la juventud humana.

Clávate en el cenit, si puedes, si tu luz no es caduca,
y eternamente joven el humano te cante.
Madre tu luz, proteja con su beso al reciente,
que nunca ya caedizo con tu poniente muera.

AMPO DE NIEVE

Luna de mármol dulce,
luna de puros fríos,
besos que van y vienen
en despedidas, lejos.
Aves de nieve nacen;
blancos mensajes llevan
entre sus yertas plumas
para la luna altísima.
Visos, vislumbres, copos,
besos de nieve o carne,
¿dónde un adiós resbala
por diamantinos senos?

Oh, sí, yo vi en las noches,
sobre la espalda nívea,
boca sin piel grabando
su quemadura gélida.
Suenan las ramas finas.
Blancos corales alzan
sus destellantes filos
contra los vientos negros.
¿Quién dulces hielos siente,

quién cauteloso toca
esa afilada piedra
donde el amor acaso
puso unos labios tristes?
Oh, sí, los mares sienten.
¿Quién, quién lloró en sus mármoles,
sobre su fría losa,
sus pensativas penas?
Yo vi una sombra fría,
vi yo un desnudo echado,
yo vi un amor llorando
sobre la mar de piedra.
Rostro de niebla estaba
como mejilla en mano.
Piedra era el mar y almohada
para el sollozo oscuro.
Y un cuerpo grave, quieto,
sobre sus losas yace.

    Luna sin fe enviaba
sus satinadas luces.
Todo el verdor del mundo
era una dulce nieve.
Viento parado un muro
puro, azulado, erguía.
Y era el amor un ave,
un abrasado hielo,
un beso impuro y terso,
ampo de nieve en rojo.

A LOS PÁJAROS

Cansadamente quieto no pretendo que vuelvas.
Te amé, te amé. ¡Qué cansancio en el mundo!
Pájaros, la caricia de vuestras alas puras
sea borrar de la frente mi memoria. Si vuestro pico dulce
roza un labio herido del amor, si besaba
yo ayer, si el sol doraba,
incendiaba mi frente, si los ojos
eran sólo deseo de amor, de vida y mundo abrasado de ensueño,
despertad, despertadme, pájaros matinales
que amanecéis en mi cansada noche ciega.
Siento yo aquí todavía las plumas voladoras
tirando así de mis sentidos
hacia vosotros, cielo agreste, aires puros, encendidas delicias,
donde la juventud del pecho nazca al día,
nazca al olvido, y con labio de oro
bese la florecilla del soto, y su carmín riente
sea sangre allí virginal a los soles.
Pájaros que pasáis por mis labios y al mundo
me llamáis, y en vuestras alas os lleváis mis sentidos.

EL ESPEJO

I

Te miro en el espejo.
Yo bogo en luces, busco
tu piel, oh sueño mío,
imagen que rehusas
una verdad. Avanzo
por aguas impalpables,
severas: luces sólo.
¡Cuán triste por tu niebla
mi cuerpo! Su aletazo
¡qué frío en tu profundo!
¡Oh viajero eterno
que escapa en vidrio mudo!

II

Pero yo sé que solo,
feliz, allá en la hondura
del tenebroso y dulce
espejo, allá, fondeado,
dichoso, el cuerpo mío

reposa. Oh vidrio mudo
que engañas, vidrio dulce
que defiendes. Conozco
lo que en tu abismo guardas,
y soy feliz. Oh, sigue
mintiendo, siga sólo
aparencial tu leve
vidrio ondular, tu espuma
de luz, oh superficie...

(Ligero el cristal calla.)

A LOS INAMISTOSOS

¿Quién eres tú que te acercas, te sientas
y con un rostro que no veo hoy me hablas?
¿Eres amigo? Juan, Enrique, Lorenzo...
Máscara triste de los vientos, te miro.
En esta niebla sólo un humo pareces,
máscara triste de los hombres diarios.
¿Sois mis amigos, uno a uno? Ninguno.
Máscara única que uniforme transcurres.
¿Cómo te llamas? Día a día he tenido,
sombras amigas, vuestros humos lentísimos,
sordos volúmenes de un vapor transitorio
que un cuerpo humano de una niebla formase.
Pedro, Francisco, Juan, Enrique... Humo grueso,
torpe en el viento cabecea sin rostro,
mientras las voces de los vientos imitan
una voz siempre. Yo os conozco. Dejadme.

EL MAR DUERME

Con gravedad respiro frente al mar acostado
finalmente. Duerme la mar su sueño.
Sueño sin nubes; leves, borrosas, las sospechas
de nubes, lentas huyen, temerosas, extremas.
Se descubre el constante peso del cielo: o plomo
o sueño torpe de plomo en tarde augusta.
Su pesantez, su extrema gravitación preside
esta calma lograda de un mar de bellos bordes
que recogidamente descansa al cabo solo.
Solo. Solo el mar, ya sin sueños ni espumas, permanece
fiel a su norma de verdad alcanzada.
Qué difícil velar, qué más difícil sueño,
sin ensueño de espuma que gemebunda clame
mezclada a extraviadas gaviotas sin destino.
Hoy no. La mano inmensa que pudo hoy ha aplastado
la liviandad de un iris que espumoso gorjea
sólo aún allá en el fondo, con los soles partidos.
Gris sólo, noblemente gris sólo, el mar tendido
no sueña. Duerme. Inmensa, la Creación se aquieta.

SUBIDA A LA ALCAZABA

Subir por esa escala, callando, hacia arriba, hacia la luz.
¡Alcazaba mía malagueña!
Subir por la sombra, presintiendo arriba todavía el agua antigua
    de la fuente que fluye.
Subir con el corazón que ahora sufre, solo, creído.
¡Quién te encontrara, niño que fuí y que, acodado, veías
el vasto paisaje de Málaga, leve en las luces!
¡Quién supiera que arriba estabas, solo, asomado!
La mejilla en la mano, sobre la piedra, el pecho en la piedra.
Y unos ojos serenos, todavía nacientes, puros, mirando.

Subir por esta escala muda, sin ruido, en la sombra.
Subir apresuradamente, casi como un sueño dichoso, con el co-
    razón oprimido, pero esperando.
Y saber que arriba está el niño que fuera, que fué, que dura
    y contempla.
Masa de tiempo dulce, sí, suspendido
sobre una Málaga que volaba, blanda en las luces.

Y asomar y un instante verle, quieto, concreto,
con su rostro en su mano niña, y el aire, y oír el agua.
Y cerrar poco a poco los ojos—¡Málaga, quién te mira!—
y abrirlos ahora despacio, leve—y otra vez el agua...—,
niño claro que aquí acodado, puro, contempla.

LA MUERTE DEL ABUELO

Pasé de puntillas
y todavía se oía el penoso alentar del enfermo.

Y me senté en mi cuarto de niño,
y me acosté.
Se oía en la casa entrar y salir, y allá en el fondo,
como un murmullo, el largo rumor de la mar que rodaba.

Soñé que él y yo paseábamos en una barca.
¡Y cómo cogíamos peces! Y qué hermoso estaba el mar terso.
Y qué fresco vientecillo bajo el sol largo.
El tenía la misma cara bondadosa de siempre,
y con su mano me enseñaba los brillos,
las vaporosas costas felices, las crestitas del agua.
Y qué feliz en la barca solo con él...
Solo con él, tan grande y tan seguro para mí allí; solo con él
    en el mar.
"¡No lleguemos tan pronto!"..., dije. Y él se reía.
Tenía el cabello blanco, como siempre, y aquellos ojos azules
    que dicen que son los míos.
Y me empezó a contar un cuento. Y yo empecé a dormirme.
Ah, allí mecido en el mar. Con su voz que empujaba.

Me dormí y soñé su voz. Ah, el sueño en el sueño...
Y soñé que soñaba. Y muy dentro otro sueño. Y más dentro
    otro, y otro,
y yo más hondo soñándole, con él al lado, y huyendo los dos
    sueño adentro.

Y de pronto, la barca... Como si tropezase.
Ah, sí, ¡cómo abrí los ojos! (Y nadie, y mi cuarto.)
Y había un silencio completo como de arribo.

LA NAVIDAD PREFERIDA

(BELÉN MALAGUEÑO)

ALGUIEN te pregunta
—lo estoy escuchando—:
¿Qué Navidad amas?

Aves grandes vuelan,
con picos oscuros,
con alas nevadas.

Navidad querida
junto a la ribera
de mi mar de Málaga.

Niño, sol y conchas.
Y un girar de espumas
en la arena plácida.

La verdad vivía.
Nadie diga nunca:
La verdad se engaña.

La niñez sabía
con sabiduría
de cabeza blanca.

Oh, montañas puras
de corcho y oh, estrellas
de papel de plata.

La mano del niño
sapiente, un instante
del vidrio hacía agua.

Y mágicamente
descorría nubes
de algodón en rama.

Mano gigantesca
que en el "Nacimiento"
sin temblar tocaba,

transformaba, hacía,
construía; un día
fuerte derribaba.

El niño salía
después a la mar.
Desnudo, rodaba.

CONSUMACIÓN

Sı yo fuese un niño,
si yo fuese un niño, redondo, quieto y sumergido.
Sumergido, no; sacado a la luz, estallado hacia fuera, exhibido
    en esa otra Creación donde un niño es un niño en su reino.
Pero si sumergido estuve antaño, bajo las aguas de la luz que
    eran cielo y sus ondas,
hoy no puedo sino decirlo, tomar nota, procurar explicarlo,
prohibiéndome al mismo tiempo la confusión de lo que veo con
    lo que fué y ha sido.
Todavía el hombre a veces intenta explicar un sueño, dibujando
    la presencia del amor,
el límite del corazón y su centro justísimo.
Aún intenta decir: "Amo, soy feliz; me conformo."
Que es tanto como decir: "Soy real." Pero cuando las hojas todas
    se han caído:
primero las flores, luego los mismos frutos, más tarde el humo,
    el halo
de persuasión que rodea a la copa como su mismo sueño,

entonces no hay sino ver aparecer la verdad, el tronco último,
    el despojado ramaje fino que ya no tiembla.
La desnudez suprema del árbol quedado

que finísimamente acaba en la casi imposible ramilla,
tronquito extremo sin variación de hoja,
superación sin música de la inquietante rueda de las estaciones.

Entonces llega el conocimiento, y allá dentro en el nudo del
hombre,
si todavía existe un centro que tiene nombre y que yo no
quiero mencionar;
si aún persiste y exige y golpea imperiosamente, porque nadie
quiere morir,
puedes sonreír de buena gana, y burlarte, y mirándolo con desdén
decir con voz muy baja, de modo que todo el mundo te oiga:
"Amigo...: todo está consumado."

2

POEMAS AMOROSOS

PRIMERA APARICIÓN

¿Adónde vas, mágica criatura
perdida en la tarde?
Pasas casi como un viento y te pierdo,
oh rumorosa, en la tarde que tu paso estremece.
Si como un vuelo fueras,
mi mirada se quedaría colgando, un instante, prendida en tu
    rápida estela.
Como un ala en el viento serías,
como un pájaro que aparece un momento dorado a mis ojos.
Pero no; pasas lenta, tranquila, pura, en tu humana forma que
    vulnera mi vida.
Y pasas despaciosa, no rauda, sino deleitable, pisando muy leve
con pie desnudo en la preciosa arena,
y casi te detienes, y miras, y, como al paso, me miras,
y tu graciosa cabeza vuelves y miras.
Oh, y aún allá, perdida casi, todavía tornas tu rostro muy lento,
    y largamente miras.

No fué un ave, perdida en el confín.
Es una precisa muchacha, que viene y pasa.

Esencia de juventud, dorada alegría. Ojos grandes.
Fino cuerpo gracioso que el viento arrastrase.
Aroma al paso, que mis sentidos huelen.
Rastro vivo de amor que se pierde en las luces.

VISITA A LA CIUDAD

(GRANADA)

Cabal estaba su juventud
cuando en su viaje vino hasta mí la amada, del sur, en el día
    primero.

Pero no es su graciosa presencia de lejos llegando
lo que hoy canta mi vida.
Soy yo el que ahora vengo
de allá, del antiguo país que de niña la viera.

Porque suave está todavía el corazón del amante
de la pura caricia de su rostro encendido
allá en la ciudad que a la amada tuviera en sus primeras horas.

Allí la amada aguardaba
entre el aura misma de su niñez presurosa.
Su infancia empujaba a su juventud, se anticipaba esperándome.
Y así, bajo el mismo cielo inocente de sus ojos tempranos,
pude besar sucesivo en un día su rostro infantil, su núbil rostro,
    su adolescente rostro,
su juvenil rostro adorado que hacia mí maduraba.

Una niña en el borde de la ciudad se adelanta.
Me ofrece su mano. De mi mano me enseña
la ciudad que la tuvo. De mi mano ahora crece.
"Mira, allí el parque claro,
allí el balcón, los árboles, el viento."
Y con su mano me muestra el claustro inmóvil,
el cerrado jardín, la fuente pura,
el camino diario donde su pie muy leve apenas se posa
con la luz inicial de la vida.

Cogida de mi mano, marchamos, y la niña crece.
Miradla púber en la clara mañana.
Me señala el rosal, los grises muros largos que día a día roza,
la yedra misma desnuda que acepta su esfumada penumbra
    cuando pasa ligera.

Allí el colegio imposible,
la casa umbría, el brusco son de otra fuente.
Ciudad de fuentes, envuelta en su melodía sin tiempo.
Lenta ciudad bajo la irisada niebla fresquísima.

Y la niña crece de mi mano. Tiene
ahora la sombra nueva en los ojos. Pisando está su adolescencia
    apuntada.
Mirad sus formas. El viento las roza,
las dibuja, mientras inocente me mira, y todavía señala
con su dedo gentil la estatua grave
donde jugó, el césped virgen donde apenas posó su tersa mejilla
    en las tardes de estío,
y las nubes, las mismas nubes veloces
que pasaron como luz sobre su bulto naciente
y que hoy rozan, amables, su figura que fuera.

Todavía de mi mano, crece al fin. ¡Ah, miradla,
cuán hermosa, cuán dulce! Ahora sólo,
es aquella que yo vi cuando vino del sur en aquel día primero.
No lo sabe. Separa su mirada: "Ahora marcho.
Ya me voy. Voy... Y en el viaje
conoceré a aquel que me aguarda."

NO TE CONOZCO

¿A quién amo, a quién beso, a quién no conozco?
A veces creo que beso sólo a tu sombra en la tierra,
a tu sombra para mis brazos humanos.
Y no es que yo niegue tu condición de mujer,
oh nunca diosa que en mi lecho gimes.
Pero yo no gimo de alegría cuando te estrecho.
Sobre la ebriedad del amor, cuando bajo mi pecho brillas
con el secreto brillo íntimo que sólo la piel de mi pecho conoce,
yo sufro de soledad, oh siempre allí postreramente desconocida.

Nunca: cuando la unidad del amor grita su victoria en la ya
    única vida,
algo en mí no te conoce en la oscura sombra estremecida
que bajo el dulce peso del amor me sostiene
y me lleva en sus aguas iluminadamente arrastrado.
Yo brillando arrastrado sobre tus aguas vivas,
a veces oscuras, con mezcladas ondas de plata,
a veces deslumbrantes, con gruesas bandas de sombra.
Pero yo, sobre el hondo misterio, desconociéndolas.

Natación del amor sobre las aguas mortales,
sobre las que gemir flotando sobre el abismo,

hondas aguas espesas que nadie revela
y que llevan mi cuerpo sobre ausencias o sombras.

Entonces, cerrado tu cuerpo bajo la zarpa ruda,
bajo la delicada garra que arranca toda la música de tu carne
     ligera,
yo te escucho y me sobrecojo de la secreta melodía,
del irreal sonido que de tu vida me invade.

Oh, no te conozco: ¿quién canta o quién gime?
¿Qué música me penetra por mis oídos absortos?
Oh, cuán dolorosamente no te conozco,
cuerpo amado que no hablas para mí que no escucho.

ENFERMA

Mirarte así, en la cama, cuando con tu velada mirada me
    sonríes...
Casi me sonríes. Mirarte enferma es casi mirarte entre una
    niebla doliente,
leve, borrosa, pero casi cruel, que delicadamente te hurta.
Así te miro. Así casi no puedo mirarte. Así apenas te veo.
Rodear tu cara con estas manos es repasar acuciantemente una
    pena.
Preciosa estás, esfumada, dulce, vivida. Ah, sí, qué vivida.
Parece como si toda nuestra vida te hubiera al fin consumido,
quemado sin humo, sin calor, sin ceniza.
Como una hoja de rosa que se adelgaza.

Pero no quiero hablar... No quiero decir. Quisiera besarte.
Echado a tu lado, besarte casi sin que me sintieras, como una
    templanza olorosa.
Que me respiraras y sonrieras, que dulce alentaras.
Que no te dieras cuenta y así aspirases
un aire que entre mis caricias muy hondo te entrara,
y tú sonrieras, y tus labios se colorearan, y tus ojos brillasen,

y una mano aún pálida te llevases a tus aún vivos cabellos,
y movieses a un lado tu cabeza, y dijeras...

Y así sin quitarme,
sin nunca quitarme,
la vida, poco a poco,
volviera.

AMOR SUCESIVO

Todo así:
más quieto.
Todo así: infinitamente
sereno.
¿Te quiero?
Día a día lo digo:
te quiero.
Y tú día a día te vas
sucediendo,
pasando,
fluyendo.
Como sólo, al final,
una sombra de tiempo.
Ah, vivir:
estar quieto,
ser un bulto de pronto
concreto,
y allí recrearse y allí encarnizarse,
y ver bello
e ileso
el bulto querido,

asido,
suspenso.

Por eso, tú,
en la sombra que siento
que me canta y se marcha
y se va sucediendo,
me haces vida
y me vas deshaciendo.
Tú me robas, me roes
y me vas descumpliendo,
y a tu paso,
a tu tiempo,
este cuerpo creído
se me va desviviendo.
Amor dulce, vivido
que me lame indefenso
y me arrasa despacio,
más despacio, más lento,
ya borrado, borroso,
al final ya disperso.
Bulto ciego
que sufre
día a día tu beso
y, lamido, roído,
te ama siempre,
en el tiempo.

LA ESPERA

Esperándote
en esta tarde casi extinta,
me quedo
en la penumbrosa luz encendida
y pienso en ti. ¿Me quieres?
¿Me quieres tú día a día?
Qué largo esfuerzo es el amor. Te espero,
llegas... Y se diría
que un pensamiento sigue siendo todo
en la perpetua soledá indivisa.
Horas de entrega dulce, horas de engaño largo y luz conforme.
Horas de silenciosa voz adormecida.
Cuando sólo se escucha uno, y se está solo,
y el alma engañosa, el alma dulce, desvaría.
Amor. No, no quisiera
apoyar en mi mano mi mejilla
y así, en el cuarto, esperar largo, esperar hondo,
en la soñada luz amarilla,
mientras el corazón con levedad se hace
una sombra, o se deshace de espuma lívida.

Hoy me dijiste: "¿Sabes que te quiero?"
Eras tan niña
al decirlo, que con dolor te puse mi mano
muy suavemente en tu mejilla.
Terciopelo soñado. Cerré los ojos:
luz. ¡Ah, cómo te amaría!
¡Cómo en la realidad o sueño, sin dudar nunca, nunca,
yo sólo a ti te querría!
En la gloria otorgada, en la luz clara.
Nunca en la luz vencida.
Jamás en esta luz de crepúsculo interminable.
Sólo en la luz rápida, brusca, rompedora y totalísima amanecida.

VIVIRNOS

No me digas que esta noche tu presencia murmurada,
tu casi invisible presencia,
de tan rumorosa que me eres,
de tan silenciosa y sonreída que esta noche te siento.
Aquí, tendida a mi lado,
como casi una nota musical suspendida;
en medio del silencio de la noche,
cuando nadie sospecha tu presencia, una luz
que silenciosa, que adelgazadamente ha irrumpido.

Dime. Callemos... ¿Qué es el amor? Vivirnos.
Vivirnos día a día. Son años. Son un minuto. Son el inmóvil
    discurrir de la vida.
Quietos,
vemos pasar el tiempo. Corriente
parada, paradísima, milagrosa, donde tú estás eternamente ju-
    venil,
mientras yo te contemplo, yo me vivo, trabajo,
amaso mi vida contra aquello que pasa. Soy lo que pasa.
Pero no paso, abrazado
a ti, a tu estar, a tu sonreír, a tu existir sin medida.
Oh silencio suspenso donde milagrosamente una nota resuena.

Una gota de agua que en la oscuridad nunca cede,
nunca cae, y en la cueva indecible misteriosamente brilla.
Brillo, vida, amor mío, presente continuo que en la cueva del
amor me recrea.
Oigo fuera los tiempos. Oigo el embate cruel de las amontonadas espumas,
y siento aquí el aire parado, el frío delgado del aire inmóvil de
la cueva sublime,
y allí tú, delicada perla que por siglos viniste,
gota mirífica donde con el solo brillo interior interminablemen-
te resplandeces.

Carne, alma mía, verdad concreta, cuerpo precioso.
Clara tú, clara siempre, que a mí dadivosamente has sido pro-
nunciable.
Pronunciarte, decirte, con tu bulto adorarte,
montón real, continuamente vivido como una verdad confesada.
Mi confesión, mi dulce ser, mi dulce estar, mi vida sola,
tú, mi perpetua manifestación hasta el fin de mi vida.

TODAVÍA PUEDO

Es imposible. Un sueño. Lo sé. Tu amor diario,
que a diario tengo, sé, sí, lo he sabido:
un sueño. Un diario sueño. Qué inmensa fatiga.
Que montón de cansancio. El corazón lastrado luchó **mucho.**
Por este sentimiento ha conocido el gozo, la ilusión, la esperanza, la nube dichosa.
Ha conocido desvíos, infidelidades, zozobras, muerte, distancia.
Y hoy recoge eso: su montón de fatiga, su acumulación de
derrota,
su inmenso sueño pesado de cuerpo sin vida.

Todavía
puedo
repasar tu cabello con mano pausada.
Decir: "Sueño: palabra." Decir: "beso", mientras miro la luz,
mientras miro a lo lejos el gran hueco del cielo, por donde la
luz fué existida.
Y lento, muy lento repasar pelo, repasar frente,
y besar ojos, y quién sabe si besar boca, y dormir lento, muy
lento,
mientras consta allá arriba el sueño oprimido,
el sueño de plomo de la nube pesada, apagada, embotada,
del cielo macizamente extinguido.

DESPEDIDA

Antes de que tu cuerpo finalmente
rodara dulce entre la mar dichosa,
quisiste reposar tu luz graciosa,
mezclarla acaso con mi luz ardiente.

Cañada y sombras. Más que amor... La fuente
en su exquisita paz se hizo morosa,
y un beso largo y triste, a la hora umbrosa,
brilló en lo oscuro, silenciosamente.

Ay la dicha que eterna se veía
y en esta orilla crudamente mana
un tiempo nuevo para el alma mía.

Todo lo presentí: la luz lejana,
la lágrima de adiós, la noche fría...
y el muerto rostro al despertar mañana.

ABSORBIDO

Es más, es mucho más
que eso, y es menos,
esto que tengo
esta tarde de otoño dorado,
sereno.
Polo cercano de mi vida,
sujeto vivir opreso
en ti,
en el violento
estar vuelto
hacia ti, criatura absorbente
que ciego
me tienes,
en el hondísimo silencio.

Un estar quieto,
quietísimo.
A veces pienso:
¿Es la vida sólo esto?
¿Este vivir
tan cierto,
este vivir
concreto,

encerrado,
quedado,
suspenso?
Aquí rodeando tu talle,
aquí respirando el secreto
vivir. Aquí, rostro con rostro,
cuerpo con cuerpo,
alma con alma.
Aquí quieto,
fijado, clavado,
aquí...

   No sé. Tiemblo
cuando con mano despacio, despacísimo,
más lento,
repaso tu preciso vivir
y toco cierto
la frente,
tu hueso,
tu labio,
tu pelo,
y cierro los ojos y respiro
el solo olor suelto.

   ¿Se puede estar siempre
respirando una rosa? Me creo
enterrado y dichoso, con solo ese pétalo:
el vivir.
Me tiento,
te tiento,
te estrujo, te someto,
te revuelvo.
Oh, vida
sin cielo.
Oh, vida en la bóveda,
oliendo,
respirando,
sintiendo

el viaje lentísimo de la sangre adensada, cargada
de ciego
perfume, de incienso
de amor, de pesado
latir casi muerto...

3

NUEVOS RETRATOS Y DEDICATORIAS

EL ENTERRADO

A Federico.

Buen amigo, en la tarde completa estoy sintiendo
tu vivir. Dime. Escucho. Yo te escucho, acabado,
bajo la tierra leve que amorosa descansa
sobre tu pecho. ¿Alientas? ¿Qué ronca voz caliente,
propagándote, siento que hasta el pecho me sube,
desde las graves, hondas raíces con que me hinco
en tu memoria, amigo, vivo amigo, enterrado?
Siento todas las flores que de tu boca surten
hacia la vida, verdes, tempranas, invencibles.
¿Qué suena, duro, oscuro, con voz de sangre o mina,
secreto abismo o pecho que hueco hoy amontona
viento, poder, y expulsa tu voz hasta mi oído?
¿Lloras? ¿Cantas? ¿O vives, sólo vives sin llanto,
hombre de luz extinta que reposado aguardas,
sabio de ti y del mundo, bajo la tierra leve?

Yo no sé. Sé que miro florecillas, que un aire
gentil orea las briznas ligeras que aquí brotan.
Y sé, sé que mis plantas sacudidas comprenden
tu clamorosa vida bajo tus dientes blancos.

Por eso, sí, por eso, bajo la tarde extrema,
dolorosa, que en sangre se transmuta crujiendo,
escucho. ¡Ah, ciegos hombres que banales marcháis
pisando un pecho! ¡Ah, ciegos, delirantes que un día
segasteis una vida poderosa! ¡Ah, espumas
instantáneas, ah, humanos sin mañana, ah, olvido!
¡Ah, corazón constante que, inmortal tú, retumbas!

A JULIO MARURI

Aн, Julio, no se puede saber.
Pero tú has caminado.
Como el que a solas pisa la hierbecilla limpia
que sólo pies desnudos reconocen,
tú marchaste, ayudaste.
Había noche clara, ¿te acuerdas? Una masa
confusa yo entreveo. Afligidos, caídos; tristes, alegres, puros;
los confesados, los ciegos, los enamorados, los solos:
todos, todos podían
oír. Todos siguieron
tu mucha voz, tu poco cuerpo
—porque, como los ruiseñores,
tú tenías también más garganta que bulto, más sonido
que masa—y tú les empujabas, ¿no te acuerdas?
Les empujabas con suavísima mano
por un rocío tenue, refrescante,
y en la frente sentían, o pudieron sentir, la voz, el viento
debilísimo, el aura de aquella luz: tu voz en el oído.
En cada oído... De labio a alma, sí, ¡cómo escucharon!

Recuerdo... ¡Oh, todos recordamos!
Lo último fué aquel pisar que yéndose callaba,

un susurrar suavísimo extinguiéndose.
Después... Quedó el silencio, el eco
del silencio. Sagrada soledad del aire habido.

Hoy que en la senda aquí la voz se agrupa,
como si les llamase, o como si, buena, les convocase.
Sentados todos en el borde claro.
Son las mismas estrellas, o no: es al poniente
de la quietud.
En la cuneta hay hierba. Contigo la estameña preside
la reunión. Los viejos, los niños, los tullidos, los sanos,
las hermosas, los mudos... Un cielo alegre suena
como un inmenso pájaro. Y hay estrellas
casi en la luz del día. Suena todo,
pero sólo se oye
tu voz. Míralos, diles. Todos aquí. Todos aquí agrupados
te pedimos...

¡Oh, sí, regresa y sigue,
sigue! Y de pie, tu mano nos empuje...

A JULIO MARURI

(2.ª versión)

En la tarde muda,
algo allí entreabría
el grave silencio.

Una voz, un dardo
que permanecía
brillando, suspenso.

Todos lo sentimos,
súbito en los aires,
continuo en los pechos.

Sufrimiento y dicha,
palabra o espacio:
cántico secreto.

Alguien nos decía
largas soledades,
compañías, besos,

alegrías, árboles,
astros, piedrecitas,
sombra de los muertos.

Y una mano alzada,
quedando en la altura,
señalaba al viento.

Oh, extinto silencio.

*

Hoy que el rayo vivo
se agrupa y repasa
sobre todos, hénos

en el mismo borde
del camino. Estamos
contigo y oyendo.

Oyendo tu nueva
luz del día, azules
tus ojos despiertos.

Habla o amanece.
Todos te escuchamos.
Contigo naciendo...

¡Oh luz de los nuevos
silencios!

JOAN MIRÓ

Sí, demasiado joven. Sí, demasiado niño.
Como si una mano
grande avanzara
desde el crepúsculo interminable.
No. Como si una inocente
mano se adelantase
desde el origen mismo del alba...
Los cinco largos dedos sabios
amanecían.
Nacían probablemente
para poner color en una mejilla, para
tocar levísimamente un monte,
todo verdor de súbito,
untado por la milagrosa caricia,
peinado por un sueño de color infante,
dormido,
entre estrellas y puntas, en el tímido oreo
del verde casi luz,
casi
color de aire.

Pero de pronto, no: Ha estallado
el rojo, concentración chorreante
en el centro mismo de la aurora. Rojo
total del corazón que explota
como una bofetada sobre el mundo
cándido,
—más que encendido, alarmado—
ebrio, globo de agolpamiento que se evade
rojo en lo azul. Se suelta, sube
feliz, sobre los rostros extasiados.

Mas esa inmensa mano niña
misteriosa,
esa mano con forma humana que recoge
de los iris su pozo hondísimo, que reúne
su depósito vivo, que agrupa
su paleta,
ha tomado aquí el verde, allí el añil,
aquí el naranja, el blanco, el amarillo
frenético. Y de pronto...
sólo una línea pura, fina, débil
que al cerrarse da el mundo.
Aquí, ¡miradlo!

¿Auroras? ¿Albas? ¿Ortos? Todo el día
la mano niña pinta con un sol
completo.
El cenital amor. El grave ocaso.
Todos los pensamientos dan su norma
transida, traspasada
a magia, y un círculo que gira
toma los ojos y los hipnotiza.
El mundo es una rosa
rodante de papel, y el color metafísico
ríe,
se deslíe, sobre el alba primera.

NOCHE MÍA

Homenaje a San Juan de la Cruz.

Toda la noche cerrada,
volcada. Foscas, bruñidas
las paredes. Se resbalan
torpes las estrellas fijas.
Sin un resquicio, la noche
campana muerta, caída.
La viva voz, por la tierra,
de la alta noche, extinguida.
Parado campo. No mientas,
noche, noche. Muda, fría,
volteas, doblas sin habla
y calladamente giras.

Todo es signo. Suavemente
hasta quedar detenida,
la noche persiste. Abismos.
Luz y sombra. Planos. Vida.
El alma ya no se siente.
Se siente todo. Inaudita

pasión. Dime tú, ¿morir
será hacer la noche mía?
Entonces morir. Muriendo,
noche, te siento. ¡Divina
realidad! Tú suenas, tú
eres, tú: mi vida es mía.

EL VIEJECITO DE VERDAD

Homenaje a Salvador Rueda.

Salvador era un viejecito
bobalicón.
Pero no:
Salvador es un niño
listísimo
vestido de almidón.

Asomado a la vida perra,
de ningún modo griego de nación,
Salvador en el patio hacía estatuas
en un finísimo cartón.

Málaga estaba dorada.
El mar azul, pintado en verdemar,
y era una confusión de colorido
de sol y sal.

Salvador al balcón, piernitas sueltas,
miraba allá el vapor.
Isla de Cuba, los París, Gayumba,
isla Caimán... Ah, oh.

La arena fina dulcemente duele,
y los cangrejos hacia el mar se van
desde la tierra, y la tierrita canta:
"Se irán, se irán."

Y Salvador, la mano con sortijas,
pulsa el bordón.
Y suena y rueda la perlina nota
de imitación.

El Perchel, la Alameda, la Alcazaba...
Entre los chumbos va.
Vestido de chaqué, pero en sus ojos
se mira el mar.

Unos niños se acercan. Ahora estamos
sobre una roca de verdad,
sobre una arena de verdad. Y hay un aroma
veraz, y se oye el mar.

Salvador, con su pelo alborotado,
sus pies desnudos, con dolor
pisa las chinas blancas y las negras.
¡El malagueño de nación!

Y hay unos niños que le miran mudos
meterse por el mar.
(Partido el yeso, la guitarra extinta.)
El nadará, él nadará.

El viejecito de verdad, se ha muerto.
La flor que crece es de verdad.

FIN DE
POEMAS VARIOS
Y DE LAS
POESÍAS COMPLETAS

ÍNDICES

ÍNDICE ALFABÉTICO
DE TÍTULOS DE POESÍAS
Y DE PRIMEROS VERSOS (1)

(1) Los títulos de poesías van en letra cursiva; los primeros versos, en letra corriente.

849

ÍNDICE GENERAL

855

PASIÓN DE LA TIERRA
(1928-1929)

ESPADAS COMO LABIOS
(1930-1931)

LA DESTRUCCIÓN O EL AMOR

(1932-1933)

MUNDO A SOLAS
(1934-1936)

SOMBRA DEL PARAÍSO
(1939-1943)

NACIMIENTO ÚLTIMO
(1927-1952)

Nacimiento último:

El moribundo:

Retratos y dedicatorias:

863

POEMAS VARIOS
(1927-1957)